세상에서 가장 짧은
한국사

일러두기

차례에 표기한 연도는 〈1장. 고대〉에서는 해당 나라가 존재했던 시기를 기준으로, 〈2장. 고려 시대〉 이후로는 특정 왕조가 출연하는 경우 왕의 재위 기간을 기준으로 표기했다. 단, 〈2장. 고려 시대〉 중 '음탕한 여인에서 뛰어난 여걸이 되기까지'와 '요승 묘청의 기묘한 이야기'는 천추태후와 묘청의 생몰 연도를, 〈4장. 근현대〉 중 '목포는 왜 한국 도시의 역사를 응축한 것일까?'는 목포 개항 연도를 기준으로 표기했다. 그 외에는 본문에 소개한 주요 사건이 발생한 해를 기준으로 표기했다.

세상에서 가장 짧은
한│국│사

김재원
지음

개정증보판

빅피시
BIG FISH

쉽게 그러나 가볍지 않게 떠나는
한국사 여행

종종 주변 국가들이 우리의 역사를 왜곡하거나 잘못된 사실을 전할 때가 있다. 그러면 한국인은 일치단결하여 어떻게든 응수하고야 만다. 어쩌면 이런 행동은 자연스러운 반응이다. 왜냐하면 지금껏 한국사는 '우리네' 역사로서 곧 그것이 '나의 역사'로 대변돼왔고, 그렇기에 한국사를 왜곡하고 폄하하는 일은 나의 과거를 폄하하는 것으로 여겨졌기 때문이다. "역사를 잊은 민족에게 미래는 없다"라는 출처를 알 수 없는 문장이 시대의 명언으로 받아들여지는 우리에게 역사란 존재의 뿌리처럼 느껴진다.

그런데 우리는 역사에 대해 제대로 알고 있는 것일까?
열아홉 살 11월 셋째 주에 치른 수능 시험의 순간으로 돌아가 보자. 대부분은 그토록 중요하다고 배운 한국사의 내용을 그날 깨끗이 비워냈을 것이다. 왜 그럴까? 이유는 과거와 현재가 연결되지 않기 때문이다.

역사는 수많은 인과 관계의 총합이다. 우리가 학교에서 배운 단편적인 사실 관계의 나열이 아니라는 의미다. 이 당연한 의미를 놓치면 역사는 더 이상 '역사(歷史)'가 아니라 그저 '과거(過去)'로 휘발된다. 휘발된 과거는 기억되지 못하고, 사라질 뿐이다. 우리가 열아홉에 그랬던 것처럼 말이다.

이 책에서는 과거와 현실의 단편적인 사실 관계를 끊임없이 연결하기 위해 노력했다. 각각 분리된 이야기의 큰 줄기를 잡고 단단히 연결하여 과거와 현재가 어떤 영향을 주고받았는지 설명하고자 했다. 예를 들어, 삼풍백화점이 무너진 것은 단순한 사고이지만, 역사학적으로는 IMF의 예고편이자 대한민국 경제 성장사의 단면이기도 하다. 또 오늘날 서울 부동산의 문제를 삼풍백화점으로부터 파악할 수도 있다.

이 책은 지금까지 교과서로 배운 이야기를 다루지만, 왜 배워야 하는지에 대해서도 이야기한다. 차례를 살펴보면 이런 생각이 들 것이다.

'단군 신화, 부여, 삼한, 청동기 문화… 이런 주제는 누구나 다 아는 이야기 아닌가?'

부여, 옥저, 동예, 삼한과 같은, 이름은 알지만 중요하지 않아 보이는 나라들이 대체 왜 교과서에 등장하는 걸까? 작아서 덜 중요해 보이고 그래서 주변부의 이야기라 여겼던 존재들이 군이 교과서에 소개된 이유는 분명 존재한다. 여기서 그 이유에 대해서도 이야기해보려고 한다.

　마지막으로 그동안 잘못 알던 역사적 사실을 바로잡고, 그릇된 역사에 대한 고정관념도 깨보려고 한다.

　그동안 치욕의 역사라고 치부했던 고려와 몽골과의 관계가 정말 고려인, 특히 고려의 국왕에게 치욕이었을까? 오랫동안 임진왜란이라 불린 임진 전쟁이 정말 우리나라와 왜 사이의 전쟁이었을까? 대한제국의 마지막 황제 고종에 대한 평가는 어떨까? 그 시절 조선은 정말 한반도 안에 틀어박혀 바깥세상이 어떻게 변하는지 몰랐고, 고종은 그저 무능력한 군주였을까?

　여기서는 이러한 역사적 사실들을 한반도의 역사를 넘어 동아시아 그리고 세계사 가운데서 바라보고 해석할 것이다. 모든 역사적 사실은 주변의 다양한 나라와 관계를 맺으며 발생할 수밖에 없기 때문이다.

　이 책은 과거를 향한 쓸데없이 진중한 접근을 삼간다. 중요하다고 강요하면 거꾸로 반감부터 드는 게 인간이 아니던가. 마치 역사를 알면 세상 삼라만상의 비밀을 다 이해할 수 있는 것처럼 이야기할 생각도 없다. 그럴수록 역사는 더 지루해진다. 역사라는 학문이 지금까지 과도하게 유통되면서도 정작 사람들의 뇌리에 남지 못한 결정적인 이유이기도 하다.

　이 책을 통해 쉽게 그러나 가볍지 않게 과거를 산책하면서 앞서 말한 고정관념을 깨고, 교과서 밖의 역사를 생각해보며, 지금 문제의 원인을 과거로부터 찾아볼 수 있다면 그것이 역사의 무게감보다 값질 것이다.

저자의 이름에 내 이름만을 올리는 것은 사실 외람된 일이다. 한 명의 연구자가 수천 년에 달하는 시간을 한 권의 책으로 정리하는 일은 불가능하다. 그렇기에 이 책은 지금껏 성실하게 연구해온 수많은 역사학자의 연구 성과에 빚진 결과물이라는 점도 밝히고 싶다.

자, 그러면 지금부터 수천 년에 달하는 한국사를 한 권으로 읽어볼 시간이다. 때때로 숨이 가쁠 때도 있고, 나도 모르게 몰입되어 시간 가는 줄 모를 때도 있을 테다. 하지만 찬찬히 오래전 이야기들을 하나의 맥락에서 이해하다 보면 어느 순간 마지막 장에 닿았을 때 지금의 우리를 만나게 될 것이다.

차례

1장

고대   ▶▶

2장

고려 시대 ━━━━━━━━━ ▶▶

3장

조선 시대 ━━━━━━━━ ▶▶

4장

근현대 ────────── ▶▶

1장

고대

단군 신화가
실화냐고 묻는다면

고조선의 시작에 대해서는 그 유명한 단군 신화를 통해 누구나 알고 있지만,
그 마지막을 아는 이는 드물다.
여기서는 한반도 역사의 첫 페이지에 대해 다룬 기록들을 통해
숨겨져 있던 역사적 사실들을 알아보자.

한국사의 시작을 알린 고조선에 대한 기록 중 그 유명한《삼국유사》
의 첫 구절이다.

옛날에 환인(桓因)의 서자 환웅(桓雄)이 있었는데, 천하에 자주
뜻을 두고 인간 세상을 매우 부러워했다. 아버지는 아들의 뜻
을 알아차려 삼위태백(三危太伯)을 내려다보니 널리 인간을 이
롭게 할 만했다(弘益人間). 이에 천·부·인 세 개를 주어 인간
세상을 다스리게 했다.

너무 유명해서 지겨울지 모르겠지만 이 구절을 그냥 지나치기에는 상징성이 너무도 강력하다. 여기서부터 한반도의 역사, 즉 기록된 이야기가 시작되기 때문이다.

설마 "저 이야기가 진짜야?"라고 묻는 사람이 있을 거라고는 생각하고 싶지 않다. 단군 신화가 사실인지 아닌지는 별로 중요하지 않다. 그리스 로마 신화에 나오는 신들이 진짜 신이었는지 누구도 묻지 않는 것처럼 말이다. 우리는 그저 신화 속 역사적 사실 관계를 발견하면 된다.

위의 인용문은 몇 글자 안 되지만, 여기에는 생각보다 많은 역사적 사실이 숨겨져 있다. 일단 조선이라는 나라가 세워졌다는 사실 하나는 확실하다. 그리고 또 어떤 이야기들이 숨어 있을까?《삼국유사》와 함께 고조선에 대해 이야기한 여러 기록을 살펴보는 것으로 본격적인 이야기를 시작해보자.

금속을 다루는 것이 힘이던 시대, '옛' 조선

갓 태어난 조선이라는 나라는 아마도 청동기 문화를 기반으로 형성됐을 것이라 추측된다. 철기를 쓰고 있는 지금의 우리가 보기에는 어설퍼 보이는 문화일 수 있지만, 당시 청동기는 그야말로 혁명이었고, 금속을 다룰 줄 아는 것은 그야말로 '힘'이었다. 조선은 바로 그 힘을 가진 나라였다. 조선이 청동기를 썼다는 증거는 《삼국유사》의 고조선 건국 관련 내용으로 확인된다.

> 환웅은 무리 3,000명을 거느리고 태백산의 신단수 밑에 내려와서 이곳을 신시(神市)라 불렀다. 그는 풍백·우사·운사를 거느리고 곡식·수명·형벌·선악 등을 주관하여 인간 세계를 다스리고 교화시켰다(在世理化). 이때 곰과 호랑이가 같은 굴에 살았는데, 환웅에게 찾아와 사람이 되기를 빌었다. 때마침 환웅이 신령한 쑥 한 심지와 마늘 스무 개를 주면서 "너희들이 이것을 먹고 100일 동안 햇빛을 보지 않는다면 곧 사람이 될 것이다"라고 했다. 곰은 약속한 지 3·7일 만에 여자가 됐으나, 호랑이는 이를 지키지 못해 사람이 되지 못했다. (…) 환웅이 웅녀와 결혼하여 아들을 낳았는데, 그 이름을 단군왕검(檀君王儉)이라 했다.

위의 내용을 통해 우리는 다양한 역사적 사실을 파악할 수 있다. 첫째는 '하늘의 자손'이라는 내용을 통해 유추할 수 있는 천손 사상, 둘째는 지배 계급의 존재, 셋째는 바람과 비, 구름의 중요성을 강조한 내용을 통해 유추할 수 있는 농경 사회의 존재, 넷째는 곰과 호랑이를 통해 확인할 수 있는 토테미즘의 존재, 다섯째는 단군왕검의 명칭을 통해 알 수 있는 제정일치 사회의 가능성 등이다.

짧은 내용인 줄 알았는데 하나씩 뜯어보니 여러 역사적 사실 관계를 유추할 수 있지 않은가? 이런 과정의 연속이 바로 역사학이다. 마치 프로파일링이라도 하는 것처럼 스쳐 지나가는 단어 하나에서도 사실을 파악해야 하는 작업 말이다. 어쨌든 앞에서 파악한 다섯 가지의 증거는 청동기를 다룬 사회에서 공통으로 나타나는 현상들이다.

이러한 내용을 뒷받침해주는 기록은 중국의 사서인《한서》〈지리지〉에도 등장한다. 바로 고조선의 '8가지 법 조항(犯禁八條, 범금팔조)'에 관한 내용이다. 현재는 세 가지 조목만 전해지는데, 그중 "남의 물건을 훔친 자는 데려다 노비로 삼으며, 속죄하고자 하는 자는 1인당 50만 전(錢)을 내야 한다"라는 규정을 통해 심지어 노비의 존재까지 확인할 수 있다. 그만큼 사회가 체계적으로 발전했다는 것을 의미하는 구절이다.

이제 철기를 사용하는 사회, '위만조선'

청동기를 사용하면서 위용을 떨치던 고조선은 곧 철기를 사용하는 사회로 발전한다. 흔히 우리가 '위만조선'이라고 부르는 단계로의 진입이다. '위만'은 사람 이름이다. 그는 중국의 연나라 사람이었는데, 중국 내부의 혼란을 틈타 조선으로 이주해왔다. 이주민이었던 위만이 조선의 왕 준왕을 몰아내고 왕이 된 것이다(기원전 194년).

위만이 왕이 될 수 있었던 결정적 이유는 '철'이었을 것이라 추측된다. 중국의 선진 철기 문물을 가진 위만이 조선으로 망명하게 됐고, 이 선진 기술이 위만의 배신과 왕위 찬탈을 가능하게 한 것이다.

위만은 연나라 출신이었지만 사실상 왕위 찬탈 이후에도 '조선'이라는 이름을 계속 사용했고, 조선 지역 사람들을 관리로 선발해서 등용한다. 곧 위만의 조선은 안정을 찾았고, 강력한 철기 문화는 주변 세력을 복속시키는 데 큰 원동력이 된다. 자연스럽게 위만조선의 세력은 확장돼갔다. 장사 수완도 좋아 남방의 진(辰) 그리고 중국의 한나라 사이에서 중개무역을 하면서 국세도 불려나갈 수 있었다.

나라가 어느 정도 위용을 갖추자, 왕(王), 태자(太子), 비왕(裨王), 상(相), 대신(大臣), 경(卿), 장군(將軍) 등의 명칭을 사용하며 나름의 통치 체계도 만들어나갔다. 왕을 정점에 두고 태자를 둬 왕실을 형성했고, 대신, 장군 등이 중앙 통치와 군대를 장악했으며, 상, 경이 지역의 유력자로서 왕에게 포섭된 세력이었다.

본격적인 철기 시대로 접어든 위만조선은 철제 농기구의 보급으로 농업 생산량이 더욱 증대됐을 것으로 추측된다. 그리고 이를 기반으로 활발한 정복 전쟁을 벌일 수 있었다. 기록에 따르면 위만조선은 주변 세력인 진번 등을 복속시켰고, 그 영역이 수천 리에 이르렀다 하니 그 나름대로 그 지역에서는 강력한 패권을 자랑하는 나라였다.

고조선의 마지막 장면

고조선의 시작에 대해서는 단군 신화를 통해 누구나 알고 있지만, 막상 그 마지막에 대해 아는 이는 드물다. 그래도 이 책이 한국사 책인 만큼 여기서 고조선의 마지막에 대해 한번 다뤄보려고 한다.

고조선이 위만에 의해 발전을 거듭하던 어느 날, 한나라는 무제 시절을 맞아 대외 팽창을 본격화하기 시작한다. 향후 수천 년간 이어질 중국 중심의 세계 질서가 본격화되기 시작한 것이다. 한 무제는 흉노에 대한 대규모 원정을 시작으로 조선까지 팽창의 대상으로 여긴다. "동쪽으로 조선을 정벌하고 현도와 낙랑을 세워 흉노의 왼팔을 끊었다"라는 《사기》의 기록을 통해 추측해보면 흉노를 견제하기 위한 명분으로 고조선과의 전쟁을 시작한 것으로 보인다.

그렇게 기원전 109년, 한 무제가 먼저 위만조선을 공격했다가 실패한 사건이 벌어진다. 이후 둘은 외교를 통해 문제를 해결하려 했지만 실패로 끝나고 전쟁이 벌어진다. 싸움은 점점 장기화됐고, 고조선의 지배층 내부에서는 분열이 일어났다.

고위급 관료 중 하나는 자신의 무리 2,000여 호를 이끌고 진국으로 가버리는가 하면, 몇몇은 당시 수도였던 왕검성을 나와 한나라에 항복하기도 했다. 내분이 일어나는 와중에 당시 고조선의 왕이던 우거왕은 살해됐고, 왕자 장(長)은 한나라 군대에 투항해버린다. 기원전 108년 왕검성은 이내 함락됐고, 그렇게 고조선은 멸망한다. 바로 이때 수많은 고조선의 유이민들이 남하하면서 한반도 남부의 정세에 거대한 변화를 촉진했다.

한편 한나라는 고조선의 영역에 낙랑군·임둔군·현도군·진번군의 한사군을 설치하고 통치하기 시작한다. 하지만 말이 쉽지 한나라의 중앙에서 멀리 떨어진 고조선의 옛 땅을 직접 관리하고 통치하기란 여간 어려운 일이 아니었다. 몇 세대 지나지 않아 이 지역은 한나라의 영향력에서 나름의 자유를 얻으며 독립 세력으로 자리 잡는다.

그런데 흥미롭게도 바로 이곳 주변부터 한반도는 전혀 다른 역사를 맞이한다. 중국의 선진 문물이 들어오는 창구 역할을 했던 이곳 한사군을 중심으로 한반도 주변의 새로운 나라들이 발흥하기 시작한 것이다. 그리고 새롭게 떠오른 작은 집단들은 한사군을 장악해나가며 발전을 거듭한다. 그렇게 한반도의 역사는 새로운 국면에 접어들었다.

'부여' 출신이라는 게
권력의 상징이던 시절

교과서에서는 부여를 그저 한국사의 거대한 물줄기 옆 실개천 정도로 취급한다.
고조선에 이어 한반도에 등장한 삼국의 역사 주변 어딘가에 머물렀던 존재 말이다.
과연 그랬을까?

우리나라에서 정규 교육을 받은 사람이라면 익숙한 역사 서술 방식이 있다. 고조선을 거쳐 삼국 시대로 이어져 신라에 의해 '통일'이 된 후 하나의 나라로 한민족의 나라가 완성되는 아름다운 서사다.

완전히 틀린 이야기는 아니다. 하지만 우리가 놓치고 있는 다른 흐름도 분명히 존재했다. 부여가 그 대표적인 예다. 교과서에서는 부여를 그저 한국사의 거대한 물줄기 옆 실개천 정도로 취급한다. 고조선에 이어 한반도에 등장한 삼국의 역사 주변 어딘가에 머물렀던 존재로 말이다.

그런데 좀 더 살펴보면 부여는 분명 한반도에 존재했던 다양한 집단에 막강한 영향력을 미쳤던 나라다. 고구려와 백제는 부여계 유이민 집단이 토착 세력과 융합하는 과정에서 만들어졌다. 심지어 백제는 후에 나라 이름을 '남부여'라고 바꾸기도 했다. 부여는 이렇듯 한국사 가운데 분명한 자취를 남겼고, 우리에게 익숙한 나라들에도 영향을 줬다.

그러나 교과서에 간단히 언급돼 있고 시험 문제로도 종종 나오지만, 우리가 부여에 대해 기억하는 사실은 가축의 이름을 붙인 귀족 세력이 있었다는 것, '영고'라고 불리는 제천 행사를 치렀다는 것 정도다. 그리고 조금 더 깊이 안다면 고구려의 시조인 주몽과 백제의 시조 온조가 부여에서 왔다는 사실 정도일 것이다. 이 사실은 그냥 넘어가기에는 꽤 의미가 있다. 왜냐하면 고구려와 백제가 만들어지던 때에도 부여는 여전히 존재했기 때문이다.

생각해보면 조금 이상하지 않은가? 멀쩡히 존속하는 나라의 주민들이 굳이 남쪽으로, 더 남쪽으로 내려와 나라를 세우고 심지어는 "난 부여에서 온 사람이다"라고 자랑스럽게 이야기했다니. 그들이 진짜 부여에서 왔는지와는 상관없이 당시 고구려인과 백제인들이 '부여에서 왔음'을 권력의 상징으로 활용했다는 것은 어떤 의미일까? 그리고 이후 한반도 인근을 주름잡게 되는 두 나라는 왜 서로 "내 뿌리는 부여"라고 외치게 된 걸까?

'삼국'이라는 서사를 위해 희생된 나라

부여는 고조선이 망하기 전에 생겨서 삼국 시대가 한창 이어지던 때까지 남아 있었다. 무려 존속 기간만 700년이었다. '삼국 시대'라는 말은 그러니까 지극히 삼국(고구려, 백제, 신라) 중심적인 표현이다. 고조선에서 시작해 삼국의 탄생과 통일이라는 교과서 서술에 맞는 대서사시를 위해 가장 큰 희생을 치른 나라가 바로 부여인 것이다.

부여의 기원은 중국의 춘추 전국 시대 후반 즈음인 기원전 4~3세기로 유추할 수 있다. 부여에 대한 기록 자체는 기원전 1세기 중국 문헌에 등장하지만, 내용으로 보면 이미 그 전부터 존재했음을 알 수 있다. 그 유명한 웅녀와 그의 아들 단군 할아버지의 나라가 한창 요동과 한반도 북부에서 영향력을 키워나갈 때, 부여도 고조선 넘어 동쪽 땅에서 스멀스멀 등장하기 시작했다는 뜻이다.

기록에 따르면 부여는 시조인 '동명'이 북쪽의 탁리국(槖離國)에서 이주해 건국한 나라였다. 이 내용은 우리에게 익숙한 이른바 동명왕 설화다. 심지어 이 설화는 고구려에서 그대로 차용해 사용했다. 물론 이것도 여러 설 중 하나일 뿐이다.

설화의 진위를 따질 필요는 없다. 게다가 우리는 대개 동명과 주몽이 같은 사람이었다고 배워왔지만, 사실 주몽과 동명의 관계는 오리무중이다. 중요한 것은 부여가 당시 가졌던 영향력이다. 왜 고구려는 부여의 건국 설화를 그대로 가져다 썼을까?

부여는 생각보다 잘나가는 나라였다. 강역(나라 간의 영역을 가르는 경계)만 봐도 그렇다. 남쪽으로는 고구려, 동쪽으로는 숙신, 서쪽으로는 선비, 북쪽으로는 약수와 접했다고 한다. 그러니까 지금의 만주 지역 길림성의 드넓은 평야 일대가 대부분 부여의 땅이었다는 것이다. 영토만 넓었던 것도 아니다. 국력이 강해 전쟁에서 패배하는 일이 없었고, 강역의 동쪽에 접한 숙신을 사실상 예속시켰다고 할 정도였다.

부여는 1~3세기 가장 융성하여 전성기를 구가한다. 한나라에 의해 고조선이 멸망하고 한반도 인근에 한사군이 설치되는 시점에 부여는 성장을 거듭한다. 고조선과는 달리 중국 왕조들과 우호적인 관례를 맺으면서, 중국의 선진 문물을 적극적으로 받아들여 전성기를 만들어냈다.

고조선이 멸망한 이후로는 동북아시아의 가장 중심적인 정치체 역할을 했으며, 고구려가 이 지역을 장악하기 이전까지 단연 부여가 만주 일대의 패권을 장악하고 있었다고 할 수 있다. 이 일대에서 부여의 강력한 영향력은 고구려와 백제가 군이 자신들의 뿌리를 부여에서 찾게 만든 원동력이었다. "나 부여에서 왔어"라고 하면 적어도 무시는 안 당하던 시절이라는 말이다.

물론 그렇다고 해도 초기 고대 국가였던 부여는 강력한 왕권을 바탕으로 한 중앙 집권화된 정치 체제를 완성하지는 못했다. 일정한 가계에서 대물림되는 왕이 존재했지만 각 지역에 대한 자치권을 지닌 족장들이 있었고, 이들이 집행하는 회의는 강력한 권한을 행사했다. 농사가 제대로 되지 않아 흉년이 들면 왕이 책임져야 했는데, 그 책임의 무게는 곧 죽음이었다. 이러한 정치 체제의 미숙은 부여가 가진 치명적 한계였다.

부유했던 부여인들의 생활

부여에는 마가(馬加), 우가(牛加), 저가(猪加), 구가(狗加)와 같은 동물 이름을 딴 관인이 있었는데, 이들 '가(加)'는 각자의 지역에서 독자적인 세력 기반을 둔 수장이었다. 이들이 통솔하는 지역은 수도를 가운데로 두고 사방에 존재했던 '읍락'으로, 왕은 사방에 존재하는 이들 가의 대표였다.

왕과 가는 부여의 지배 세력으로서, 협력과 대립을 통해 상호 보완적인 관계를 맺었다. 하지만 국력이 강성해지고 강역이 넓어지면서 자연스럽게 왕권은 미약하게나마 강해질 수 있었고, 3세기에 이르러서는 안정적으로 왕위의 부자 계승이 이루어졌다. 그래도 여전히 가들이 각자 다스리는 지역에서는 강력한 자치권이 허용됐다.

각 지역의 수장을 상징하는 동물(말·소·돼지·개)은 부여의 주요한 가축이었다. 즉, 목축이 중요한 나라였다는 뜻이다. 특히 부여의 대평원에서 생산되는 말이 유명했고, 중국에 수출하기도 했다. 더불어 부여는 넓은 평야를 무대 삼아 농업을 주요 산업으로 여겼다. 말이

쉽지, 고대 국가에서 농업과 목축을 주요 산업으로 삼았다는 의미는 나름대로 부유했다는 뜻이다.

한편 부여를 이야기할 때 꼭 등장하는 특이한 문화가 있는데, 바로 형사취수제다. 즉, 형이 죽으면 동생이 형수를 취하는 풍습이다. 이 풍습은 고구려에서도 발견되는데, 남성이 사냥이나 전쟁 등으로 일찍 죽으면 홀로 남는 여성과 어린 자녀를 가족의 일원이 보호하는 제도였다. 이러한 풍습은 부여가 유목 집단의 영향을 받았음을 보여주며, 친족 집단의 공동체적 성격이 여전히 강한 사회였음을 말해주는 것이기도 하다.

유목 집단의 영향을 말해주는 또 하나의 풍습은 영고(迎鼓)라는 축제였다. 영고는 제천 행사의 성격으로 하늘에 제사를 지내는 것이었는데, 농경 문화가 발달한 나라에서 10월경에 열렸던 것과는 달리 부여에서는 12월에 행사가 열렸다. 사냥철이 시작되는 시기였기 때문이었다. 그러니까 영고는 공동으로 사냥 나가기 전에 함께 모여 결속을 다지는 차원에서 술과 함께 노래하며 춤을 추는 행사였던 것이다.

그 나름대로 한 시대를 대표하는 패권국이었던 만큼 지배 집단이었던 가들은 비단옷에 모피를 두르거나 갓을 썼고, 금과 은으로 장식을 하는 등 호사로운 삶을 살았다. 많게는 수십 개의 읍락을 지배했던 가들의 경제력은 그만큼 상당했던 것으로 보인다. 실제로 가 아래에는 상당수의 노예가 있었고, 이들이 죽으면 노예 100여 명을 순장하기도 했다.

동북아의 새로운 패자 고구려가 탄생하기까지

이렇듯 순조롭게 발전하던 부여는 3세기 후반 들어 큰 변화를 맞는다. 이 변화는 대단히 국제적인 변화였다. 결정적으로는 유목 세력이던 모용 선비(慕容鮮卑, 중국 동북 지방의 민족 중 하나인 선비족의 일파)의 침입이었다. 이 시기 유목 세력들의 흥기는 동아시아 전체를 격동의 시기로 만들었는데, 평야 지대로 외부 침입에 취약했던 부여가 직격탄을 맞았다. 게다가 남쪽에서 일취월장하며 성장하던 고구려의 압력까지 더해지며 위기는 더욱 가속화됐다.

285년 모용 선비족에 의해 수도가 함락됐고 부여인 1만여 명이 포로로 잡혀갔는데, 심지어 이 침입으로 왕 의려는 자살하고, 부여 왕실은 북옥저 지역으로 피난을 가야 했다. 이후 중국의 진(晉)나라에 지원을 받아 선비족은 일시적으로 격퇴되기도 했지만, 이후로도 모용 선비의 침공은 지속됐다. 결국 부여는 길림 일대의 중심지를 잃고 서쪽으로 근거지를 옮겼다. 이후 346년 선비족이 세운 전연(前燕)의 공격을 받아 큰 타격을 입고 왕과 5만여 명이 포로로 잡혀가는 일까지 벌어진다. 사실상 나라가 붕괴된 것이다. 그 뒤 부여는 결국 고구려에 복속되는 절차를 밟게 된다.

한편 북옥저 방면으로 피난 갔을 때 일부 정착했던 부여인들은 동부여라고 불릴 정도로 성장하며 자립적인 정치체를 영위하려 했지만, 이마저도 410년 광개토왕에 의해 병합된다. 더불어 부여의 잔존

세력이던 북부여까지 494년 고구려 문자왕 시절에 투항하면서 부
여라는 이름으로 불리던 나라는 모두 고구려의 통치 아래 복속된다.
오랜 시간 동북아의 패자로 군림해온 부여가 새로운 패자로 성장한
고구려에 자연스레 복속된 것이었다.

그곳에도 삶이 있었다: 옥저, 동예, 삼한

옥저, 동예, 삼한은 익숙한 이름임에도 그 실체를 알고 있는 사람이 매우 드물다.
하지만 그곳에도 사람이 살았고, 그 나름의 문화가 있었다.
거대한 역사 해석을 목적으로 하지 않더라도
그들에 관심을 보여야 할 이유는 분명히 있다.

고조선과 삼국 시대 사이에 존재했던 부여는 스스로 역사를 기록하지는 못했지만, 중국의 역사서를 통해 존재의 양상을 그 나름대로 상세히 드러냈다. 그런데 당시 부여만 존재했던 것은 아니다. 분명 한반도와 그 인근에 존재했고, 그 나름의 삶을 구가하던 다양한 집단은 여럿 있었다. 심지어 그들은 부여와는 또 다른 방향에서 역사적 가치와는 별개로 기억되지 못한 채 잊혀가고 있다.

옥저, 동예, 삼한이 가장 대표적이다. 이 나라들은 교과서만으로 한국사를 배워온 이들에게 익숙한 이름임에도 불구하고 그 실체를 아는 사람이 매우 드물다. 물론 옥저와 동예, 삼한과 같은 다양한 존재들이 주목받지 못한 데에는 이유가 있다. 스스로 기록한 역사서가 존재하지 않고, 이들의 존재를 제대로 기록한 후대의 자료도 많지 않기 때문이다.

'그럼 별로 안 중요한 것 아냐?'라고 생각할지 모르겠다. 그런데 백제, 신라, 가야는 삼한에서 출발했다고 알려져 있다. 또 고구려가 성장하기 위해서는 옥저와 동예를 통합하는 과정이 필수적이었다. 즉, 우리가 지금 기억하는 과거는 옥저, 동예, 삼한을 자양분 삼아 발전했다는 의미다.

시험 출제 빈도가 낮고 승리한 역사가 아니라고 해도, 그곳에는 사람들이 살고 있었다. 그렇다면 왜 이들은 더 큰 세력으로 성장하지 못했을까? 어떤 차이 때문에 하나의 세력은 소멸하고, 또 다른 세력은 성장할 수 있었을까?

대국의 시달림을 견뎌야 했던 옥저

함경도 해안 지대에 자리 잡았던 나라, 정치적 성장이 늦어 왕이 없던 나라, 한군현의 통제를 받다 고구려에 복속된 나라, 민며느리제가 시행된 나라. 교과서와 각종 시험 문제에 출제되는 옥저의 모습이다. 그만큼 알려진 바도 적고, 실제 연구된 내용도 많지 않다.

사실 더 알아야 할 뚜렷한 이유도 없다. 어차피 그 이상은 시험에 나오지도 않는다. 그런데 오히려 궁금하지 않은가? 도대체 어떤 나라였기에 꼬박꼬박 교과서에 서술되고, 시험에도 간혹 나오는지 말이다. 그저 고구려의 주변 세력 정도라고 생각하면 교과서에서 굳이 언급하지 않을 텐데 뭔가 이유가 있지 않을까?

옥저는 무려 기원전 3세기에서 2세기경 '예족'이라고 불리던 무리 중 하나였던 '부조(夫租)'라는 읍락 집단에서 출발했다. 이 부조가 고조선 멸망 이후 설치됐던 한사군에 편제됐고, 시간이 지나면서 점점 낙랑군의 문화에 영향을 받는 집단이 돼갔다.

기원전 44년경 고작 1,000여 호, 인구 5,000여 명 조금 넘는 수준의 그리 크지 않은 집단이던 옥저는 기원후 30년경부터 함경남도 해안 지역으로 확대됐고, 곧 두만강 유역의 읍락 집단을 포괄하기에 이르렀다. 인구도 5,000여 호로 늘었다. 옥저가 한국의 역사에 뚜렷한 발자취를 남기기 시작한 것도 이때부터다.

추정컨대 옥저의 5,000여 호에 달하는 인구는 5~10개 정도의 읍락 연합으로 구성됐을 확률이 높다. 적어도 이 정도 규모의 연합 집단을 영위하기 위해서는 옥저라는 집단으로 묶어줄 강력한 무언가가 있었을 테고, 옥저는 이를 바탕으로 스스로 성장하고 있었을 것이다. 그렇기에 후기 청동기 문화인 세형동검 문화로부터 출발한 옥저가 이후 낙랑 문화의 영향을 받으며 철기 문화로 발전해 나름의 전성기를 구가할 수 있었던 것이다.

그런데 그 기간이 너무나도 짧았다. 옥저의 전성기는 이 지역의 패권을 장악했던 한사군이 쇠퇴하고 고구려가 성장하기 직전의 찰나였다. 기원후 1세기 말경이면 이미 고구려는 두만강을 넘어 동해안 지역으로 진출했고, 옥저도 고구려에 복속했다는 기록이 전해진다. 한나라의 군현 체계에서 벗어나 독자적인 세력권을 형성하려 했던 옥저는 그렇게 고구려에 통제받는 신세로 전락한다.

고구려는 이후 그간 옥저가 축적했던 해당 지역의 인적, 물적 자원을 적극적으로 수취하면서 더 큰 성장을 이룬다. 옥저의 인력은 함경도의 물적 자원을 고구려 중심지까지 운송하는 역할을 맡아야 했고, 이를 위해 고구려는 옥저 지역을 자체적으로 관리하는 시스템을 만들었다. 그러고는 자연스럽게 고구려 내부로 흡수되는 과정을 겪는다.

"나라가 작아 대국의 사이에서 시달리다가 끝내 고구려에 신속했다"라는 중국의 역사서 《삼국지》 동이전에서의 옥저에 대한 평가는 짠함까지 느끼게 한다. 함흥 지역의 평야 덕분에 토지가 비옥했고 오곡을 생산할 수 있었으며 동해와 닿아 해산물까지 풍부했던 옥저는 결국 대국에 시달린 끝에 사라져버린 것이다.

옥저에 부족한 것이 있었다면 머릿수였다. 고대 국가의 성장에서 가장 중요한 것이 바로 인구다. 5,000여 호까지 급격히 체급을 올리며 선전하는 듯했지만, 딱 거기까지였다. 5,000여 호를 아우를 정치제도나 지배 계층이 성장하기도 전에 압도적인 전투력을 가진 고구려에 의해 박살이 났기 때문이다. 그래도 이들을 그저 고구려의 주변 세력이라고 부르기에는 왠지 모를 아쉬움이 남는다. 그들의 짧았던 영광의 순간이 시험에 나올 리는 없겠지만 말이다.

한때 고구려와 비슷한 인구를 자랑했던 동예

교과서와 시험에서 옥저와 세트로 묶여 소개되는 나라가 있다. 바로 동예다. 동예 하면 모두의 머릿속을 스치는 단어가 하나 있을 텐데, 바로 '무천(舞天)'일 것이다. 왜 동예라는 단어만 들으면 무천이라는 제천 행사가 기억날까? 뻔하다. 시험에 나왔기 때문이다.

동예는 동해안을 끼고 옥저의 남쪽에 존재했던 나라로, 비옥한 토지에서는 오곡을, 동해에서는 풍부한 해산물을 생산해냈다. 강원도에서 경상북도의 북단에 이르는 영역을 자랑하기도 했다.

위치가 그래서인지 동예의 성장은 옥저와 비슷하다. 교과서에서 세트로 묶는 데는 다 이유가 있다. 고조선이 멸망한 뒤 기원전 2세기 무렵, 임둔군이 설치됐다가 폐지된 지역에서 크고 작은 정치 집단의 집합체들이 만들어지기 시작했다. 이후 낙랑군의 영향권에 들어가 조금씩 성장하기 시작한 이 지역에서 동예라는 나라가 싹텄다.

동예가 어느 정도 성장했었는지 보여주는 증거는 후(侯), 읍군(邑君), 삼로(三老)라고 불렸던 지배 집단의 존재다. 이러한 이름들은 동예의 지배자가 통솔하는 범위를 말하는데, 개별 읍락을 넘어 소국 수준에 달했던 것으로 유추된다. 실제로 동예의 인구는 2만여 호에 달했고,

영동 지역의 큰 현 7개 중 6현을 포괄했다. 옥저보다는 훨씬 큰 규모였고, 초기 고구려와 비견해도 비슷한 수준이었다.

각 읍락별로 흩어져 있던 집단의 결속력을 강화하기 위해 동예에서는 일종의 제의를 올리는 방법으로 공동체의 결속을 다졌다. 그것이 바로 무천이다. 무천은 각 공동체를 아우르기 위한 제천 행사의 성격을 지닌 동시에 각 읍락별 제사의 성격도 함께 지녔다.

이는 동예에 각 읍락별로 각자의 공동체적인 모습이 강하게 남아 있었음을 의미한다. 실제로 동예의 각 읍락은 별도의 경제권을 가지고 있었으며 폐쇄적이고 독자적인 생활권역을 유지했다. 흔히 이야기하는 연맹 단계의 연합체로서의 성격으로 나아가지 못했음을 말해주는 것이기도 하다.

한편 동예는 사회가 발전되는 과정에서 계층이 뚜렷하게 분화하는 모습을 보였다. 피지배 계층으로는 읍락민의 대부분이었던 평민 계층 하호(下戶)가 있었고, 동물과 같은 취급을 받던 생구(生口)가 최하층을 형성했다. 하지만 더 발전된 형태의 사회로 나아갔던 고구려나 부여와 달리 지배 계층의 분화는 더뎠다. 가령 호민(豪民)과 같은 각 촌락의 지배 계층이 제대로 발달하지 못했다고 볼 수 있다.

그 나름의 세력권을 키워나가며 지역에서 옥저보다도 큰 영향력을 발휘하던 동예가 어떻게 멸망했는지는 기록에서 찾아보기 힘들다. 옥저처럼 고구려에 복속됐을 것으로 추측되지만, 6세기에 고구려가 동예인 병사 6,000명을 동원했다는 기록이 뜬금없이 나오는 것으로 봐서 동예 세력의 독자성이 꽤 오랜 기간 유지됐다고도 본다. 확실한 사실은 4세기 말에 이르러 이 지역은 고구려의 영역이 됐다는 점이다. 실제로 광개토왕비문에 기록된 정복 지역에 동예 소속 지역이 있음을 확인할 수 있다.

한때 고구려와 비슷한 인구를 자랑할 정도로 큰 세력권을 형성했던 동예에는 각 읍락의 독자성을 강하게 억누를 수 있는 중앙 지배세력이 부재했다. 끝내 동예는 고대 국가의 발전 과정에서 중요한 단계로 꼽히는 중앙 집권적 지배 구조를 갖추지 못하면서 이른 시기에 중앙 집권에 성공한 고구려에 귀속된다.

다양한 정치체의 느슨한 연합, 삼한

넷플릭스에서 화제가 됐던 드라마 〈지옥〉에서 등장하는 '소도'의 존재가 사실은 삼한에서 천신(天神)에게 제사를 지내던 성지였음을 눈치챈 이가 얼마나 있을까? 그만큼 삼한은 역사적 중요성에 비해 인지도가 떨어진다.

삼한은 마한, 진한, 변한으로 구성됐는데, 마한 54개, 진한 12개, 변한 12개의 소국으로 구성됐다. 사실상 소국 연맹체였다는 의미다.

삼한의 시작을 살펴보기 위해서는 기원전 2세기경 한반도 중부와 남부 지역에 존재했던 '진국(辰國)'에 집중할 필요가 있다. 지리적인 공통점을 차치하더라도, 바로 이 진국이 삼한으로 발전했다고 보는 견해가 있기 때문이다. 물론 진국에서 삼한으로 변화하는 과정에 대해서는 다양한 주장이 공존하지만, 둘 사이의 연결성을 완전히 부정하지는 않는다.

기원전 2세기경 부여와 고조선이 공존하던 바로 그 시기, 한반도 중남부 지역에는 일찍부터 진(辰)이라는 토착 세력이 살고 있던 것으로 보인다. 복잡한 문제는 바로 위만조선이 멸망하면서부터 시작된다. 한반도 북부와 요동에 이르는 거대한 영역의 패권을 장악하던 나라가 망하다 보니 사회 변동의 속도가 엄청났던 것이다.

자연스럽게 망국의 유이민들이 남쪽으로 이주해왔다. 이들 유이민 집단은 진에 새로운 트렌드를 전했는데, 그것이 바로 철기 문화였다. 이후 위만조선의 유이민 집단은 기존 토착 문화와 자연스럽게 융화하며 급격한 발전을 이룩했고, 종국에는 마한, 진한, 변한이라 불리는 삼한의 형태로 고착된다.

앞서 말했듯 마한은 54개, 진한과 변한이 각각 12개의 소국으로 구성됐다고 알려졌지만, 사실은 더 다양한 정치체의 연합이었을 가능성이 높다. 더군다나 각 소국은 삼한의 형태로 묶여 있었다고는 하나 굉장히 느슨한 형태의 연맹이었고, 사실상 독립적으로 운영됐을 것이다. 실제로 백제가 건국되고 이후 고대 국가로서의 모습을 갖춘 뒤에도 마한의 많은 소국은 백제의 직접 지배 영역으로 편입되지 않았다. 적어도 백제는 웅진으로의 천도 이후에야 완벽히 이 지역의 소국을 장악할 수 있었다.

한편 삼한의 소국의 규모와 형태 또한 다양했다. 규모는 1만여 가

(家)부터 600~700여 가 수준까지 다양한 크기의 소국들이 있었지만, 대략 2,000~3,000여 가 수준을 유지했다. 소국은 크게 국읍(國邑)과 일반 읍락으로 나뉘는데, 국읍은 주변 일반 읍락 사이에서 정치적으로나 경제적으로 주도적인 역할을 하는 곳이었다. 즉, 거대한 국읍을 가운데 두고 여러 일반 읍락이 뭉쳐진 형태였다고 보면 된다.

각 국읍에는 규모에 따라 신지(臣智), 험측(險側), 번예(樊濊), 살해(殺奚), 읍차(邑借) 등의 정치적 지도자가 있었다고 전해진다. 국읍의 중요한 기능은 제천 의식을 주관하는 것이었다. 각 국읍에는 천군(天君)으로 불리는 제사장이 있었는데, 매년 5월과 10월 제천 행사를 열었다. 일종의 농경 의례였다. 이러한 제천 의식은 동예에서의 제천 의식과 같이 각 읍락을 통합하는 역할을 했다.

그런데 제천 의식을 주도하는 사람이 정치적 지도자가 아닌 천군이라는 제사장이라는 점이 특별하다. 북방의 나라들과는 달리 삼한은 제정 분리 사회였다. 게다가 별읍에는 신성 지역인 소도가 있어서 제사를 올렸는데, 이곳은 정치적 지도 세력들이 함부로 할 수 없는 지역이었다.

제정이 분리된 삼한의 독특한 지배 형태는 발전된 철기 문화의 보급과 밀접한 관련이 있다. 선진적인 철기 문화를 바탕

삼한의 민간 신앙을 보여주는 농경문 청동기

으로 한 유이민 집단이 유입되면서 통치 형태도 선진화돼 발전할 수 있었고, 이들이 삼한의 주도적인 지배 세력으로 성장했음을 보여주는 것이기 때문이다. 실제로 철기 문화가 발전한 이후에 통치 세력이 소유한 무기류는 대부분 철기로 대체되고, 제사 용구의 숫자는 크게 줄어든다. 이는 곧 발전된 철기 문화의 보급으로 제사장의 기능이 점차 줄고 군사적 지도자의 역할이 곧 정치 지도자의 전형으로 변화되는 추세를 보여준다.

이렇듯 삼한 지역의 철기 문화가 발달하면서 한반도 전역에서는 다양한 변화가 함께 일어났다. 특히 마한의 소국 가운데 백제국(우리가 익히 알고 있는 그 백제)의 세력이 강대해지면서 마한 지역을 통합해 가기 시작했다. 더불어 낙동강 유역의 변한 지역에서는 가락국이 성장해 가야 연맹으로, 진한 지역에서는 사로국이 신라로 발전해 고대 국가로 자리 잡는다. 삼한은 소멸된 것이 아니라, 어쩌면 변화한 것이다.

골목 대장 고구려, 광개토왕을 만나다

막상 우리가 기억하는 광개토왕은 그저 영토를 넓힌 왕 정도다.
왜 광개토왕 시기 고구려가 영역을 팽창해야 했는지,
어떤 과정을 거쳐 영토가 넓어졌는지 등에 대한 역사적 질문은 사라진 채로 말이다.
왜 아무도 그 이유와 과정에 대해서는 질문하지 않는 걸까?

광개토왕의 본래 이름인 '담덕(談德)'도 뭔가 있어 보이지만, "국강상
광개토경평안호태왕(國罡上廣開土境平安好太王)"이라는 묘호(임금이 죽은
뒤에 생전의 공덕을 기리어 붙인 이름)가 더 강력한 인상을 준다. 우리가 흔
히 부르는 광개토왕도 바로 이 묘호에서 왔다. 광개토(廣開土)란 "땅
을 개척해 넓혔다"라는 뜻으로 광개토왕이 재위 중에 이룬 가장 큰
업적을 수식하는 말이다.

사실 우리가 기억하는 광개토왕은 그저 영토를 넓힌 왕 정도다.
그런데 광개토왕 시기에 왜 고구려가 영역을 팽창해야 했는지, 어떤

과정을 거쳐 영토가 넓어졌는지 등에 대한 역사적 질문을 하는 이는 드물다. 여기서는 영웅 광개토왕의 업적이 아니라 이 시기의 고구려 정세에 대해 전체적으로 살펴보려고 한다.

혼란 속에 찾아온 기회

모든 나라가 그렇듯 고구려 또한 처음부터 만주 벌판을 호령하는 동북아의 맹주 국가였다고 볼 수는 없다. 고구려는 부여에서 내려온 유이민 집단과 압록강 인근의 토착민 집단의 역사적인 결합으로 건국된 조그만 나라였다. 심지어 고구려는 농사에 적합하지 않은 땅에 위치해 늘 먹고사는 문제를 고민해야 했다. 고구려가 초기부터 정복 전쟁을 활발히 해야 했던 결정적인 이유이기도 하다.

그런데 건국 초기부터 고구려의 정복 활동에 딴지를 걸어오는 집단이 있었다. 바로 고조선이 망한 뒤 한나라에서 고조선의 옛 강역에 설치한 한군현(漢郡縣)을 다스리는 세력이었다. 이들은 언제나 고구려의 확장을 경계했는데, 고구려가 공격하는 주변 세력을 후방에서 지원하곤 했다. 안 그래도 먹고살기 힘들었던 고구려는 자꾸 딴지를 걸어대는 한사군 세력이 눈에 거슬리기 시작했다.

그래서인지 초기 고구려의 모습은 배고프면 주변 세력을 공격해 약탈하는 마치 동네 깡패 같은 모습이었다. 그러다 어깨 좀 펴려 하면 한군현 세력들이 기를 죽이는 모습이 반복됐다. 그렇게 꽤 오랜 부침을 겪어나가던 고구려가 제대로 된 통합력을 바탕으로 고대 국가다운 모습으로 성장한 시기는 2세기 초 태조왕 때였다. 그제야 비로소 압록강 인근 여러 세력을 통제하면서 왕족이던 '계루부' 중심의 5부 체제를 만들어 왕권을 강화할 수 있었다.

집안 단속을 끝낸 태조왕은 본격적으로 대외 활동을 시작하는데, 막상 동쪽을 정벌할 때 가장 큰 장애물이었던 존재는 옥저와 동예에 영향력을 펼치던 한사군 세력, 그중에서도 낙랑군 세력이었다.

안 그래도 오랜 시간 한사군 세력의 딴지로 골머리가 아팠던 고구려는 이들과의 전면전을 결심한다. 옥저와 동예를 제압한 고구려의 다음 목표는 낙랑군 세력이었다. 고구려의 담대한 판단에는 이유가 있었다. 이 시기 중국이 전·후한 교체기에 접어들면서 한나라의 낙랑 지역에 대한 통제력이 약화됐기 때문이다. 고구려는 혼란을 틈타 낙랑 지역으로 서서히 진출한다.

이 과정에서 3세기 초, 중국에서 흥미로운 변화가 감지된다. 우리에게 《삼국지》로 익숙한 위·촉·오의 시대가 열린 것이다. 바로 이때 오나라가 위나라를 공격하기 위한 방법 중 하나로 고구려와 관계를 맺으려 하는데 이는 오히려 위나라를 크게 자극했고, 이에 위나라는 요동을 정벌한 뒤 과감히 고구려로 돌진한다.

관구검이 이끄는 위나라군에 밀린 고구려의 동천왕은 수도를 버리고 옥저 방면까지 피난을 떠나는 굴욕을 맛봐야 했다. 뒤이어 재차 침공한 위나라군은 두만강 유역은 물론 부여까지 휘저으며 만주 일대를 쑥대밭으로 만들고 떠난다. 위나라와의 전쟁으로 고구려는 엄청난 타격을 받았다. 수도가 파괴되고 잡혀간 포로의 숫자도 엄청 났다. 고구려로서는 낙랑을 눈앞에 두고 동해까지 도망가야 하는 치욕적인 기록을 남기게 된 것이다.

하지만 고구려에 다시 기회가 찾아왔다. 고구려가 전란을 수습하고 국가 체제를 다시 공고히 해나가는 동안 위나라와 진나라가 무너지며 동아시아 정세는 다시 혼란에 빠져들었다. 이른바 5호 16국 시대가 전개되면서, 동아시아의 중심축은 다시 무너졌고 각자도생의 시간이 도래한 것이었다.

고구려는 기다렸다는 듯이 낙랑군(313년)과 대방군(314년)을 공격해 손에 넣는다. 낙랑 지역을 차지한 고구려는 본격적으로 서쪽으로 영역을 넓혀갔다. 고구려는 언제 우리의 최종 목표가 낙랑이었냐고 비웃기라도 하듯이 서쪽으로, 북쪽으로 말머리를 계속 돌렸다. 고구려에 낙랑은 끝이 아닌 시작이었다.

고구려의 겨울은 차가웠다

거침없던 고구려의 기세는 얼마 못 가 서북 방면에서 막혀버린다. 요동을 코앞에 둔 상황이었다. 요동 평야를 놓고 당시 고구려의 왕 고국원왕은 선비족 모용 선비의 전연과 전쟁을 벌여야 했다. 낙랑을 점령했던 당찬 기세와는 달리 고국원왕은 전연군에 밀려 수도였던 환도성을 함락당하고 아버지 미천왕의 시신을 빼앗기는 수모를 당한다. 심지어 어머니는 볼모로 끌려갔고 수만 명의 포로가 전연으로 잡혀갔다.

이후 고국원왕은 수도를 회복했지만 잠시 요동 진출을 포기하고 남쪽으로 팽창을 시도해야 했다. 낙랑 아래 남쪽으로는 백제가 있었다. 백제 또한 오래전부터 낙랑과 대방 지역으로의 진출을 시도하며, 끊임없이 고구려와 티격태격했다. 고구려와 백제가 제대로 맞붙은 것은 371년 평양 일대에서였다. 바로 이때 고국원왕이 백제군의 화살을 맞아 사망한다. 전연에 수도를 함락당하고, 아버지의 시신마저 빼앗긴 희대의 암군 고국원왕이 맞서 싸워야 했던 백제의 왕은 하필이면 백제의 전성기를 상징하는 근초고왕이었다.

고국원왕이 죽고 뒤를 이은 소수림왕은 국가적 위기를 극복하기 위해서 우선 대내적인 문제부터 해결해나갔다. 교과서식 표현을 빌리자면, 태학을 설립해 유능한 인재를 양성했고 율령을 반포해 국가 운영의 기준을 마련했다. 더불어 불교를 받아들여 사상을 통합해 국왕 중심의 통치 체제를 확립해나갔다.

광개토왕 치세의 가장 큰 바탕은 사실상 소수림왕의 통치 안정화였다. 더불어 국제 정세도 조금씩 변해갔다. 선비족 모용 선비의 전연이 전진(前秦, 중국의 오호 십육국 가운데 351년 저족의 부건이 세운 나라)에 의해 멸망한 것이다. 다행히도 전진의 주요 목표는 동쪽의 고구려가 아닌 남쪽의 동진이었다. 그 덕분에 전진과 고구려는 그 나름대로 평화적인 관계를 유지할 수 있게 된다. 아주 잠시였지만 말이다.

이후 소수림왕과 고국양왕을 거친 고구려는 백제와의 전쟁을 멈추지 않았지만 뚜렷한 성과를 내지는 못했다. 고국원왕 때의 굴욕적인 패배가 없었을 뿐 고구려와 백제는 팽팽한 균형을 이루며 대치하고 있었다. 바로 이 시기, 광개토왕이 아버지 고국양왕에 이어 즉위했고, 동북아시아의 국제 정세는 다시 한번 요동친다.

고구려로 정리된 동북아시아의 국제 정세

열일곱이라는 어린 나이에 즉위한 광개토왕은 즉위 초기부터 열정적인 영토 확장 정책을 펼친다. 광개토왕이 처음으로 공략한 곳은 백제였다. 무엇보다 초기 영토를 확장하는 과정에서 할아버지의 죽음은 전쟁의 중요한 동기이자 명분이었다.

광개토왕은 392년과 396년 두 차례 전쟁으로 백제의 북쪽 땅 일부를 차지하고 한강 유역까지 밀고 내려갔다. 이때 중요했던 전투가 바로 천연의 요새라고 불리던 관미성 전투였다. 광개토왕이 이끈 고구려군은 결국 20여 일 만에 관미성을 함락한다. 백제의 수도인 한성이 코앞이었다.

백제의 아신왕은 직접 광개토왕과의 전면전을 이끌었다. 그러나 고구려와 여러 차례 맞붙은 아신왕은 결국 396년 전투에서 광개토왕에 패배해 수도가 포위되면서 항복을 선언했다. 이후 백제의 58개 성과 700촌을 확보한 고구려는 경기도 서부 해안과 한강 이북의 경기도 지역을 장악했다.

백제와의 전투가 진행되는 동안에도 광개토왕은 남쪽에만 전선을 형성하지 않고 북쪽의 거란을 공격하여 정벌해 요하 상류까지 뻗어나가 600~700여 개의 마을을 정복하고, 동북 방면의 숙신족의 땅까지 시찰한다.

한편 백제가 고구려에 치욕적으로 패배한 이후 한반도 정세는 복잡해지기 시작했다. 백제가 왜와 함께 신라를 공격하기 시작한 것이

광개토왕릉비

다. 그러나 광개토왕은 이를 좌시하지 않았고, 400년 신라 내물왕의 요청으로 5만 원군을 보내어 왜구를 격퇴한다. 이렇게 자연스럽게 광개토왕은 신라에 대한 영향력까지 확고히 했다. 적어도 한반도 이남은 안정적으로 통제할 수 있는 상태로 만든 것이다.

이제 가야 할 곳은 서쪽이었다. 원수의 나라였던 전연의 후신 후연과의 싸움이 시작되는 순간이었다. 한반도 남쪽 신라 땅에서 왜구를 몰아낸 광개토왕은 말머리

를 후연으로 돌렸다. 결국 402년 후연과의 전쟁이 시작됐다. 광개토왕이 향한 첫 목적지는 숙군성이었다. 숙군성은 후연의 수도인 용성의 코앞이었다. 고구려는 이 전투에서 대승을 거뒀고 성을 지키던 모용귀는 성을 버리고 달아난다. 후연 수도 방위가 위태로워진 것이다. 궁지에 몰린 후연의 왕 모용희는 405년 고구려의 요동성을 공격했지만 실패한다. 이후 407년 광개토왕은 5만여 명의 군을 이끌고 후연의 수도 용성을 공격했고 큰 승리를 거둔다. 바야흐로 후연의 중심지였던 요동 지역이 드디어 고구려의 영역이 된 것이다.

광개토왕의 대외 정벌은 거기서 끝나지 않았다. 410년에는 동부여를 정벌했고, 동서남북 사방으로 영토를 개척했다. 그리고 413년 그의 나이 39세에 사망한다. 생각보다 이른 나이였다.

광개토왕을 이어 즉위한 장수왕은 아버지가 넓힌 영토를 원활하게 운영하기 위해 427년 평양으로 수도를 옮기고 한성을 함락해 한강 유역을 안정적으로 차지한다. 더불어 중국 여러 나라와 외교를 맺으면서 안정적인 고구려만의 독자 세력권을 형성한다.

흑역사가 가득한
백제를 위한 변명

백제는 영토가 엄청나게 넓지도, 어마어마한 군사력을 가지고 있지도 않았지만
중국 왕조로부터 꾸준히 인정받아온 강국이었다.
백제의 역사로 배울 수 있는 건 바로 이 지점이다.
역사에 존재했던 다양한 나라들을 교과서 속 지도에 연연해 평가할 수 없다는
단순한 진리 말이다.

고구려 하면 떠오르는 몇 가지 단상이 있다. 만주 벌판을 달리는 고구려의 군사들, 중국 통일 왕조와 맞서 싸운 기상, 발해를 거쳐 고려로 이어지는 역사적 정통성 같은 것들이다. 신라도 마찬가지다. 꽃미남으로 가득했던 화랑도부터 한국사에서 유일하게 여왕이 존재했던 나라라는 것까지 신라를 상징하는 이미지는 분명하다.

그럼 백제 하면 어떤 이미지가 떠오르는가? 흔히 백제라고 하면 "검소하지만 누추하지 않고, 화려하지만 사치스럽지 않다(儉而不陋 華而不侈)"라는 《삼국사기》의 한 구절을 인용하고는 한다. 이는 백제를

잘 표현한 말이지만, 그래서 백제가 어떤 나라라는 건지 알기는 어렵다. 역사적으로 백제가 어떤 나라냐고 묻는다면 아마 비슷할 것이다. 분명 삼국 시대의 한 축을 담당할 만큼 중요한 나라였고 오랜 시간 존속했지만, 딱히 강렬한 인상을 남기지는 못한 듯하다.

4세기 근초고왕 대에 잠깐의 전성기를 보내다가 결국 고구려에 밀려 한강 유역을 빼앗기고 경기도 이남으로 쫓겨난 것, 신라와 동맹을 맺어 재기를 노렸으나 신라에 뒤통수를 맞고 다시 위기를 겪은 것, 백제의 마지막 왕이자 희대의 '색마' 의자왕의 실정으로 결국 나당 연합군에 망한 것 등 백제를 떠올리면 온갖 흑역사가 떠오른다.

이 사실이 거짓된 역사인 것은 아니지만 백제를 설명하기에 충분하진 않다. 분명 백제에는 무언가가 있었을 것이다. 그렇지 않고서야 600년이 넘는 긴 세월을 견디기란 쉽지 않았을 테니 말이다.

광개토왕이 태어나기 전까지만 해도

백제도 나름 잘나가던 시절이 있었다. 여기서 분명히 해야 할 것은 싸움을 잘해야만 전성기가 오는 것은 아니라는 점이다. 나라가 성장했음을 말해주는 증거는 관료 제도의 성숙, 이에 따른 왕권 정도, 인민을 관리하는 수취 제도의 발전, 주변국과의 관계, 문화 수준 등을 들 수 있다. 이런 다양한 조건을 생각하면 적어도 4세기까지 백제는 한반도에서 가장 잘나가는 집단으로 성장했다.

백제는 삼한 중에서도 마한 지역에 있던 54개의 소국 중 하나였다. 한강 유역에 자리를 잡은 백제인은 흥미롭게도 태초의 '강남인'이었다. 초기 백제인은 지금의 잠실 인근에 풍납토성을 짓고 조금씩 주변의 소국을 통합하며 성장해나갔다. 한반도에서 한강 이남 사람들이 누렸던 첫 번째 전성기가 바로 백제였다.

강남에 자리 잡은 백제는 3세기 중반 고이왕이 즉위하면서 비로소 관료 제도를 정비하고 왕권 강화의 초석을 다진다. 이후 강남을 벗어나 경기도와 한강 유역 전역을 확보한다. 이 과정에서 고구려의 성장과 비슷한 스토리가 전개되는데, 한군현 세력과의 경쟁이 그것이다. 특히 백제 바로 위에 자리 잡았던 낙랑군과의 대결은 지리적으로도 중요한 문제였다. 한반도 중부 이북에서는 고구려, 백제 그리고 한군현의 치열한 각축이 벌어지고 있었다.

그런데 4세기 초 이들 나라의 관계가 완전히 뒤바뀌는 변화가 발생한다. 한군현, 특히 그 중심에 있던 낙랑군이 고구려에 의해 멸망한 것이다. 이후 한군현의 견제와 통제를 받아온 주변국 상황이 요동쳤다. 백제 입장에서는 얼어걸린 기회였다. 우선 중국의 선진 문화를 보유했던 낙랑과 대방의 유민을 받아들임으로써 국력을 한층 성장시킬 수 있었다. 문화적으로도 성장했지만, 인구가 크게 늘었다.

반면 정작 낙랑군을 멸망시킨 고구려는 이 기회를 제대로 살릴 수 없었다. 중국의 북동부 지역을 넘어 요동 지역까지 세력을 넓힌 모용 선비족과의 충돌 때문이었다. 고구려에게는 낙랑 이남의 세력을 정리하는 것보다 더 급한 문제였다. 고구려의 위기는 곧 백제의 기회였다. 덕분에 4세기에 들어서는 고구려와 각축을 벌이며 북쪽으로 황해도 일대를 넘보기에 이른다.

백제는 이 기회에 낙랑군의 영토까지 탐한다. 낙랑군이 있던 평양 인근은 낙랑군 시절의 선진적인 기반 시설을 갖추고 있었고, 중국과의 외교 라인이 살아 있었다. 욕심을 키우던 백제는 결국 고구려와의 전면전으로 치달을 수밖에 없었다. 백제와 고구려가 건곤일척의 승부를 앞두던 때 백제의 왕은 근초고왕이었다.

백제의 전성기를 이끈 근초고왕은 고구려와의 전면전에서 승리를 거두고 황해도 일대를 차지한다. 더불어 남쪽으로는 마한의 잔여 세력을 굴복시키며 경기도 이남 지역에 이어 전라도 일대까지 영역을 확대한다. 근초고왕은 영토 확장으로 다져진 강력한 왕권으로 왕위의 부자 계승을 확립한다. 중앙 집권 체제를 강화한 근초고왕은 중국의 동진과의 관계를 돈독히 하면서 동아시아에서 백제의 위상을 다진다.

백제가 황해도 지역에 대한 영향력을 확보했지만 그들에게 고구려는 여전히 높은 벽이었다. 전면전에서 승기를 잡았지만 고구려는 강력한 군사력을 갖췄고, 황해도 이북까지 영향력을 미쳤다. 황해도에서의 영향력을 두고 언제든 다시 맞붙을 수 있었기에 군사적 충돌에 앞서 고구려를 압박할 다양한 수단이 필요했다.

이때 백제가 선택한 방법이 바로 외교다. 4세기 후반 백제는 고구려와의 군사 경쟁 속에서 가야, 신라와 같은 한반도 내의 나라뿐만 아니라 동진, 왜 등의 한반도 밖 주변 나라들과 적극적으로 외교 관계를 맺는다. 백제가 선택한 이 생존법은 고구려의 군사력을 억제하는 유일한 방법이자 앞으로 닥칠 온갖 위기를 버티게 해준 결정적한 방이기도 했다.

특히 백제는 바다 건너 나라와 적극적으로 외교한다. 이 과정에서 한반도 남부 해안을 장악한 가야와의 관계가 두터워지는데, 백제-가야-왜를 잇는 동맹 관계가 형성된 것이다. 이러한 동맹이 가능했던 중요한 이유는 백제와 중국, 특히 동진과의 관계였다. 동진과의 활발한 교역을 통해 확보한 선진 문물을 가야와 왜에 전달하며 관계가 돈독해졌고, 남중국에서 한반도를 거쳐 일본까지 이어지는 백제 중심의 해상 교역권을 확립할 수 있었다. 그야말로 백제의 전성기라 할 만하다.

쫓겨 갔지만 아직 끝나지 않았다

🌱

하지만 백제의 첫 번째 전성기는 거기까지였다. 5세기, 광개토왕이 이끄는 고구려의 성장은 막을 수 없는 대세였다. 할아버지의 복수를 다짐하며 남진하는 광개토왕의 고구려군에 속수무책으로 당한 백제는 광개토왕의 아들 장수왕의 대규모 친정으로 사실상 왕조의 멸망 직전까지 무너진다. 태초의 강남인이었던 백제인들은 결국 고구려에 서울을 내주고 충청도로 본진을 옮기는 치욕을 겪는다.

고구려의 대대적인 남진으로 충청도 지역까지 세력이 위축된 백제는 웅진(지금의 공주)으로 천도를 단행한다. 물론 천도 이후 한동안은 암흑 같은 시절을 보내야 했다. 천도는 중앙 귀족 세력의 교체를 의미했다. 문주왕과 함께 한성에서 남하한 귀족 세력이 분열을 일으켰고, 왕권은 더욱 흔들릴 수밖에 없었다. 황해도와 서울을 빼앗기며 서해의 교역권도 사실상 고구려에 넘어갔다. 동북아시아의 외교의 핵심축이었던 백제의 위상도 흔들렸고, 곧 왕까지 살해당하면서 암흑은 걷힐 줄 몰랐다.

하지만 이대로 주저앉을 백제가 아니었다. 군사적 열세에도 고구려에 대항하며 키워갔던 외교 역량이 빛을 발하기 시작한다. 백제는 과거의 영광을 떠올리며 중국 남조 세력과의 관계 개선에 열을 올린다. 더불어 신라, 가야, 왜 등 주변 국가와의 관계를 돈독히 하며 고구려에 대항하기 시작했다. 이렇게 만들어진 외교 라인(백제-송-가야-신라-왜)이 단단해지면서 백제는 중흥을 준비한다.

동성왕 시절 서서히 회복된 국력은 신라와의 결혼 동맹으로 이어졌고, 조금씩 외교의 폭을 넓혀나갔다. 신라에 이어 가야와도 군사 동맹을 강화한 동성왕은 새로운 지방 세력과의 관계 개선에 주력하며 이들을 중앙 귀족화한다. 자연스럽게 왕권은 강화됐고, 안정적인 통치 기반이 확립됐다.

뒤이어 즉위한 무령왕은 동성왕 시절 확립된 왕권과 다시금 부활한 외교 관계를 바탕으로 적극적인 영토 확장을 시도한다. 심지어 무령왕은 고구려와의 전면전도 불사했다. 결과는 의외의 선전이었다. 고구려와의 전쟁에서 연이은 승전보를 올리며 충청도 이북의 땅을 다시 확보할 수 있었다. 더불어 단순 외교 관계를 넘어 대가야 지역을 실질적으로 지배하기 위한 군사적 움직임을 보였고, 이로써 한반도 서남부에 대한 영향력을 공고히 한다.

백제의 중흥기라 불러도 손색이 없을 무령왕 시절의 빛나는 발전은 외교에서 나왔다고 할 수 있다. 동성왕 시절 화려하게 부활한 외교 라인은 무령왕 시기 더욱 넓고 공고해진다. 특히 백제가 주력으로 외교 관계를 맺은 중국 남조(양나라)를 넘어, 북조의 나라(북위)와도 관계를 맺는다. 이를 바탕으로 가야 지역으로의 영향력을 더욱 공고히 했고, 왜와의 문화 교류도 지속해서 이어간다.

싸움 실력이 국력의 전부는 아니다

❥

영토와 군사력이 한 나라를 평가하는 절대 기준은 결코 아니다. 여기 이를 증명하는 하나의 사례가 있다. 무령왕 시절(521년) 백제가 중국의 남조인 양나라의 황제로부터 받은 "사지절도독 백제제군사 영동대장군(使持節都督 百濟諸軍事 寧東大將軍)"이라는 작호다. 왕이 아니라 장군이라고? 별거 아니라고 생각할 수도 있겠지만 대장군이라는 작호는 아무나 받을 수 없다. 특히 이 지위는 당시 고구려 안장왕이 받았던 '영동장군'이라는 칭호보다 위였다.

자존심 상하는 일이라고 생각할 수도 있지만, 당시 중국 왕조에서 받은 작호는 동아시아에 위치한 나라 사이의 '급'을 말해주는 결정적인 지표였다. 양나라를 포함한 중국 왕조에서 백제의 작호를 고구려보다 높은 서열로 주는 일은 거의 없었다. 무령왕 시기 백제의 외교 정책이 빛나는 장면이다.

백제는 외교의 힘을 잘 아는 나라였다. 동시에 문화적으로 중국에 많은 영향을 받았던 나라다. 외교는 정치·경제적 교류인 동시에 문화적 교류다. 당시 백제는 동북아시아 문화 교류 네트워크의 허브로서 중국의 선진 문화를 발 빠르게 배우고, 가야와 신라를 거쳐 왜에 전달하는 통로였다.

성왕이 사비로의 천도 과정에서 건립한 정림사의 명칭은 남조의 정림사의 영향을 받았지만, 가람 배치는 북위의 영녕사에서 따왔다. 한편 신라 법흥왕이 건립한 사찰 이름이 흥륜사였는데, 이는 백제 흥륜사의 영향을 받은 것이었다. 백제는 문화 중개상으로서 배우고 가르치는 것에 인색하지 않았다.

백제의 문화 교류가 가장 빛나는 증거를 하나만 꼽으라면 단연 무령왕릉이다. 터널식 벽돌무덤인 무령왕릉은 중국 양나라의 무덤 형식을 모방한 것이었다. 무덤에서 발견된 목관의 목재는 일본에서만 나는 금송이었다. 더불어 무덤에서 발견된 다양한 유물(돼지 모양의 진묘수, 청동 잔, 청동제 그릇 받침과 은으로 만든 잔, 네 귀 달린 흑자 병, 백자 잔)은 대부분 중국 남조의 영향으로 만들어진 것이었다. 무령왕비의 것으

무령왕릉 내부

로 추측되는 금귀고
리와 비슷한 유물이
가야계 소국의 고분
군(합천 옥전)에서 출
토되기도 했다.

백제는 나라의 영
토가 엄청나게 넓지
도, 어마어마한 군사
력을 가지고 있지도
않았지만 중국 왕조
로부터 꾸준히 인정받아온 강국이었다. 우리가 백제의 역사로 배울
수 있는 것은 바로 이 지점이다. 교과서 속 지도에 연연해 역사에 존
재했던 다양한 나라들을 하나의 기준으로 평가할 수 없다는 단순한
진리다.

역전의 용사 신라가 써 내려간 배신의 서사시

누군가가 그랬다. 강한 놈이 살아남는 게 아니라, 살아남은 놈이 강한 거라고.
신라가 그렇다.
관점에 따라서는 지정학적 위치도 좋지 않았고, 국가의 발전도 늦었다.
하지만 끝내 살아남은 놈은 신라였다. 그 이유는 무엇이었을까?

신라는 작은 나라였다. 적어도 6세기 전까지는 고구려와 백제가 주
도권을 놓고 자웅을 겨룰 때 한동안 캐스팅 보트 역할만 행사해야
하는 신세였다. 고구려에 얻어터진 백제가 만만한 신라를 괴롭히면
고구려가 따끔하게 백제를 벌하며 신라를 도와주기도 했고, 고구려
가 선을 넘어 한강 이남으로 내려오면 신라와 백제가 동맹을 맺어
함께 방어하기도 했다.

6세기 이전까지 변방의 소국 신라는 너무 튀지도 그렇다고 너무
웅크리지도 않은 상태로 살았는데, 그러던 신라가 〈우리 아이가 달

라졌어요)급으로 변하게 된 결정적 사건이 법흥왕 시절에 생긴다. 이제 제대로 된 고대 국가로 거듭나기 위해 갖추어야 할 조건에 대해 고민하기 시작한 것이다.

바로 그때 신라가 바라본 곳은 당대 동아시아의 메인 스트림, 즉 중국의 남조 국가 양나라였다. 신라는 새롭게 떠오르는 강력한 중국 왕조와의 직접적이고도 긴밀한 외교 관계를 원했다.

백제와 한창 신뢰를 쌓던 법흥왕 시절, 신라는 백제의 안내를 받아 양나라에 사신단을 보낸다. '우리도 중국과 직접 통하는구나'라며 기쁨의 눈물을 훔치던 그때, 백제 사신단은 신라의 뒤통수를 강하게 때린다. 백제 사신단이 양나라 황제에게 신라를 백제의 부용국(강대국에 종속돼 그 지배를 받는 약소 국가)으로 소개한 것이다. 양나라가 신라의 존재를 잘 모른다는 사실을 이용해 마치 신라를 자신들의 '똘마니' 정도로 소개한 것이다. 비상을 꿈꾸며 그럴싸한 작호를 받으러 양나라로 떠난 기나긴 여정은 자존심에 상처만 남긴 채 끝났다.

이후 신라는 어려운 선택의 기로에 놓인다. 굳건한 제3당의 위치는 확보했으나 교섭 단체로 인정받지 못하는 설움을 어떻게든 이겨 내 독자적인 정권 교체를 이루어 낼 것인가? 아니면 이대로 주저앉아 야권 통합의 길로 갈 것인가? 과연 신라의 선택은 무엇이었을까?

입지의 한계를 극복한 최종 승자

자꾸 변방, 변방 하니 정말 나라의 위치가 안 좋아서 발전이 늦은 것 아닌가 생각하게 되지만 사실 위치 하나가 나라의 모든 향방을 결정하지는 않는다. 결국 최종 승자도 '변방'의 신라 아니었던가. 외려 한반도 구석에서 출발한 것이 득이 된 점도 있다. 위치가 매력적이지 않았던 만큼 큰 외침(外侵)은 없었다.

신라는 경주 인근의 조그마한 성읍 국가에서 시작됐다. 한반도 내 거대한 세력 변화의 첫 번째 분기점이었던 고조선의 멸망은 삼한의 여러 소국의 발전 과정에 영향을 미쳤고, 경주 지역도 마찬가지였다. 급량(박씨)과 사량(김씨)의 두 씨족이 만나 소국을 형성한 초기 신라 지배층은 얼마 뒤 동쪽 해안으로부터 진출한 석씨 세력과 합쳐진다. 이 시기 신라는 진한 지역의 소국을 통합하며 세력을 키워나갔다.

한반도 내 거대한 세력 변화의 두 번째 분기점이었던 한군현 세력의 축출도 신라에는 큰 기회로 작용한다. 그러나 무엇보다 고구려와 백제의 전면전이 호재였다. 신라보다 빠르게 성장한 한반도 내 두 세력 간의 긴 경쟁은 한반도 동남부 지역을 일시적으로 외면하게 만들었다. 바로 이때 기회를 잡은 신라가 경상도 일대의 세력을 안정적으로 장악하며 연맹 왕국을 형성한 것이다.

하지만 당시까지도 신라는 고구려나 백제와 비슷한 수준으로 왕권이 확립되거나, 중앙 집권적 정치 체제가 형성되지 못했다. 우선 국가의 지배자를 왕이 아닌 마립간(麻立干)이라 불렀다. 마립간은 부족 대표들 간의 회의(화백회의)를 주관하는 위치에 올라섰고, 혈연을 기반으로 세습이 가능해졌다. 박씨와 석씨 그리고 김씨가 돌아가며 권력을 잡던 지배 구조에서 김씨의 권력 독점이 가능해진 것이다. 사실상 왕이었고, 왕권도 조금씩 안정을 찾았다.

신라에도 빛이 드는가 싶던 5세기, 한반도에서 벌어진 충격적인 세 번째 분기점은 광개토왕의 영토 확장이다. 고구려에 눌린 백제가 비교적 만만했던 신라에 시비를 걸었고, 광개토왕은 이를 제압해 준다는 핑계로 신라에 대규모 군을 파견한다. 이후 평양으로 천도한 고구려는 적극적인 남진 정책을 추진한다.

신라는 선택해야 했다. 정치적 제약은 있었지만, 강력한 군사력을 바탕으로 고구려의 따뜻한 품 안에서 기생하며 살 것인가 아니면 독립 국가로서 자존심을 세우며 고구려에 대항할 것인가? 이제 갓 고대 국가의 모습을 갖추어 나가던 신라는 인생을 건 선택을 한다. '홀로 서자!' 그리로 이어진 선택이 바로 백제와의 동맹이다.

455년 고구려가 백제를 공격하자 신라가 나섰다. 이른바 나제 동맹의 시작이다. 고구려의 장수왕은 신라의 배신에 치를 떨었고, 신라로서도 돌아올 수 없는 강을 건넜다. 그러나 백제는 수도 한성(지금의 서울)이 무자비하게 점령당한 후, 수도를 충청도 지역으로 이동해야 했다. 과거의 적국이었지만 신라와 손을 맞잡는 편을 택한 것이다.

이후 신라와 백제는 결혼 동맹을 통해 동맹 체제를 강화하고 산성을 쌓으며 고구려의 남침에 대비한다. 그러나 배신의 대가는 참혹했다. 고구려는 동해안부터 중부 내륙에 이르기까지 신라와 백제를 전방위에서 압박했다. 그럼에도 동맹의 힘은 대단했다. 신라와 백제는 고구려에 맞서 패배와 승리를 번갈아 거듭하며 고구려의 남진을 성공적으로 막아낸다.

하지만 역사는 로맨스물이 아니다. 백제와 신라의 관계는 어디까지나 고구려라는 막강한 공통의 적을 막아내기 위한 동맹이었다. 서로 결혼으로 묶였다고 해도, 몇 세대가 지나면 결국 남이다. 무령왕이 즉위하고 백제의 중흥이 시작되던 그때, 한강을 두고 고구려와 백제는 오랜만에 건곤일척 승부를 앞두고 있었다. 바로 이때 신라와 백제의 사신단이 함께 양나라로 떠난 것이다. 자존심 상한 신라는 다시 선택의 기로에 놓였다.

배신과 복수의 연대기

신라는 언제나 고구려와 백제를 두고 동맹의 상대를 저울질했다. 고구려를 선택했던 지난날에는 고구려를 통해 중국 북조의 전진과 교류했다. 중국의 선진 문화를 배우고 익히기 위해 고구려라는 큰형님의 은덕이 필요했던 것이다. 그런데 선을 넘은 큰형님이 왕위 계승에까지 딴지를 놓자, 결국은 첫 번째 배신을 통해 적대 관계였던 백제와 손을 잡는다.

그렇게 형성된 나제 동맹으로 고구려에 맞섰고, 제법 좋은 성과를 거두게 된다. 그러나 여전히 중국과 닿을 길이 없었고 이번엔 백제를 통해 중국 남조의 양나라와 만났다. 백제에 전적으로 의존한 관계는 한계가 있었다. 양나라 황제 앞, 백제 사신단의 뒤꽁무니에서 받은 신라의 치욕은 두 번째 배신을 예고했다.

곧 신라는 이렇게 다짐한다. '변방을 넘어서자.' 신라는 중국과 맞닿을 수 없는 지리적 한계를 뛰어넘어야 한다고 판단한다. 지증왕을 거쳐 법흥왕 시절, 마립간 칭호를 대신해 '왕'이라는 중국식 왕호를 사용했고, 지방 제도를 정비하면서 국가 체제를 확립해나갔다. 율령을 반포하고, 관료들의 공복을 법제화하고 관등 제도를 완비하는 등 왕권을 강화했다.

신라가 빠르게 성장하는 줄도 모르고, 백제는 고토(한강 유역) 회복에 모든 관심을 두고 있었다. 무령왕에서부터 시작된 한강에 대한 집착은 성왕으로 이어졌다. 성왕은 나제 동맹의 군건함을 믿고 한강 유역을 신라와 함께 공세하기로 도모한다. 하지만 신라에게는 다른 생각이 있었다. '한강은 우리가 접수한다.'

백제를 배신하고 처음으로 진출한 곳은 가야였다. 똑똑한 신라는 한강으로 무작정 돌진하지 않았다. 어차피 백제는 한강을 두고 고구려와 전력을 다해 싸울 것이고, 백제와 돈독한 가야는 연합군을 형성해 한강으로 갈 것이다. 진흥왕이 즉위하고 얼마 뒤 함안의 아라가야(阿羅加耶), 창녕의 비화가야(非火加耶), 고령의 대가야를 차례로 공략하고 복속시켰다. 이제 낙동강 유역은 모두 신라의 영향력 아래 있었다.

한반도 중남부를 장악한 신라는 한강으로 갈 준비를 마쳤다. 오랜 세월 '쭈구리'로 살면서 나서야 할 때를 정확히 아는 신중한 능력을 키워온 신라의 진흥왕은 우선 백제 성왕이 원하는 대로 연합을 편성해 고구려가 점유하던 한강 유역을 함께 공략한다. 그렇게 신라는 처음으로 한강 상류 지역의 일부 10군을 점령한다.

하지만 그것으로는 부족했다. 여전히 한강 하류는 백제의 땅이었다. 신라는 신중했다. 욕심이 난다고 곧바로 행동으로 옮기지 않았다. 신라는 돌연 고구려와의 은밀한 만남을 주선한다. 일종의 밀약을 체결해 고구려를 달랜 신라는 백제가 장악한 한강 하류의 여섯 개 군을 기습해 장악함으로써 한강 전역을 독차지한다. 꿈에 그리던 한강이었다. 한국 전쟁 때 압록강에 도착한 유엔군이 야전 철모로 물을 떠먹었듯 신라군도 한강 물을 연신 퍼마셨을 것이다.

백제의 분노는 하늘 끝까지 치솟았다. 나제 동맹의 종식은 그 유명한 관산성 전투에서 공식화되는데, 신라와 백제의 대규모 전면전이었다. 이 전투에서 백제는 완패해, 백제군 3만 명이 전멸하다시피 했다. 심지어 백제의 성왕은 관산성 공격에서 선봉에 섰던 왕자 여창(餘昌)을 위로하러 가던 길에 매복해 있던 신라군의 공격을 받아 목숨을 잃는다.

관산성 전투는 이후 벌어질 삼국 간의 치열한 공방전, 이른바 삼국 통일 전쟁의 서막이었다. 6세기 중반 신라와 백제가 주적 관계로 돌아서면서 이제 삼국 간에 서로 믿을 수 있는 친구는 아무도 없었다. 캐스팅 보트만 행사하던 신라는 이미 머리가 커져 백제와 필적했다. 사실상 가야 연맹이 멸망하고 신라와 국경을 맞대게 된 백제는 신라와 끝없는 복수전을 이어갔고, 고구려는 중국의 통일 왕조에 맞서야 했다.

이 싸움은 누구 하나 죽어야 끝난다

한강 유역 진출과 관산성 전투에서의 승리로 한반도 내에서 승기를 잡은 신라는 고구려와 백제를 동시에 상대해야 했다. 아무래도 감정적 앙금이 짙은 백제가 주로 신라에 공세를 취했다. 때때로 고구려와 백제는 손을 잡고 신라를 공격하기도 했다. 이것이 바로 한강의 기적이다. 언감생심 생각이나 해봤던 일인가. 신라를 두고 고구려와 백제가 연합하다니 말이다. 신라의 비약적 성장이 만든 상징적 일이었다.

한강을 차지한 신라는 그간의 설움을 마음껏 풀어낸다. 우선 서해를 통해 중국과 직접 교류하기 시작한다. 법흥왕과 '그날의 사신단'이 이 사실을 알았다면 기쁨의 눈물을 흘렸을 것이다.

이후 신라는 진흥왕 시기, 역사상 최대의 판도를 누린다. 역시 싸움은 끝날 때까지 끝난 것이 아니다. 진흥왕 시기 신라는 무식하게 싸움만 해대지 않았다. 그리고 쭈구리로 사는 동안 곁눈질로 배운 지식을 총동원하기에 이른다. 내부적으로는 불교를 앞세워 국왕 중심의 중앙 집권적 통치 체제를 확고히 한다. 지금은 터만 남은 황룡사를 짓기 시작한 것도 바로 이때다. 넓어진 강역은 종교를 통해 빠르게 통합돼갔다.

더불어 신라가 신경 썼던 활동은 바로 외교였다. 삼국 간에 복잡하게 얽힌 문제를 외교 활동으로 해결하려 한 것이다. 바로 백제에게서 배운 노하우였다. 중국에는 남·북조 할 것 없이 사신단을 보내 관계를 맺었다. 북조와는 '대(對)고구려' 문제를 협조했고, 남조를 통해서는 해상 교역을 통해 불교를 비롯한 대륙의 선진 문화를 빠르게 받아들였다. 한편으로는 가야 지역의 공고한 영향력 확보를 위해 왜와의 교류도 활발히 진행했다. 적어도 6세기 후반까지는 신라의 활동이 한반도 정세를 좌지우지했다.

하지만 언제나 그렇듯 영원한 절대 강자는 없는 법이다. 7세기 삼국은 다시 한번 전란에 빠져든다. 수·당과 고구려의 전투가 시작됐고, 백제와 신라의 끝을 알 수 없는 복수전이 치열하게 전개됐다. 특히 신라와 백제가 맞붙

진흥왕의 활발한 정복 활동을 보여주는 단양 신라 적성비

은 대야성 전투에서 백제가 승리할 때 대야주 군주였던 김품석이 처자식과 함께 죽으면서 전쟁은 더욱 불타올랐다. 김품석은 김춘추의 사위였다. 그러니까 후에 백제를 병합한 태종 무열왕의 딸이 전쟁 중 사망했다는 말이다.

백제와 신라의 전쟁이 진행될수록 원한은 커져만 갔다. 신라는 물불을 가리지 않는 외교전으로 상황을 완전히 역전시켜야 했다. 이때 김춘추는 생각했을 것이다. '누구 하나 죽어야 끝나는 싸움이다.' 전쟁은 이제 본격적으로 상대방을 절멸시키는 방향으로 치달았다. 신라는 어느덧 중국 황제와 동맹을 논의하는 수준으로 성장했고, 적극적인 외교의 결과물로 나당 연합군을 만들어냈다.

누군가가 그랬다. 강한 놈이 살아남는 것이 아니라, 살아남은 놈이 강한 것이라고. 신라가 그렇다. 신라는 처음부터 강한 놈이 아니었다. 관점에 따라 지정학적 위치도 좋지 않았고, 국가의 발전도 늦었다. 하지만 끝내 살아남았다.

그것이 정말 딸의 죽음으로까지 이어진 복수전의 최종 단계였는지, 아니면 누군가의 말처럼 '삼한일통(三韓一統, 3개의 한이 하나가 됐다는 뜻)'의 대의에서 이루어진 통일의 과정이었는지 상관없다. 신라는 중국의 통일 왕조였던 당나라와 동맹을 맺어 백제를 멸하고, 고구려까지 멸망시켰다. 뒤이어 벌어진 당나라와의 전쟁에서도 단호한 태도로 승기를 잡았다. 그렇게 한반도 내의 백제 땅과 평양 인근의 고구려 땅까지 차지하면서 최종 승리자로 역사에 기록된다.

평화가 아닌 힘을 선택한
가야의 생존 방식

교과서에 등장하고, 박물관에도 있고, 드라마로도 만들어졌는데
정작 잘 알지 못하는 나라 가야.
수많은 고고학적 유물과 유적으로 "나 여기 있으니 기억해달라"라며
땅속에서 아련하게 우리를 바라보고 있는 가야라는 나라에 대해
짧게나마 알아보는 것도 의미가 있겠다.

가야는 한반도 남부, 그 가운데서도 신라와 백제 사이에 존재했던 다양한 세력을 총칭하는 표현이다. 삼한 중 하나인 변한에서 성장한 세력이었으며, 6세기 중반까지 작은 나라들로 분열돼 존재했다. 다만 그 분열이 하나의 형태로 유지됐던 것이 아니라 소국끼리 크고 작은 형태로 뭉쳤다가 다시 갈라지는 변화가 계속됐다.

흔히 가야사 안에서도 전기에는 금관국이, 후기에는 반파국과 안라국이 주도권을 잡고 주변의 소국을 압도하는 형태였다고 알려져 있다. 하지만 여기서 말하는 주도권이란 삼국의 중앙 집권화 수준의

것은 아니었고, 각 소국의 독립성이 유지되는 형태였다. 신기한 것은 이 형태로 수백 년의 시간을 얽히며 살아갔고, 백제와 신라 등과 교류하고 경쟁하며 성장했다는 점이다. 이 사실만으로 가야의 존재 양태가 후진적이었다고 단언하기는 어렵다.

2세기 무렵 낙동강과 경상남도의 해안 지대, 지금의 행정 구역으로는 김해를 중심으로 빠르게 성장하는 세력이 등장한다. 흔히 김해 금관국이라고 불리는 이 세력이 바로 '수로왕 신화'의 배경이 되는 가야였다. 이들은 2~3세기에 걸쳐 다른 지역에 비해 풍부한 철 생산 능력과 바다를 낀 입지를 바탕으로 철기를 교역하며 성장했다. 특히 낙랑 세력과 왜 사이의 교역을 중계하며 경제 성장을 이루었고, 이를 바탕으로 나름의 세력권을 형성하기에 이른다.

이들의 전성기는 4세기 중반 이후 백제의 근초고왕 시절에 찾아왔다. 백제는 고구려와의 경쟁에서 우위를 잡기 위한 방편으로 외교력을 키워갔는데, 이때 가야를 통해 왜와 관계를 형성한다. 이후 가야는 백제와 왜의 교역 사이에서 중개자 역할을 하며 백제-가야-왜를 잇는 교역 체계를 형성한다. 중개 무역과 외교로 막대한 부를 챙

가야의 철제 유물인 투구

긴 김해를 중심으로 한 가야 세력은 전성기를 맞는다. 무역이 곧 가야를 받쳐주는 든든한 연결 고리였던 것이다.

가야의 전성기를 상징하는 유물이 바로 철기다. 특히 다량으로 출토된 가야 지역의 철제 무기는 당시 가야의 무력을 가늠할 수 있는 중요한 유물이다. 철제 무기로 무장한 가야의 군대는 백제 그리고 일부 왜군과 함께 신라를 공격하기도 했다. 가야의 생존 방식은 평화와 공존이 아니라 무역을 통한 경제 성장과 강력한 철기를 바탕으로 한 힘의 과시였다.

위기의 순간에 찾아온 분열

4세기 말에서 5세기 초, 고구려의 광개토왕이 즉위하자 고구려와 백제 사이의 세력 균형이 깨졌고, 고구려는 신라의 요청에 따라 한반도 이남으로 밀고 들어온다. 이때 고구려군은 낙동강 하류의 가야(광개토왕비에 따르면 '임나가라')를 정벌한다. 이 사건으로 신라는 고구려를 등에 업고 거듭 성장할 수 있었고, 백제는 그간의 외교 라인을 잃고 헤매게 된다. 그리고 김해를 중심으로 뭉쳤던 가야 세력은 다시 흩어진다.

동서 양쪽에서 국가 체제를 정비하고 성장 중이던 신라와 백제와는 달리 5세기 무렵 침체에 빠져 있던 가야의 소국들은 낙동강 동쪽으로는 신라 세력에 흡수되는 과정을 겪는다. 그러던 5세기 후반 가야 세력은 다시 낙동강 서쪽, 정확히는 경상도 서쪽 지역인 지금의 고령, 합천, 산청 등을 중심으로 부활을 노린다. 이른바 후기 가야의 시기가 열린 것이다.

전기 가야가 해상 교역을 중심으로 전성기를 구가했다면, 후기 가야는 안정적인 농업 생산력을 바탕으로 성장했다. 철기 생산 기술이 뛰어났던 해안 지역의 가야 세력 이주민을 흡수한 내륙의 후기 가야 세력은 고령 지역의 반파국을 중심으로 성장했다.

성장을 거듭한 반파국은 지금의 전라도 동부 지역을 조금씩 흡수하면서 다시 백제와 왜를 연결하는 교역 중심국으로 성장한다. 반파국은 이름을 '대가야국'으로 바꾸고 주변의 여러 소국에 영향력을 미치기 시작했다. 대가야로 새로운 전성기를 구가한 가야였지만, 국가 형태는 명확하지 않았다. 서쪽으로는 섬진강 유역부터 동쪽으로는 낙동강을 경계로 삼아 신라와 접할 정도로 성장했지만, 여전히 가야 내부에는 다양한 소국(가라국, 안라국, 고차국, 임례국, 탁순국, 사타, 모루 등 22개 소국)이 존재했다.

이러한 소국 간의 느슨한 연결은 위기의 순간에 쉽게 분열을 일으키는 원인이었다. 백제 무령왕 시절의 남진 정책으로 동쪽 경계가 무너졌고, 신라의 성장에 따른 무력 공세로 김해 지역의 맹주였던 금관국과 창원 지역의 탁순국이 신라에 투항한다. 이후 6세기 중엽에 후기 가야 세력은 결국 고령의 대가야 세력과 함안의 안라국 세력으로 분열된다. 무역으로 묶여 있던 소국들이 무역의 활로가 막히

자 느슨히 묶여 있던 연결마저 끊어진 것이다.

못다 핀 꽃 한 송이 신라에서 피우리라

둘로 분열된 가야 세력은 동쪽과 서쪽으로 백제와 신라의 눈치를 봐야 했다. 게다가 이때는 본격적으로 삼국끼리 상대를 절멸하려는 목적으로 전쟁을 벌이던 시기였다. 고구려와 백제 사이에서 캐스팅 보트만 행사하던 신라가 커가는 과정을 바로 옆에서 봐온 가야였지만, 굳이 신라의 길을 가려고 하지 않았다. 여전히 가야는 느슨한 연합체적 성격을 유지하면서 어떻게든 살아남기 위해 필사의 노력을 하던 중이었다.

그러던 554년, 관산성에서 운명의 전투가 벌어진다. 백제와 신라에 거대한 운명의 전환을 안겨주었던 이 전투에서 가야는 백제와 연합군을 형성해 신라에 맞섰다. 이미 살펴본 바와 같이 결과는 신라의 승리였고, 이후 가야의 소국들은 서서히 신라에 복속되는 과정을 겪는다. 가야 세력은 서서히 신라에 굴복했지만, 그 과정은 우리가 생각하는 거대한 전쟁 이후의 절멸 과정은 아니었다.

금관국을 비롯한 소국들도 그랬지만 대가야 또한 점진적 과정을 거쳐 신라에 통합된다. 물론 562년 대가야가 신라에 완전히 굴복한 결정적 장면은 신라의 2만 대군에 의한 공격이었다. 하지만 어떤 의

미에서는 사라졌다기보다 신라에 '젖어들었다'라고 보는 것이 적절하다. 이미 전투 이전부터 가야의 각 지배 세력은 골품과 관등을 하사받고 신라의 귀족 세력으로 편입되는 과정을 거쳤고, 각 지역에서 여전히 영향력을 유지할 수 있었기 때문이다.

애초에 가야는 비교적 강력한 영향력을 지닌 맹주국이 존재했지만, 주변 소국들을 압도하면서 중앙 집권적 정치 체제를 일원적으로 운영하지 않았다. 각 소국은 언제든지 독립적인 판단을 할 수 있어서, 어디에 귀속돼 젖어들지는 각자 판단하면 되는 문제였다. 신라는 이 느슨함을 골품과 관등이라는 매력적인 요소로 유인할 수 있었고, 전쟁의 화마가 연이어 한반도를 집어삼키기 시작하던 6세기 중반, 가야는 급속도로 신라에 복속된다.

그럼 왜 더 친하게 지내던 백제가 아닌 신라에 복속됐을까? 가야는 철기 생산 기술을 바탕으로 무역으로 돈을 벌어들인 세력이었다. 낙랑과 왜 사이에서, 낙랑 멸망 이후로는 백제와 왜 사이에서 중개 무역으로 큰돈을 벌었고 세력 간의 균형을 잡았다. 하지만 5세기 말, 왜가 철을 자체 생산하게 되면서 백제-가야-왜의 무역 삼각 편대의 균형이 깨진다.

위기는 한꺼번에 온다고 했던가. 같은 시기 백제가 전라도 지역을 완벽히 장악하면서 왜와의 직거래가 가능해졌다. 중국의 선진 문물을 쥐고 있던 백제는 굳이 가야를 통해 왜에 닿을 이유가 없었다. 훌륭한 철 생산국으로서의 입지는 물론 지리적 이점까지 잃은 가야는 낙동강 오리알 신세가 된다. 이후 가야 소국들의 신라 복속은 가속화된다.

그렇게 가야는 역사에서 사라졌지만, 가야인들은 신라에서 명맥을 유지하며 살아갔다. 그 유명한 김유신 장군도 가야 사람이었고, 심지어 가야의 왕족이었다. 가야의 역사에 몰입해보면, 가야가 망했다는 사실은 대단히 아쉬운 일이다. 가야 출신 명장이 신라의 거대한 전성기를 이끌기까지 했으니 말이다.

그런데 신라인이 된 가야인들도 그렇게 생각했을까? 가야인들은 편입 초기에 '가야계'라는 낙인으로 차별과 멸시를 받았지만 시간이 지나면서 신라라는 새로운 울타리 안에서 성장을 거듭했다. 이들의 빠른 신라 사회로의 적응은 외려 강력히 중앙 집권화되지 못했던 가야의 한계 덕분이었을지도 모른다. 그렇다면 마냥 아쉽지만은 않은 결말이지 않을까?

본격 세계관의 격돌: 고구려 vs 중국 통일 왕조

한국과 중국이라는 지금의 현실에서 벗어나 당대의 복잡한 국제 정세 안에서
수나라와 고구려를 바라보면 흥미로운 지점이 많다.
중원을 중심으로 사방을 정벌한 수나라가 굳이 마지막에 왜 고구려까지 멸하려 했을까?
이를 알면 당나라의 고구려 침략, 신라와 당나라의 연합이 의미하는 바를 정확히 알 수 있다.

6세기 말부터 7세기 전반에 걸쳐 진행된 고구려와 중국의 통일 왕조(수·당) 사이의 전쟁은 그야말로 세계대전을 방불케 하는 거대한 충돌이었다. 우리는 이 거대한 전쟁에서 고구려가 거둔 승리를 기리며 "민족의 방파제, 고구려"라는 표현을 사용하고는 한다. 이러한 관점에서 고구려는 중국의 대한반도 침략을 막아낸 큰형님으로 자리잡고, 이후 당나라와 손잡고 고구려를 멸한 신라는 외세를 빌려 민족의 허리를 끊은 배신자가 된다.

그러나 정작 고구려는 백제, 신라와의 끊임없는 전쟁의 소용돌이

속에서 생존을 건 사투 중이었고, 고구려가 수나라 이전에 절멸해야 할 상대는 백제와 신라였다. 따라서 수나라에 맞서 싸운 이유는 한민족 형제들을 지키기 위해서가 아닌 그야말로 생존을 위해서였다. 백제와 신라도 마찬가지다. 백제는 수나라의 고구려 침략 즈음 해서 스스로 향도(嚮導)가 돼 고구려를 함께 공격하자고 제안하기도 했다. 신라와 당나라의 동맹도 비슷한 과정에서 형성됐다. '어떻게 같은 민족끼리 그럴 수 있지?'라는 생각은 접어두자. 그 시기에 서로는 그저 적이었다.

한국과 중국이라는 지금의 현실에서 한 발 벗어나 중원을 중심으로 사방을 정벌한 수나라가 굳이 마지막에 고구려까지 멸하려 한 이유를 알면 당나라의 고구려 침략 그리고 신라와 당나라의 연합이 의미하는 바도 정확히 알 수 있다.

이제 고구려가 민족의 방파제라는 인식을 넘어 다양한 역사적 갈래들을 만나보자. 역사가 우리에게 던져주는 다양한 재밋거리를 놓치고 싶지 않다면 말이다.

수나라가 꿈꾼 강한 중국

184년 황건적의 난을 거쳐 220년 한나라가 완전히 멸망한 이후 중국은 크게 양쯔강을 기준으로 남북으로 갈라져 북쪽 지방은 북조,

남쪽 지방은 남조라 불렸다. 북조는 동위, 서위, 북제, 북주 등 북방 민족들의 나라가 이어졌고, 남조는 동진, 송, 제, 양, 진 등 한족 중심의 나라가 이어지면서 분열된 상태가 지속됐다.

400년 가까운 분열의 시기는 우문씨 세력이 '서위'라는 나라를 건국하고 '북제'를 멸망시켜 화북 지방을 장악해 '북주'로 국호를 정하면서 점점 마무리 단계에 돌입한다. 이때 우문씨 세력과 함께 활약했던 대장군 양충이 수국공(隨國公)의 작위를 받으면서 양씨 세력이 북주의 핵심 가문으로 성장하기 시작했다. 이후 568년에 양충이 죽자 그의 아들 양견이 대장군과 수국공의 작위를 물려받는다.

황제가 된 우문씨 세력은 5대 황제인 정제 시절, 양견의 섭정을 받으며 스스로 위기에 빠진다. 황제 자리를 넘보던 양견은 끝내 북주의 패권을 장악하고 수국공에서 '수왕'의 자리에 오른 뒤 정제로부터 황위를 선양받고 수나라를 건국하기에 이른다. 그가 바로 수나라의 제1대 황제인 수문제다.

황제의 자리에 오른 수문제가 향한 곳은 남쪽의 진나라였다. 남북으로 분열된 중국을 다시 합치기 위한 대장정으로, 수문제는 둘째 아들 양광을 총사령관으로 하여 진나라로 원정군을 파견했고 진나라는 멸망한다. 그렇게 400년에 가까운 분열 시대가 종결된다. 진나라와 한나라가 달성했던 위대한 업적을 수나라가 다시 이룬 것이다.

수나라가 이룩한 통일의 맛은 달콤했다. 대외적으로 평화가 찾아오자, 수문제는 곧 내부 개혁을 단행한다. 토지 제도를 개혁하고, 조세를 낮췄다. 중앙 집권적 통치를 위해 각 지방에 관리를 파견하고 통치 체계를 일원화했으며, 황권 강화를 위해 임용 제도를 개혁해 일종의 과거 제도를 도입한다. 인구는 늘었고, 경제는 날로 성장했다. 국고가 쌓이자 수문제는 황하강과 장강을 연결하는 대운하 건설을 시작한다.

수문제가 사망하고 황권을 장악한 인물은 진나라 원정에 앞장섰던 둘째 아들 양광이었다. 그 유명한 수양제다. 수양제의 즉위는 동아시아의 국제 관계를 크게 변화시키는 기점이었다. 그는 사치스러움으로 유명했고, 그 사치스러움이 국제 관계에 미친 영향이 너무도 컸다. 그는 화북 지방을 중심으로 한 중원의 통일은 진정한 통일이라고 생각하지 않았다. 주변의 이종족까지 포함한 광의의 통일을 꿈꿨다.

심지어 수양제는 조공 책봉이라는 형식적이고 외교적인 상하 관계에 만족하지 않는다. 그야말로 지배와 종속을 원했다. 이유는 다양했다. 한나라 시절의 영광을 되찾겠다는 의욕과 함께 직접적인 대외 교역의 활로를 장악해 경제적 이권을 독점하겠다는 욕심도 있었다. 그렇게 시작된 대외 원정으로 북쪽의 돌궐과 서쪽의 토욕혼을 공략하는 데 성공했고, 수나라가 지배하는 영토는 더욱 넓어진다. 이제 수나라가 향할 곳은 요하 넘어 동쪽에 자리한 고구려였다.

말을 듣지 않는 고구려

수나라가 중원을 넘어 사방으로 지배 권역을 넓혀가던 그때, 고구려는 광개토왕 이후 독자적인 세계관을 형성하고 있었다. 고구려는 통일 이전의 중국 왕조들과 형식적인 조공 책봉 관계를 맺으며 지내왔고, 사이가 틀어졌을 땐 직접적인 군사적 충돌을 빚기도 했다. 중국의 통일이라는 거대한 변화가 동아시아 전역을 휩쓸었지만, 고구려는 중국 왕조와의 관계에서 큰 변화를 원치 않았다. 여전히 고구려는 수나라에 사신을 보내 기존의 관계를 지속하려 했다.

하지만 수나라는 그 이상을 원했다. 수나라에는 고구려의 복속이 꽤 중요했다. 주변 세력을 정복하면서 펼친 명분, 즉 한나라 시절 영광의 회복이라는 대의를 위해서도 한군현이 있던 고구려 땅은 실질적으로 점유해야 하는 일종의 고토(故土)였다. 더불어 한나라가 설치한 한군현을 통해 한반도 주변 세력을 통제하고, 교역망을 형성했던 기억은 강렬하면서도 달콤했다. 고구려가 숙이지 않는 한 수나라와 고구려 사이의 충돌은 피할 수 없었다.

수나라의 양제는 곧 고구려의 왕에게 "직접 내 앞으로 찾아와 인사해"라며 엄포를 놓는다. 자존심이 걸린 일이었다. 고구려는 한 번도 왕이 직접 중국 왕조에 입조해서 인사를 한 적이 없었다. 당시 고구려의 왕이던 영양왕은 수나라와의 교류를 끊고 국경을 막아버린다.

수양제에게 고구려의 이러한 행위는 선전 포고로 받아들여졌다. 그렇게 수양제의 고구려 원정이 시작된다. 수양제는 원정에 쓰일 군함 300척을 건조하고 산둥반도 지역에서 물자를 끌어모으기 시작했다. 대규모 징집으로 각지에서 병사들을 모았다. 운명의 612년, 수양제는 113만 3,800명 앞에서 대규모 출정식을 거행하고 요동으로 향했다.

고구려는 즉각 방어 태세에 돌입했다. 수나라 군사가 고구려 내부로 들어오기 위해서는 요동 지역 수많은 고구려의 성을 넘어서야 했다. 고구려는 우선 요하에 1차 방어선을 구축했다. 그렇게 수나라 선봉대와 고구려군은 요하에서 첫 전투를 벌였다. 요하에서 수나라군을 방어한 고구려군은 약 20여 일간 진군을 지연시키며 시간을 벌었다. 하지만 수나라의 후속 부대가 속속 도착하면서 요하 방어선은 뚫렸고, 병력을 요동성으로 퇴각시킨다.

사실상 전쟁은 요동성에서 가로막혔다. 수양제가 직접 요동성 주변에서 공격을 주도했지만 넘어서지 못했다. 요동성에서의 전투가 장기화되자 고구려는 농성전을 벌이며 틈틈이 기습적인 공격을 이어갔다. 지치는 쪽은 수나라였다. 이후 수나라가 선택한 방법은 수군을 활용한 평양 공격이었다. 산둥반도의 등주에서 출발한 수나라의 수군은 대동강 하구에 상륙해 평양으로 향했지만, 곧 고구려군에 의해 격파된다.

수나라의 마지막 발악은 별동대였다. 30만 5,000명에 달하는 별동대는 평양으로 거침없이 돌진한다. 별동대는 보급 부대도 없이 배수의 진을 친다는 생각으로 평양으로 진군했다. 결과는 참담했다. 군량 부족에 시달리던 수나라 별동대는 을지문덕이 이끄는 고구려 군의 유인책에 말려들어 살수에서 거의 전멸한다. 30만 명이 넘는 별동대 중 살아남은 이들은 겨우 2,700명에 불과했다. 결국 수나라는 요동성을 넘지 못하고 군대를 물려 퇴각한다.

612년의 전쟁은 고구려의 승리로 끝났다. 이후로도 수나라의 양제는 613년, 614년에 대군을 이끌고 고구려를 공격했지만 실패한다. 수나라 중심의 일원적 천하 질서를 구축하고, 주변국과의 관계에서 실질적인 지배와 종속을 원했던 수양제의 꿈은 고구려 정복에 실패하며 처참히 무너졌다. 그렇게 고구려는 독립적인 세계관을 여전히 유지할 수 있게 됐고, 동아시아에서의 위상도 더욱 단단해졌다.

당나라가 신라와 동맹을 맺은 단 하나의 이유

전쟁에 패배한 수양제는 여전히 사치스러운 생활을 이어갔다. 고구려 원정의 실패와 대규모 토목 공사로 민심은 떠났고, 전국 각지에서 반란군이 들끓었다. 정치적 기반이 무너진 수나라는 결국 반란 세력 중 하나였던 태원 유수 이연에게 무너진다. 이연은 국호를 당(唐)으로 바꾸고 스스로 제위에 올라 황제가 된다.

이연은 이세민이라는 불세출의 영웅을 아들로 뒀다. 비록 적장자는 아니었지만, 이세민은 수나라가 무너진 후 어지러운 중국의 정세를 정리하고 당나라를 따르지 않는 지방 세력과 반란군들을 제압한 일등 공신이었다. 이후 황태자 자리를 두고 형제들과 갈등하다 형제들을 죽이고 황태자 자리에 앉는다. 그리고 2개월 뒤 황제 자리에 오르는데, 그가 바로 당 태종이다.

수나라가 무너지고 중국이 혼란을 겪던 바로 그때, 고구려는 전쟁으로 흐트러진 내정을 정비한다. 연이은 대규모 전쟁에서 고구려가 배운 바가 있다면 그것은 외교였다. 중국 왕조와의 전면전은 피하는 게 상책이었다. 당나라가 다시 통일에 성공하자 고구려는 주저 없이 사신을 보내고 우호적인 관계를 맺기 위해 노력한다. 사실 당나라도 마찬가지였다. 고구려 원정으로 직전의 왕조가 무너진 상황에서 무리하게 고구려와 대치할 필요는 없었다. 그렇게 당과 고구려는 조공 책봉 관계를 맺으며 나름의 평화적인 나날을 이어가고 있었다.

하지만 당 태종 이세민의 속내는 수양제 양광의 그것과 크게 다르지 않았다. 당 태종에게 고구려는 결국에는 한번 맞붙어야 할 상대였다. 과정은 비슷했다. 중원을 장악한 당 태종이 이후 대대적인 대외 원정을 감행한다. 토욕혼과 고창국을 격파한 당나라가 향할 곳은 이제 다시 동쪽의 고구려였다.

한편 7세기 한반도에서는 고구려, 백제, 신라 간에 상대를 절멸하기 위한 전쟁이 전개되고 있었다. 세 나라 중 가장 승리에 절실했던 나라는 단연 신라였다. 그간 캐스팅 보트만 행사하다 비로소 한강 유역을 차지하고, 고구려와 백제 사이에서 당당히 독립국으로서 모습을 보이던 차였다. 하지만 이제 막 기지개를 켠 신라에게 고구려와 백제를 동시에 상대한다는 것은 큰 도전이었다.

특히 641년 백제 의자왕이 왕위에 오르며 신라와 백제 사이의 대결에 더욱 불이 붙었고, 백제는 신라의 거점 지역이던 대야성을 차지하고 신라를 코너에 몰아넣었다. 신라가 선택한 방법은 외교였다. 하지만 처음으로 접촉했던 고구려는 신라와의 관계 개선 요구에 응하지 않았다. 신라의 군사적 지원 요청과 동맹은 연개소문에게 거부당했고, 기댈 곳은 이제 당나라뿐이었다.

그런데 당나라의 반응도 비슷했다. 당나라가 신라와의 외교에서 얻을 수 있는 실익이 크지 않았다. 당나라 입장에서는 고구려 이외의 한반도 남부 상황에 크게 관심을 가질 필요가 없었다. 당나라에게 신라는 아직 머나먼 촌구석의 작은 나라에 불과했다.

이렇듯 일방적이었던 당나라와 신라의 관계가 변화되기 시작한 것은 당 태종이 본격적으로 고구려 침공을 준비하며 주변국의 동참을 요구하면서부터다. 신라는 이 기회를 놓칠 수 없었다. 당나라와 인연을 맺는 방법은 단 하나, 바로 고구려 협공이었다. 신라는 곧바로 3만의 군대로 고구려 남부를 기습적으로 공격한다. 하지만 당 태종의 친정에도 불구하고 당의 고구려 침공이 처참히 실패하면서, 당나라와 신라는 동시에 큰 위기를 맞는다.

이전과는 달리 당나라는 신라와의 외교를 적극적으로 추진해야만 하는 입장이 됐다. 왕족이던 김춘추가 군사 동맹을 맺기 위해 당 태종을 직접 찾아간다. 양국의 목표는 명확했다. 신라는 백제, 당나라는 고구려였다. 동맹의 과정은 순조로웠다. 백제를 먼저 멸망시키고, 이후 고구려를 공격한다는 합의가 이루어졌다.

당나라가 그간 무시해오던 신라와 관계를 적극적으로 맺은 단 하나의 이유는 고구려 침공 시 협력할 수 있는 파트너였기 때문이다. 안정을 넘어 공격까지 해준다는 신라가 그저 고마웠다. 그렇게 648년 신라와 당나라는 군사 동맹을 맺고 백제 공격을 준비하기에 이른다. 그렇게 한반도 정세는 이전과 전혀 다른 판도로 흘러가고 있었다. 가장 늦게 중국과 맞닿았던 한반도 변방의 작은 나라가 중원을 통일하고 사방을 제패하려는 최강국 당나라와 끈끈한 사이가 된 것이다.

당나라와 신라가 다른 목표로 애정을 키워가던 그때 당나라의 주적이자 동북아시아의 여전한 패자 백제는 엄청난 내홍을 겪고 있었다. 그 이름도 유명한 연개소문과 의자왕의 치세가 시작된 것이었다. 그들의 등장은 당나라와 신라의 로맨스가 불이 붙는 결정적 계기이기도 했다. 그렇게 한반도는 화마 속으로 다시 빨려 들어갔다.

백제의 최후를 만든 막장 인생, 의자왕

여색을 즐기고 무능하며 정치에 관심이 없던 망국의 군주 의자왕에 대한 기록은
승리한 자들이 남긴 이야기다.
이긴 자들은 자신들의 싸움에 정당성을 부여한다.
그러기 위해 패자는 악인이 되고, 패자가 악인일수록 승리는 정의로워진다.
의자왕이 망국의 군주였다는 이유로 우리가 오해하던 부분은 없을까?

의자왕의 출생은 미스터리다. 미스터리라고 하니 뭔가 엄청난 비밀
이 있을 것만 같지만, 그냥 엄마가 누군지 제대로 알 수 없다는 뜻이
다. 의자왕의 아버지는 무왕이었는데, 그의 부인에 대한 두 개의 기록
이 존재한다. 첫 번째 기록은 《삼국유사》에 나오는 서동과 선화 공주
의 아름다운 로맨스다. 이 설화를 바탕으로 하면 의자왕의 엄마는 선
화 공주로, 신라 진평왕의 셋째 딸이다. 하지만 《삼국유사》 말고 선화
공주를 언급한 기록은 존재하지 않는다. 게다가 이 시절 백제와 신라
는 원수 사이였기에 둘 사이 결혼이 가능했을지도 의문이다.

두 번째 기록은 백제의 유력 가문이던 사택씨 가문의 딸에 대한 기록이다. 미륵사지 석탑을 해체하는 과정에서 금판으로 된 사리 봉안 기록판(미륵사 사리 봉안 기명문)을 발견했는데, 그 기록에 따르면 미륵사는 "639년 백제 무왕의 왕후이자 좌평 사택적덕의 딸이 세운 절"이다. 무왕의 부인은 진평왕의 딸이 아니라, 백제의 대신 사택씨의 딸이라는 의미다.

의자왕과 관련한 독특한 사건은 그의 태자 책봉 과정에서도 나타난다. 의자왕은 무왕의 맏아들로 태어났음에도 30대 중반의 나이에 태자에 오른다. 게다가 왕위에 오른 이듬해 친인척들이 관련된 '큰 난리'가 났다. 아마도 그가 성장하는 과정에는 물론 왕위에 오른 이후에도 한동안 정치적 입지가 대단히 취약했을 거라 추측되는 대목

익산 미륵사지 석탑

이다. 하지만 곧 그 난리를 정리하면서 왕권은 곧 안정된다.

출생의 미스터리와 취약한 정치적 입지를 이겨낸 의자왕의 비결은 다름 아닌 반듯한 행실과 효심이었다. 심지어 그의 별명은 해동의 증자로, 그가 효심과 우애의 아이콘이었다는 뜻이다. 그의 속내까지 알 수는 없지만, 적어도 즉위 초 의자왕이 권력을 장악하는 방법은 평판이었다. 즉위 후 지방을 돌며 백성과 만나고 죄수를 사면하는 행위를 통해 선한 이미지를 만들어내면서 왕권을 강화했다.

왕권이 강화되자 의자왕은 야심을 드러낸다. 이제 증자의 이미지를 벗고, 강한 군주의 이미지로 변신한다. 직접 군사를 이끌고 신라와의 전면전을 벌이기 시작한 것이다. 이후 의자왕은 전공(戰功)도 차근차근 쌓는다. 신라의 40여 성을 빼앗으며 승기를 잡은 의자왕은 결국 운명의 대야성 함락까지 성사시킨다. 후일 백제를 말살한 김춘추의 원한을 샀고, 신라가 당에 도움을 청하게 된 결정적인 그 사건 말이다.

승기를 잡은 의자왕은 고삐를 더욱 조였다. 이후 한때 원수였던 고구려와 연합해 신라를 흔들기 시작했다. 신라와 백제의 접경 지역 지도는 조금씩 백제에 유리한 방향으로 바뀌고 있었다. 하지만 본인의 정치적 입지를 다지기 위해 선택한 신라와의 전면전은 곧 놀랍게도 동아시아의 국제 관계를 뒤엎는 계기가 된다. 신라의 반격이 시작됐기 때문이다.

집권 15년 만에 찾아온 위기

우리가 기억하는 의자왕의 막장 행각은 그가 집권하고 15년을 넘기면서부터 시작된다. 이때부터 그를 서술하는 기록에서 이상한 기운이 감지된다. 사치와 주색같이 망국의 군주를 따라다니는 클리셰가 서서히 등장한 것이다. 몇 번의 싸움에 이기더니 승리에 취해 긴장감이 떨어진 것일까? 의자왕에 대한 묘사가 달라지기 시작하면서 궁 안의 우물물은 핏빛으로 변했고, 온갖 흉흉한 사건이 백제에서 벌어지기 시작했다.

아마도 이 시절부터 의자왕의 왕권이 다시 흔들리기 시작한 것으로 추측된다. 유년 시절을 거쳐 집권 초기까지 그를 흔든 것은 빈약한 정치적 입지였을 것이다. 신라와의 전투에서 승기를 잡고 전공을 쌓아가던 그의 입지가 다시 흔들린 이유는 대야성 함락 이후 국외 정세가 급변하는 가운데 외교 노선을 제대로 잡지 못했던 탓일 것이다. 때마침 당나라는 고구려의 침공에 애를 먹었고, 이를 해결하기 위해 백제와 고구려를 떼어놓아야 한다고 판단한 끝에 백제에 경고한다. 백제는 머리가 아프기 시작했다. 중국을 통일한 거대 왕조의 말을 따를 것인가? 아니면 고구려와의 관계를 이어나가면서 신라를 제대로 절멸할 것인가?

의자왕은 신라 절멸을 선택했다. 우리는 선택의 결과를 알고 있기에 의자왕의 선택이 어리석고 무능해 보일지 모르겠지만 의자왕에게는 그 나름의 자신감이 있었을 것이다. 이미 앞선 신라와의 전투에서 승기를 잡았고, 고구려는 당나라에 맞서 당당히 승리를 이어가고 있었다. 이후 의자왕은 고구려와 함께 신라 북쪽 땅을 공략해 30여 성을 빼앗는다. 655년의 이 선택은 고구려를 멸하고자 작심한 당나라가 변방의 소국 신라와 손을 잡게 되는 결정적 이유가 된다.

외교 문제로 골치가 아픈 와중에 백제 내부에서도 분열이 시작되면서 의자왕의 심기를 불편하게 했다. 정확한 내막은 알 수 없지만, 태자가 부여융에서 부여효로 바뀌는 과정에서 큰 내홍을 겪었을 것으로 추측된다. 그렇게 신라와의 싸움에서 전승을 올리며 차근히 쌓아온 의자왕의 국정 운영 능력은 급격히 흔들리기 시작한다.

얼마간의 시간이 흐른 660년, 당나라는 신라와 손을 잡고 백제 정벌을 단행한다. 소정방이 이끄는 13만 당나라 대군이 서해를 건너 기벌포에 상륙했다. 동쪽으로는 이미 신라의 5만 대군이 몰려오는 중이었다. 해동의 증자에서 매서운 신라 정벌 군주로 변신했던 의자왕이 망국의 막장 군주가 되기 일보 직전이었다.

망국 군주의 비참한 최후

백제의 최후와 관련해서는 의자왕의 삼천 궁녀 이야기(물론 완전한 허구이지만)와 계백의 오천 결사대 이야기가 유명하다. 김유신의 영원한 라이벌 계백은 김유신이 이끄는 신라의 5만 군사와 그 유명한 황산벌에서 최후의 결투를 벌인다. 결과는 모두가 아는 것처럼 계백의 패배였다. 그러고는 곧 사비성이 포위됐고, 의자왕은 웅진성으로 도망간다.

웅진성에서 재기를 노렸던 의자왕은 사비성이 무너지자 위기에 봉착했지만, 웅진성에서 결사 항전하려 했다. 하지만 예식진이라는 인물이 의자왕을 배신하면서 의자왕의 마지막 저항은 허무하게 좌절된다. 숱한 위기를 겪으면서도 600년을 버텨온 백제가 멸망한 것이다. 그것도 새로운 전성기를 향해 가던 시점에 말이다.

항복의 과정은 치욕 그 자체였다. 나당 연합군은 승리를 기념하며 연회를 열었다. 연회에는 신라의 무열왕과 당나라의 소정방이 참석했다. 당상에 앉은 무열왕과 소정방은 당상 아래의 의자왕에게 술을 따르라 명령한다. 한때 신라와 전쟁하며 연이은 승전보를 올렸던 군주의 치욕적인 몰락이었다.

그리고 얼마 뒤 의자왕은 태자 부여효를 비롯한 왕자들과 고위 관료들 그리고 1만여 명의 백성과 함께 소정방에 의해 당나라로 끌려간다. 그의 나이 60이 훌쩍 넘었을 무렵이다. 당나라에 도착한 뒤 당시 황제 고종을 만나 사면받은 의자왕은 며칠 뒤에 사망한다. 타국, 그것도 백제를 멸망시킨 나라에서 말이다.

이후 백제 지역에서는 백제 부흥 운동이 일어났지만, 당나라가 의자왕의 아들 부여융을 보내 진압한다. 이후 백제 부흥군을 진압한 공으로 부여융은 당나라에 의해 웅진 도독부 책임자로 임명된다. 백제의 태자였던 그가 당나라의 백제 점령지 사령관이 된 것이다. 그렇게 부여융은 사비성 인근 지역을 통치하다가 나당 전쟁 발발 이후 672년, 당으로 도망친다. 의자왕에 이어 그의 아들까지 비참한 말년을 보낸다.

그렇게 의자왕은 시간이 지나면서 망국의 주범, 막장 군주의 대명사가 돼버렸다. 평판으로 왕권을 강화했던 의자왕이 훗날 자신에 대한 평가를 알았다면 얼마나 억울했을까? 이제라도 의자왕이라는 인물에 대한 평가가 입체적으로 진행돼야 하지 않을까 생각해본다.

고구려의 위기를 부른
가문의 위기

중국 통일 왕조에 단호히 맞서서 고구려의 존재감을 뿜어낸 연개소문의 이야기를 들은 후
'역시 우리나라는 강했어', '중국도 별거 아니었네'라고 역사부심을 느낀다면
우리는 단결된 한 민족이 되어 더 강한 대한민국을 만들 수 있는 것인가?
정말 우리는 그럴 수 있고, 그렇게 해야 할까?

연개소문을 향한 역사의 평가는 극단적이다. 한편에서는 그를 왕을
시해한 '킹슬레이어'이자 권력을 독점하고 전권을 휘두른 독재자라
고 말한다. 또 다른 한편에서는 당나라의 한반도 침략 야욕을 물리
친 민족의 영웅이라고 칭송한다. 현실의 관점에서 지금의 나에게 중
요한 가치를 중심에 놓고 역사적 인물을 바라보면 평가는 엇갈리게
마련이다.

이런 평가가 과연 역사적 인물에만 한정될까? 따지고 보면 인간
관계에서부터 넓게는 사회생활, 더 넓게는 국제 관계까지도 그렇다.

중국 근대 시기 민속무에 사용된 연개소문 가면

그런 면에서 요즘이야말로 연개소문을 재평가하기 시의적절하다. 최근 한국인 공통의 적이 다름 아닌 중국이기 때문이다. 반중 혐오가 극에 달하고 있고, 동시에 숨어 있던 민족주의가 극도로 팽창하고 있다.

중국과의 역사 이야기를 떠올리면 가장 먼저 고구려가 생각난다. 그런 고구려에서도 중국의 통일 왕조에 단호히 맞서며, 당대 동아시아 국제 사회에 당당히 고구려의 존재감을 뿜어낸 인물이 바로 연개소문이다. 그래서 중국 경극에서 연개소문은 등에 칼을 다섯 개나 찬 무시무시한 존재로 등장한다고 한다.

피의 학살로 일어선 독재자

연개소문 집안은 고구려에서도 잘나가는 집안이었다. 연개소문의 아버지는 고구려에서 '동부대인 대대로(동부대인은 나라의 동쪽 지역을 책임지던 관리, 대대로는 고구려 관등 조직 중 최고위 관직에 해당)'라는 자리에 앉아 있었는데, 아버지가 죽고 연개소문이 대대로의 지위를 얻었다고 전해진다.

하지만 연개소문의 집안 사정과 당시 고구려의 바깥 사정은 전혀 달랐다. 중국에 들어선 통일 왕조는 수차례에 걸쳐 고구려를 공격했고, 한 급 아래라고 생각했던 신라는 어느덧 성장해 호시탐탐 고구려의 남쪽 땅을 노리고 있었다. 바로 그 혼란의 시기에 대를 이어 고구려 최고 관직을 맡은 가문이 연개소문 집안이었다.

연개소문은 어린 나이부터 소문이 남달랐다. 그래서 아버지가 죽고 연개소문이 관직을 이어받아야 할 타이밍에 주변 귀족들이 반대 의사를 밝혔는데, 이유는 연개소문의 성품이 포악하다는 것이었다. 어렵게 아버지의 관직을 물려받았지만 연개소문은 자존심에 상처를 입었다. 그리고 그 소문이 맞는지 연개소문의 흉악한 행동은 계속됐다.

연개소문은 중앙 정계에 뭔가를 보여줘야겠다고 생각했는지 곧 천리장성 축조 현장으로 나선다. 지금으로 따지면 최전방 감시 초소로 파견 근무를 나간 것이다. 자의라는 말도 있고 타의라는 말도 있지만, 파견 근무가 시작되고 얼마 뒤 연개소문의 신변에는 중차대한 변화가 찾아온다. 왕과 일부 귀족 세력이 자신의 목숨을 노린다는 첩보가 전해진 것이다.

이 시기 고구려는 크게 대당 강경파와 온건파로 세력이 나뉘어 치열한 정치 투쟁을 시작하고 있었다. '당나라가 호시탐탐 고구려를 노리고 있는데, 정치 싸움이나 하다니!'라고 생각하는 사람도 있을 것이다. 그렇다. 그래서 이 정치 투쟁의 속내는 사실 당나라와의 관계를 둘러싼 노선 갈등이었다.

고구려의 제27대 임금 영류왕은 수나라와의 전쟁에서 입은 피해를 복구할 시간을 벌기 위해 새로운 통일 왕조인 당나라와 우호 관계를 맺는다. 당 태종의 대외 팽창이 불안했지만, 실제 존재하는 힘의 우위를 무시할 수 없었다. 하지만 모두가 영류왕 같이 생각하지는 않았다. 연개소문을 중심으로 한 대당 강경파 세력은 영류왕의 외교 노선에 불만이 많았다. 영류왕을 중심으로 뭉친 온건파 세력은 큰 결심을 한다. 바로 파견 나간 연개소문을 제거하기로 한 것이다.

하지만 그대로 당하고만 있을 연개소문이 아니었다. 그는 역으로 대규모 정변을 준비한다. 그것도 왕을 상대로 말이다. 평양성 남쪽에서 군대 사열식을 개최한 연개소문은 고구려에서 방귀 좀 뀐다는 귀족들을 대규모로 초대한다. 식이 한창 진행되는 가운데 연개소문은 모종의 신호를 보냈고, 술상들이 뒤집혔다. 그 자리에서 100여 명이 넘는 귀족이 순식간에 죽음을 맞았다.

연개소문은 거기서 멈추지 않는다. 곧바로 궁으로 가 영류왕을 찾아내 시해한다. 단순한 시해가 아니었다. 왕의 시신을 토막 내 시궁창에 던져버렸다. 그렇게 고구려를 접수한 연개소문은 영류왕의 조카를 실권 없는 리더로 세운다. 그리고 그를 보장왕이라 부르고, 자신은 막리지의 자리에 오른다. 인사권과 군사권을 총괄하는 사실상 국정 운영의 총책임자가 된 것이다.

'직접 왕이 되면 되는 것 아닐까?' 하고 생각한 독자들도 있을 것이다. 그런데 당시에는 그게 쉬운 일이 아니었다. 전근대 국가에서 왕은 하늘이 내린 존재였다. 왕이 되기 위해서는 정당성이 필요했다. 혈통을 바꿔 왕이 된 자들이 모두 하늘의 뜻을 명분 삼아 나름의 점잖은 양위 과정을 거치는 것도 다 이런 이유에서다. 잔혹하게 왕을 살해한 연개소문은 스스로 왕이 될 수 없었다. 하지만 상관없었다. 이미 모든 권력이 자신의 것이었기 때문이다. 이후 당나라와의 관계가 급격히 틀어진다.

연개소문이 이유였던 전쟁

당나라라고 무턱대고 고구려와 싸우고 싶지는 않았을 것이다. 안 그래도 얼마 전 무리한 고구려 원정으로 수나라가 무너진 상황에서, 낮은 자세로 관계를 맺으려 노력하는 고구려가 고마웠을 것이다.

하지만 인간의 욕심에는 끝이 없는 법. 중국의 통일 왕조는 숙명처럼 한나라의 영광을 꿈꾼다. 당 태종 이세민은 바로 그 숙명을 자신의 것으로 받아들인 인물이었고, 그렇다면 고구려는 싸움의 대상이었다. 그러나 저자세로 나오는 고구려의 영류왕에게서 꼬투리를 잡기는 힘들었다.

한편 백제와의 전쟁으로 위기에 봉착한 신라는 김춘추를 고구려로 보내 함께 백제를 공격하자고 요청했지만, 연개소문에게 단호히 거절당한다. 잔인하게도 이후 고구려는 백제와 함께 신라를 공격하기까지 한다. 벼랑 끝에 몰린 신라는 협상의 파트너를 당나라로 바꾼다. 별 관심이 없던 당 태종은 떠보는 심정으로 고구려에 "신라에 대한 공격을 중지할 것"을 강하게 요구한다.

그러나 연개소문은 만만한 이가 아니었다. 연개소문이 왕을 죽이면서까지 권력을 잡은 대의명분은 대당 강경책이었다. 연개소문은 당 태종의 요구를 무시했고, 이를 예상이라도 한 듯 당 태종은 고구려 정벌을 선언한다. 정벌의 명분은 연개소문이었다. "연개소문이 임금을 죽이고 대신들을 살육했으며, 그 백성을 참혹하게 대하더니 지금 또 나의 명령을 위반하고 이웃 나라들을 강제로 침략하니 토벌하지 않을 수 없다"라는 것이다.

그렇게 당나라와 고구려의 전쟁은 시작된다. 수나라 때와는 달랐다. 곧 요동성이 함락됐고, 당나라 군대는 거침없이 요동을 가로질렀다. 그러나 수나라와의 전쟁 이후 고구려도 가만히 있던 것은 아니었다. 특히 연개소문이 아버지의 지위를 물려받아 파견을 간 곳이 어디였던가. 바로 천리장성이라 불리는, 고구려 서북방의 겹겹이 쌓아온 성들이었다.

당나라와의 전쟁을 통해 연개소문의 입지는 더욱 단단해져갔다. 당의 대군을 막아내기 위해서는 효율적인 정치·군사 체계가 필요했고, 그렇게 만들어진 자리가 바로 '대막리지'라는 직이었다. 대막리지 자리에 스스로 앉은 연개소문은 당나라와의 전쟁을 총지휘하는 과정에서 권력을 완전히 독점하고 독재자로 거듭난다.

당나라 군대는 전쟁이 길어질수록 불리했다. 결국 안시성 전투에서 패배하며 당나라 군사는 물러난다. 충격적인 패배를 당한 당 태종은 퇴각하는 길에 병을 얻어 얼마 뒤 사망한다. 연개소문의 고구려는 생각보다 강했고, 당은 연개소문의 대당 강경책 앞에서 속수무책이었다. 그렇게 연개소문의 대당 공세는 수위가 강해져갔다.

자식 농사가 중요한 이유

649년 당 태종은 죽으면서 고구려 원정을 그만두라는 유언을 남긴다. 긴 전쟁이 끝나고 잠깐 평화가 찾아오나 싶었지만 고구려는 고구려대로 당나라가 내민 평화의 손길을 그대로 받아들이기 민망했다. 왕까지 죽이고 선택한 대당 강경책이었기 때문이다. 당나라 입장에서도 평화의 명분이 너무도 약했다. 전쟁의 명분이 연개소문의 정변이었는데, 연개소문은 여전히 고구려의 대막리지였기 때문이다. 평화는 쉽게 오지 않았다.

하지만 주변 정세는 고구려에 불리한 방향으로 변화하고 있었다. 당나라는 동쪽의 고구려를 제외한 서역과 북방 지역을 더욱 강하게 옭아매며 지배력을 공고히 했다. 거기에 신라와 당나라의 관계가 깊어지고 있었다. 결정적으로 660년, 나당 연합군이 백제를 멸망시키면서 전세가 뒤집혔다.

본국에서 화려한 전승식을 올린 당나라는 곧 고구려 원정을 선언하며 군대를 편성한다. 백제의 위협을 제거한 당나라는 자신감이 넘쳤다. 그 자신감은 곧 나당 연합군이 아닌 당나라만의 고구려 정벌로 이어졌다. 신라의 역할은 군수 물자를 공급하는 것이었다. 소정방이 이끄는 당나라 대군은 해안을 따라 대동강으로 진입했고 곧 상륙하여 평양성을 포위했다.

다른 한편에서는 또 다른 당나라 군대 무리가 압록강을 건너 고구려 내부로 깊숙이 들어왔다. 연개소문은 아들 연남생을 시켜 막으려 했지만, 고구려군 3만 명은 당나라 군대에 몰살당한다. 고구려의 위기이자, 연개소문 가문의 위기였다. 하지만 평양성은 쉽게 함락되지 않았다. 연개소문은 직접 전투에 나섰고, 소정방이 이끄는 당나라 군대는 거의 전멸의 위기에서 김유신이 이끄는 신라의 보급군 덕에 극소수만이 살아남아 당나라로 도망가버린다. 다시 고구려가 이긴 것이다. 백제가 무너지고 신라와 당나라의 관계는 깊어졌지만, 연개소문이 이끄는 고구려는 무너지지 않았다.

하지만 거기까지였다. 이 시기 변화무쌍한 국제 질서 속에서, 주변의 적들에게 둘러싸여 홀로 견뎌야 했던 고구려가 살아남을 수 있었던 이유는 무자비한 카리스마로 권력을 움켜쥐고 내부 의견을 빠르게 단결시킨 연개소문의 정치력 덕분이었다.

하지만 체계화된 시스템이 아닌 개인의 정치적 독점으로 굴러가는 국정 운영 방식은 그 개인이 사라지는 순간 위기를 맞는다. 연개소문이 죽자 이는 곧 현실이 된다. 대막리지를 물려받은 것은 압록강에서 3만 대군을 전멸시킨 첫째 아들 연남생이었다.

대막리지 연남생은 이후 동생들과의 권력 다툼을 벌였고, 위기에 처하자 당나라에 투항한다. 기회를 잡은 나당 연합군은 고구려로 다시 돌격한다. 연남생은 이 틈에 향도를 자처한다. 그렇게 고구려는 멸망한다.

수나라의 100만이 넘는 대군을 막아내고, 천하를 평정한 당 태종의 친정을 막아냈으며, 평양성을 포위한 당나라의 대군까지 막아낸 고구려였다. 그런데 연개소문 사후 그의 아들이 투항하면서 허무한 결말을 맞는다.

그렇게 고구려는 멸망했지만 고구려 부흥 운동은 한동안 계속됐다. 연개소문의 아들에 의해서가 아니라 용맹한 몇몇 고구려 유민에 의해서였다. 이들 중 안승, 고연무는 이후 신라에 항복했고 검모잠이 이끌던 부흥군은 당나라 군대에 패한다. 한반도 땅에서 고구려라는 이름이 사라지는 순간이었다.

삼국 통일,
그 분열과 통합의 역사

통일 신라가 시작된 이후 무려 1,000년을 이어온 논쟁이 바로 삼국 통일 논쟁이다.
'통일'이라는 단어가 함의한 정치적 이유 때문일 것이다.
여기서는 논쟁은 접어두고
"그래서 전쟁이 끝나고 어떻게 된 거야?"라는 질문에 집중한다.
나라가 망하고, 신라가 유민들을 어르고 달래던 그 시절의 이야기로 말이다.

'나라가 망했다. 그동안 충성을 바치던, 아니 세금을 바치던 윗선이 사라졌다. 그런데 엊그제 전쟁터에서 옆집 막내아들을 죽인 녀석들이 세금을 바치고 충성을 맹세하라고 한다. 생각해보니 작은할아버지도 그 전쟁에 나갔다가 저들 손에 전사하셨다고 하지 않았나? 화가 난다. 원래 이 바닥을 주름잡던 윗선이라고 마음에 들던 건 아니었지만, 저들은 더 싫다. 어라, 그런데 뒷동네에서 큰소리 좀 내던 어르신이 나서서 저들과 싸우자고 하네? 밑져야 본전인데 같이 싸워서 작은할아버지 복수나 해주자!'

나라가 망한 뒤 백제와 고구려의 옛 땅에서 벌어진 일이다. 윗선은 아랫것들에게 싸움의 정당성을 만들어주기 바빴다. 고귀하신 윗선이라고 별것 있었겠는가. 한자리씩 차지하던 이들은 최종 결재자의 도장이 바뀌다 보니 자신의 자리가 사라질까 두려워 칼을 들고 아랫것들에게 들고 일어나 싸우자고 했던 것이다. 복잡한 국제 관계와 치열한 정치적 주도권 싸움의 밑바닥은 사실 단순하다.

망국의 유민들은 긴 전쟁 여파 때문에 신라인으로 살고 싶어 하지 않았다. 백제만 해도 의자왕의 항복으로 신라와의 전쟁이 공식적으로 끝이 났다. 그러고는 왕족과 고위 관료, 일반 백성까지 총 1만여 명이 넘는 백제인이 당나라로 끌려갔다. 점령군의 고압적 태도를 백제인에게 각인시키기 위해서였다.

하지만 이러한 강압 정책은 백제 땅에 안정을 주지 못했다. 당나라에 끌려가지 않은 왕족을 비롯한 각지의 구(舊) 백제 지배층은 당나라에 충성하는 길이 아닌 백제의 부흥을 원했다. 초반 기세가 엄청났던 백제 부흥 세력은 옛 백제의 200여 개 성을 장악하는 등 백제가 아직 살아 있음을 신라와 당나라에 알렸다.

하지만 곧 전세가 뒤집힌다. 의자왕의 아들 부여융이 당나라가 백제를 관리하기 위해 설치한 웅진 도독부의 도독으로 임명됐기 때문이다. 옛 최고 윗선인 부여융이 당나라 깃발을 들고 "깃발만 바뀐 거니까 원래대로 시키는 대로 하면 돼. 편하게 생각해"라고 손짓하자 명분 싸움에 밀린 부흥 운동 세력은 급격히 와해된다. 이후 백제인이 택할 수 있는 선택지는 많지 않았다. 고향을 버리지 않을 생각이라면 신라에 세금을 내고 살아야 했다.

허무하게 망한 고구려도 마찬가지였다. 차이가 있다면 언제든 비수를 꽂을 수 있는 고구려에 대해 당나라가 더욱 예민했다는 정도일 것이다. 왕족과 고위 관료를 다루는 방식은 백제 때와 비슷했다. 보장왕과 고구려의 고위 관료들은 포로로 잡혔다. 보장왕은 당나라의 벼슬을 받았지만, 당나라로 압송되는 와중에 당 태종 무덤 앞에서 참배를 강요받는 치욕적인 대우를 받았다.

당나라는 백제와 달리 고구려 평양성에 안동 도호부를 설치하고, 당나라 군대가 직접 주둔했다. 당나라 관리가 통치하는 모습을 보여 주려 한 것이다. 또 고구려인들의 저항을 막기 위해 일반 백성들까지 당나라의 내지로 강제 이주시켜 기존 지역 사회를 와해시키려는 시도도 벌였다. 그러나 이토록 강한 채찍질에도 고구려 유민들은 당하고만 있지 않았다. 저항이 시작된 것이다.

이 저항에서 특이한 점이 나타나는데, 바로 신라와의 관계다. 당나라가 백제 땅에 도독부를 설치하면서부터 감지된 당나라의 야욕이 신라를 자극한 것이다. 신라에 백제는 약속의 땅이었다. 그런데 약속이 깨졌다고 판단한 신라는 고구려가 멸망하자 이내 나당 전쟁을 시작한다. 검모잠, 안승, 고연무 등으로 대표되는 고구려 부흥 운동 세력은 신라와 적극적으로 협력해 나당 전쟁에 함께 참여하면서 고구려 부흥 운동을 일으켰다.

그러나 나당 전쟁 과정에서 대부분의 부흥 운동 세력이 와해됐고, 남은 세력 중 안승이 이끄는 무리가 금마저(지금의 익산시)에서 보덕국을 만들다 신라에 복속된다. 그렇게 고구려 유민이 시도한 부흥 운동은 실패한다.

백제의 유민과는 달리 고구려 유민들의 선택지는 다양했다. 일단 영토 자체가 신라와 발해 그리고 당나라의 관리를 받는 지역으로 나뉘었다. 이마저도 싫다면 옛 고구려 땅과 닿아 있는 지역으로 옮겨 가도 됐다. 그렇게 고구려 유민은 뿔뿔이 흩어졌다.

망국을 하나로 묶은 프로파간다

신라는 이미 전쟁 중에 백제와 고구려 유이민 세력의 고위급 인사를 상대로 포섭 정책을 펼쳤다. 당나라와의 전쟁에서 이겨야 했기에 적극적인 것도 있었지만, 높은 분들이 상대적으로 다루기 쉬웠기에 빠르게 포섭했다. 그들에게 기존의 사회적 지위와 현실적 이익을 보장해주면 그걸로 충분했다.

신라에서 사회적 지위와 경제적 이익은 곧 골품제로의 편입을 의미했다. 나라가 바뀌어도 기존의 신분과 관등이 제대로만 보장되면 포섭은 그리 어렵지 않았다. 기존의 군현 체계나 지역 명칭도 그대로 사용됐고, 각 지역에 영향력을 행사하던 고위급 인사는 이전과 같은 대우를 받으며 살 수 있었다.

하지만 전쟁이 끝나자 상황이 달라졌다. 골치 아픈 당나라가 한반도와 평양 이북에서 군을 철수하고 한반도에서의 분란을 마무리 지은 것이다. 이제 신라가 온전히 감당해야 할 몫이 커졌다. 병합 과정에서 넓어진 강역, 유이민의 유입으로 늘어난 인구는 완전히 새롭게 관리해야 하는 기회이자 위험 요소였다. 백제인도, 일부 고구려 유이민도 이제 다 신라 국왕의 신민이 됐다.

백제와 고구려의 높으신 분들을 포섭해 간이로 관리하던 방식에는 한계가 있었다. 장기적으로 위험 요소가 너무 많았다. 이들이 언제 딴소리할지 모를 일이었다. 제대로 통치하기 위해서는 새로운 체제가 필요했다. 신라는 전쟁이 끝난 지 10년 만인 685년, 전국을 9주로 나누고 지방 제도를 개편한다. 옛 고구려 땅에 3주, 백제 땅에 3주, 기존 신라 땅에 3주를 두고 균등하게 통치하겠다는 의지였다.

여기서부터 시작이었다. 이른바 삼한일통 의식을 만들어 신라가 백제와 고구려를 품었다고 홍보하기 시작한 것이다. 훌륭한 프로파간다였다. 그간의 길고 치열했던 전쟁을 하나가 되기 위한 시간으로 포장하면서, 우리는 하나라고 외쳤다.

평화의 시기가 도래했고, 통합의 시기가 찾아왔다. 기본적으로 언어가 비슷했던 이들은 문화적으로 자연스럽게 융화될 수 있었다. 위에서 내리꽂은 삼한일통 의식과 함께 진행된, 지역에서의 문화적 융합은 자연스럽게 주민들을 통합했다.

그렇게 땅이 넓어지고, 인구도 늘고, 백성을 하나로 묶을 통일의 이념도 만들어지자 신라는 차츰 안정을 찾았다. 정복 활동에 성공한 국왕권은 막강해졌다. 김춘추 직계로 이어진 왕계는 신라의 국왕권이 이전과는 비교도 안 될 정도로 안정화됐음을 의미했다. 이를 바탕으로 강력한 중앙 통치 체제가 완성돼갔다.

하나가 된 줄 알았는데 왜 후삼국으로 나뉘었을까?

여기서 한 가지 의문이 든다. 그렇게 잘 통합되고, 나라도 융성했는데 왜 후삼국으로 다시 나뉘었을까?

오랜 전쟁이 종식되고 평화의 시기가 찾아왔을 때, 사람들은 그 자체로 만족했을 것이다. 당장 내일 전쟁터에 안 나가도 된다고 할 때, 사람들은 작은 보상만으로도 감사했다. 기존 신라인과 유이민 사이에 존재했던 작은 차별은 넘길 수 있는 수준이었다. 하지만 평화의 시기가 길어지면서 사소한 차별에 대한 불만이 수면 위로 급격히 올라왔다. 중앙군으로 불리던 9서당 안에서는 신라인과 비신라인이 구별됐다. 그 구별이 곧바로 차별로 이어졌는지는 알 수 없지만, 구분 자체가 삼한일통이라는 대통합의 이념과 맞지 않았다.

골품제에서도 차별은 있었다. 백제와 고구려의 유이민들에게는 각각 5두품과 6두품을 상한선으로 규정했다. 유이민들은 전쟁 중에 얼떨결에 받은 신분으로 인해 이토록 영향력이 제한될 거라고는 생각지 못했다. 생각보다 골품제는 강고했고, 중앙 정치에서 그들의 영향력은 미미했다. 아버지, 할아버지 세대가 누리던 호시절과 비교할수록 손해 보는 장사로 느껴졌다.

신라의 유이민 통합 정책은 실패했고, 백제와 고구려 유이민들은 끝내 진정한 신라인으로 재탄생하지 못했다. 그들은 신라인들에게 여전히 비신라인이었다. 신라 말기로 접어들어 막장의 정치 활극이 벌어지고, 이어서 각 지역에 대한 통제력이 약화되자 전국에서 호족들이 난립한다. 우리가 눈여겨봐야 할 부분은 옛 백제와 고구려 땅에서 칼 들고 일어선 호족들이 내세운 정체성이 다름 아닌 "다시 백제로!", "다시 고구려로!"였다는 점이다.

다시 나뉜 신라에 주목해 당대를 바라보면 신라의 한계점은 분명했다. 하지만 분열과 통일이라는 역사적 과정이 비단 한국사에서만 일어난 것이 아니라는 점을 상기해보면 시사점이 달라질 수 있다. 어느 지역에서든 이 과정은 반복적으로 일어난다. 전쟁에서 이긴 신라가 유이민을 통합하고 삼한일통의 이념으로 통일의 정당성을 덧입히려 한 것도 자연스러운 역사적 과정이었다.

세 나라의 유기적인 통합을 통한 한반도 땅의 원활한 관리는 이후 고려의 왕건에게도 가장 중요한 과제가 된다. 이때 왕건이 선택한 방식은 신라와는 달랐다. 나라의 이름부터 지배층의 구조까지 모든 것을 바꾸는 새로운 선택을 한 것이다. 고려의 선택은 과연 성공했을까? 이제부터 우리는 그 과정에 주목해야 한다.

2장

고려시대

망국을 부활시킨
영웅들

후삼국 시기는 자연재해, 왕위 계승 싸움으로 인한 중앙 정계의 붕괴,
골품제 모순에 따른 사회 체제의 불안, 이에 따른 하층민의 유랑 등의
악조건이 겹쳐진 때였다.
하지만 동시에 지방 중심 지배층의 성장과 이를 껴안기 위한 새로운 신분 질서의 대두
그리고 그 질서를 받아들인 하층민의 자의식 성장이 함께 진행된 시기이기도 했다.
이때 새롭게 등장한 영웅들은 이 모든 것을 압축적으로 보여주는 하나의 사건이었다.

9세기 신라 말, 나라의 창고는 비어갔다. 왕의 곳간도 마찬가지였다. 곧 세금을 독촉하는 사자(使者)들이 지방 곳곳에 도착했다. 백성들은 참지 않고 세력을 규합했다. 벌 떼처럼 일어난 이들은 전국을 전쟁터로 만들기에 충분했다. 그렇게 한반도에는 겨울이 왔다. 지옥 같은 분열의 시간을 정리할 영웅이 필요했다.

신라의 위기는 9세기 이전부터 확인된다. 889년 진성왕 3년의 민란은 위기가 완전히 폭발하는 시점임을 말해주는 신호탄일 뿐이었다. 768년 혜공왕 시절부터 왕위를 둘러싼 갈등으로 귀족 사회는

분열됐고, 수차례의 정치적 변란을 거듭하고 있었다. 혜공왕은 결국 살해됐고, 상대등 김양상이 선덕왕으로 즉위하면서 전제 왕권은 붕괴 위기에 처했다. 무엇보다 이 사건은 삼한일통이라 불리던 신라 통합의 아이콘 김춘추의 직계 왕계가 끊어졌다는 점에서 상징적이다.

진골 귀족 사이에서 적통으로 불리는 왕계가 사라졌으니, 이후의 혼란은 불 보듯 뻔한 일이었다. 중앙 정치의 혼란에 따라 당연히 통치력은 떨어져갔고, 지방 통제력은 약화될 수밖에 없었다. 거대한 토지를 소유하던 귀족들은 농민을 더욱 수탈했고, 이를 바탕으로 더욱 사치스러워져 갔다. 설상가상으로 이 시기 한반도에는 자연재해가 찾아왔다. 백성들의 생활은 더욱 궁핍해졌고, 전국을 떠돌아다니며 유랑 생활을 해야만 했다.

혼돈의 시기, 전국에서는 이제 신라가 나를 책임져주지 않는다는 공감대가 형성되기 시작했다. 그때 지방에서 "제가 여러분을 책임져드리겠습니다"라고 외치는 이들이 등장하기 시작했다. 그들은 곧 스스로 무장하면서 자신의 주변 지역을 보호하는 세력가로 성장했다. 이들은 성을 쌓고, 스스로 '성주' 혹은 '장군'이라 칭하며 신라의 중앙과는 별도의 세력을 형성했다. 호족이 등장한 것이다. 백성들은 유랑 생활을 끝내고 호족의 사병이 돼갔다.

가장 대표적인 세력으로는 죽주의 기훤, 북원의 양길, 완산주의 견훤, 철원의 궁예 세력이 있었다. 그야말로 군웅할거의 시대였다. 각지에 쪼개져 있던 이들 세력은 점차 백제와 고구려의 부활을 명분으로 내건 두 세력에 의해 정리되기 시작했다. 바로 옛 백제 땅에서 일어선 견훤 그리고 옛 고구려 땅에서 일어선 궁예다. 이제 이들이 "다시 나를 중심으로 하나로!"를 외치며 재통일의 정당성을 만들어갔다. 그렇게 다시 한반도는 거대한 화마 속으로 빨려 들어갔다.

호랑이 젖을 먹고 자란 사나이, 백제를 탐하다

"후백제로 다시 한번 대동단결!"을 외친 인물은 그 유명한 견훤이다. 그런데 그는 이름값에 비해 출생부터 유년 시절까지의 기록이 희박한 편이다. 이 말인즉슨, 견훤의 집안이 신라 말기의 주류 귀족 가문은 아니었다는 뜻이다. 그래서 그에 대한 기록은 견훤이라는 이름이 전국적으로 명성을 떨칠 무렵부터 본격적으로 등장한다. 그럼에도 남아 있는 한 줌의 기록에 근거해 추측해보자면 그의 집안은 지방에서는 남부럽지 않은 집안이었던 것 같다.

견훤의 아버지는 아자개라는 인물로, 지금의 경상북도 문경 쪽에서 농사를 지으며 살다가 어느 순간 지방의 호족으로 성장한 것으로 보인다. 그러니까 견훤 집안 정도면 동네에서는 그 나름대로 있는 집 소리를 들었을 것이다.

견훤과 관련한 출생 설화는 그가 이름을 알리던 시기에 각색됐을 가능성이 크다. 예를 들어 신라 진흥왕의 후손이라는 이야기, 백제

왕가의 후손이라는 이야기 등이 대표적이다. 특히 그가 백제 의자왕의 태자였던 부여융의 직계 후손이라는 기록은 후백제를 내세웠던 견훤의 정당성을 만들어주기 위해 각색된 이야기다.

출생과 더불어 견훤이 원래부터 왕이 될 인물이었다고 백성을 설득하기 위해서는 유년 시절의 일화를 비범하게 만들어내야 했다. 《삼국사기》에 따르면 견훤은 호랑이의 젖을 먹고 큰 인물이다. 견훤의 어머니가 들에서 일하는 그의 아버지에게 식사를 전하기 위해 어린 견훤을 나무 밑에 놓아뒀는데 그때 지나가던 호랑이가 견훤에게 젖을 먹였다고 한다. 이 설화는 의외로 중요한 사실을 내포한다. 견훤의 집안이 처음부터 잘나가는 호족 가문이 아니었을 가능성, 그러니까 농사로 돈을 모은 지방의 부농이 호족으로 성장한 사례일 수 있다는 점을 내포하기 때문이다.

《삼국유사》에서는 견훤의 어머니가 매일 밤 '자줏빛 옷'을 입은 남자와 정을 나눴다고 한다. 그런데 그 남자의 정체는 '토룡', 즉 지렁이였다. 아니, 왜 용도 아니고 토룡이란 말인가. 여기서 상상의 나래를 펼칠 수 있는데, 원래는 남자의 정체가 용이었을 수도 있다. 그러다 후백제가 고려에 패한 뒤 설화 속 남자의 정체가 지렁이로 바뀌었을 가능성이 있다. 한편에서는 그의 이름인 견훤('견'을 '진'으로 발음할 수 있어서 '진훤'이라고 발음하면 '지렁이'와 비슷하다)에서 시작된 설화일 뿐 용에서 지렁이로 변한 것은 아니라는 말도 있다.

설화의 진위 여부가 어떻든 견훤의 발흥은 기존의 사회질서가 무너지고 새 시대가 열렸음을, 즉 지금껏 신라를 이끌어온 지배 계층이 무너지고 새로운 지배층이 떠올랐음을 의미하는 것이다. 이 과정에서 새로운 세력에게 정당성이 필요했고, 이에 따라 각종 출생 설화와 유년 시절의 전설들이 덧붙여진 것이다.

후삼국이라고 불리는 이 시기는 자연재해, 왕위 계승 싸움으로 인한 중앙 정계의 붕괴, 골품제의 모순에 따른 사회 체제의 불안, 이에 따른 하층민의 유랑 등 악조건이 겹친 때였다. 하지만 동시에 지방을 중심으로 한 지배층의 성장과 새로운 신분 질서의 대두, 그 질서를 받아들인 하층민의 자의식 성장이 함께 진행되는 시기였다. 견훤이라는 새로운 인물의 등장은 이 모든 것을 압축적으로 보여주는 하나의 사건이었다.

견훤에게 남들과 조금 다른 부분이 있었다면 바로 출세의 속도였다. 경주에서 군 생활을 하던 견훤은 서남 해안에서 군 복무를 하면서 본격적인 출세의 길을 걷는다. "창을 베개 삼아" 자면서 적을 대비했다고 알려진 이때의 일화는 그의 용맹함을 출세의 비결로 꼽는다. 그리고 신라 말, 중앙 정계가 어지러운 틈을 타 변방의 장수 견훤이 이름을 알리기 시작한다.

처음 견훤이 맡은 임무는 이 지역에서 성장하던 호족 무리를 공격하는 것이었다. 그렇게 중앙에서 파견된 견훤은 서남해 지역의 호족 세력을 평정한 후 한 발 떨어져 신라의 중앙 정계를 바라보게 된다. '왜 아무도 날 신경 쓰지 않는 거지?'라는 생각을 하게 된 순간, 견훤은 지방 통제력을 상실한 신라의 군복을 과감히 벗어 던진다. 놀랍게도 그의 환복은 주변 세력을 모으는 데 결정적인 역할을 한다.

이는 서남부 지방 사람들의 신라에 대한 실망과 새로운 시대에 대한 기대를 보여주는 대목이다. 보름 만에 견훤을 따르는 무리는 곧 5,000여 명을 넘어선다.

이후 무진주(지금의 전라남도 광주)를 거점으로 전라남도 일대를 장악한 견훤은 자신을 왕으로 칭하기 시작한다. 얼마 뒤 견훤은 완산주(지금의 전라북도 전주)를 장악하고 완산주 백성들의 환영을 받으며 다음과 같이 선언한다. "앞으로 날 후백제 왕이라고 불러다오." 본격적으로 백제를 팔기 시작한 것이다. 하지만 이 선포는 대내용이었다. 그러니까 일단 동네 사람들에게만 먼저 선언한 것이다.

견훤이 반(反)신라의 정당성을 백제로부터 찾은 이유는 단지 그 땅이 과거 백제의 영역이었기 때문만은 아니었다. 아직도 그 지역 백성들이 백제인이라는 정체성을 가지고 있었고, 그 정체성은 신라 사회의 차별적 구조에 기인했음을 의미했다. 이들의 호응을 이끄는 과정에서 가장 필요했던 것이 바로 출생 설화와 유년 시절의 전설이었을 테다. 그렇게 견훤은 만들어진 신화를 통해 후백제의 왕으로 성장하고, 그의 진짜 배경과는 상관없이 백제의 옛 땅에서 영웅이자 왕으로 거듭났다.

왕의 피를 물려받은 그 남자, 고구려를 빌리다

궁예도 견훤과 마찬가지였다. 그의 출생에 대해서는 여러 설이 난무하며 비범한 유년 시절의 전설도 존재한다. 가장 대중적으로 알려진 출생 설화는 그가 신라 왕족 출신이라는 설이다. 궁예는 헌안왕 혹은 경문왕과 이름이 알려지지 않은 후궁 사이에서 태어났다. 왕은 그가 태어나자마자 죽이라고 명했지만 유모가 떨어지는 궁예를 손으로 받다가 눈을 찔러 한쪽 눈이 멀었다는 이야기가 전해진다. 이 설화를 통해 궁예가 왕위 다툼에서 희생된 왕자였거나 몰락한 유력 진골 귀족 가문 출신이라고 보기도 한다.

열 살 무렵 출가한 궁예는 청소년과 청년 시절을 승려로서 미륵 신앙을 계승하며 백성들 사이에서 살았다. 이후 어느 시점엔가 현실의 모순에 눈을 떠 891년 지금의 안성 지역에서 떠오르는 호족 세력이던 기훤 아래로 들어간다. 1년 뒤 기훤 밑에서 세력을 불린 궁예는 강원도 지역에서 활약하던 양길이라는 호족 아래로 들어가 활약하며 강원도를 무대로 이름을 떨치기 시작한다.

그러던 894년 지금의 강원도 강릉 지역에서 3,500명에 이르는 대규모 병력을 확보한 궁예는 스스로 장군이 된다. 기훤에서 양길로 옮겨가며 활약하던 궁예가 강릉을 기반으로 독립한 것이다. 이후 1년 만에 좁은 영동 지역을 벗어나 태백산맥을 넘어 경기도와 황해도로 진출한다. 바로 이때 운명의 사람을 만난다. 바로 개성 지역의 유력한 호족 가문의 아들 왕건이다.

궁예의 진짜 성장은 왕건을 중용하면서부터 시작된다. 경기도와 황해도를 장악하고 독립적인 세력권을 넓혀가던 궁예에게 가장 화가 난 인물은 다름 아닌 양길이었다. 경기도 남부와 충청 지역의 호족 세력을 규합해 궁예와 대결하던 양길은 궁예 세력에 의해 무참히 무너졌다. 이로써 궁예는 소백산맥 이북 영역을 대부분 장악했고, 901년 스스로 왕위에 오른다.

이때 궁예가 쓴 국호가 바로 고려였는데, 이름에서 느껴지듯 고구려의 후신이라는 정체성을 강하게 내포했다. 그가 선택한 본거지도 개성이었다. 바로 이 지역, 개성과 경기도 북부 그리고 황해도를 넘어 패서 지역 전체가 고구려의 옛 땅이었으며, 이 지역의 호족 집단과 백성들은 고구려인이라는 정체성을 강하게 지니고 있었던 것으로 추측된다. 궁예가 세운 나라의 핵심 지지 세력이 바로 고구려의 유민 집단이었다는 말이다. 궁예는 이들의 신뢰를 바탕으로 고려라는 이름을 빌려 쓸 수 있었다.

하지만 얼마 뒤인 904년, 궁예는 국호를 마진(摩震)으로 바꾸고 거점을 철원으로 옮긴다. 왜 그랬을까? 아마도 "옛 고구려의 영광스러운 재현"을 슬로건으로 들고나온 황해도를 포함한 패서 지역의 호족 집단, 그러니까 왕건 중심 세력이 못 미더워서다. 건국 초기 끈끈했던 우정은 궁예가 진짜 나라를 세우고, 국왕 중심의 정책을 추진하는 과정에 마찰을 가져왔을 것이다. 궁예는 그렇게 자리를 걸고, 고구려의 잔상이 약한 철원으로 도피한다. 바꾼 국명에서도 탈고구려의 의지가 엿보였는데, 마진은 불교 용어였다. 궁예가 믿을 건 자신을 여기까지 이끌어준 부처님뿐이었다.

그렇게 탈고구려를 목표로 국가를 다시 정비한 궁예는 이후로도 왕건 중심의 황해도와 패서 지역 호족 집단과 끊임없이 갈등한다. 하지만 왕건은 궁예의 생각보다 뛰어난 지도자였다. 후백제 방면 최전방으로 달려간 왕건은 수군을 이용해 전라남도 지역을 공략해 나주를 확보하고 후백제군을 잇달아 격파한다. 궁예 아래 호족들은 술렁였다. 고구려의 진정한 적자가 백제와 싸워 이긴 것이다.

911년 궁예는 다시 국호를 태봉으로 고치고 미륵불을 자칭한다. 극단의 조처였다. 궁예는 왕이면서 동시에 미륵불, 즉 신이었다. 왕의 권능을 지킬 수 있는 단 하나의 방법은 스스로 신이 되는 것이었다. 바로 이때 등장하는 새로운 정치술이 미륵 관심법이다. 눈빛만 봐도 알 수 있다는 우스꽝스러운 궁예의 고육지책은 왕건에 대한 견제책이기도 했다. 그렇게 궁예의 시대가 저물어가고 있었다.

승기를 잡은 후백제와 떠오르는 다크호스 왕건

견훤은 궁예가 정신 못 차리는 사이에도 정치 체제를 정비하고 군사력을 키워나갔다. 백제가 그랬듯 지리적 이점을 내세워 외교에도 열심이었다. 그러나 왕건과의 대결이 남아 있었다. 918년, 궁예를 몰아내고 왕이 된 왕건은 다시 개경으로 돌아가 나라 이름을 고려라고 하고 "다시 고구려로!"라는 슬로건을 제대로 활용한다. 고구려 유민의 정통성을 바탕으로 세력을 다시 규합하고, 체제를 정비했다. 바야흐로 제대로 된 후삼국이 성립된 것이다.

후백제의 견훤은 신라에 대한 압박 수위를 높여갔다. 경주로 거침없이 돌격해 신라의 경애왕을 폐위시키고 경순왕을 옹립시켰다. 그렇게 1,000년 세월을 견뎌온 신라는 껍데기만 남았다. 이제 앞서 승기를 잡은 후백제와 떠오르는 다크호스 왕건의 고려가 건곤일척의 승부를 앞두고 있었다.

역사는 비슷하게 반복된다. 고구려의 연개소문이 그랬듯, 백제의 의자왕이 그랬듯, 후백제의 마지막 장면은 자식을 둘러싼 싸움이었다. 견훤은 전쟁에서 함께 자신과 싸운 아들들이 아닌 넷째 아들 금강에게 왕위를 물려주려 했다. 금강의 형들은 이를 지켜만 보지 않았다. 결국 견훤은 아들들에 의해 절에 감금됐고, 이후 석 달 만에 도망쳐 왕건에게 귀부한다.

중심을 잃은 후백제는 왕건에게 곧 크게 패하며 역사 속으로 사라졌다. 그렇게 백제의 두 번째 도전도 허무하게 사그라든 것이다. 한편 그토록 하나가 되기 위해 노력했던 신라는 이 상황이 그저 야속하게만 느껴졌다. 결국 허울뿐인 삼한일통이라는 통일 슬로건은 "다시 고구려로!"를 앞세운 고려에 돌아갔다. 최종 승리자 왕건은 한반도의 백성에게 '진정한 하나'를 향해 달려갈 명분과 실리를 줘야 했다. 고려는 이렇게 막중한 과제를 떠안고 시작됐다.

고려, 사랑으로
새로운 나라를 빚다

왕건의 책임감은 막중했다.
전혀 다른 나라 셋을 하나로 묶으려 했던 신라와는 상황이 달랐다.
왕건이 만든 고려는 하나의 나라에서 갈라져 나간 세 나라를 아울러야 했다.
게다가 그간 신라 중심으로 묶어내려 했던 정체성과는 결이 다른 고려가 아니던가.
왕건에게는 그에 맞는 당위가 필요했다.

왕건은 영민했다. 궁예로부터 나라를 접수하고, 국명을 고려라고 고침과 동시에 기반 확립에 나섰다. 중국 오대(五代) 나라들과 재빠르게 외교 관계를 수립하고 국제적 위상을 다졌다. 후백제와 전쟁하는 와중에도 신라에는 "견훤 때문에 힘들지?"라며 온건하게 다가갔다. 신라를 품은 결과, 935년에 신라의 마지막 왕이던 경순왕에게 항복을 받아내며 무혈 병합을 마무리한다. 더불어 아들에게 배신당한 견훤까지 따뜻하게 품으며 후삼국을 통일했다.

고려는 하나의 나라에서 갈라진 세 나라를 아울러야 했다. 긴 전쟁의 여파도 있었다. 게다가 그간 "다시 고구려로!"를 외치며 일어선 고려 아니던가. 왕건에게는 그에 맞는 명분이 필요했다.

아마도 왕건은 앞서 이 땅을 접수했던 나라들의 시작을 떠올렸을 것이다. 그들에게는 다들 멋진 서사가 있었지만 그때와는 상황이 달랐다. 지방 호족 출신이라는 미약한 정통성, 피 터지게 싸우던 이들을 하나로 묶어줄 정당성, 백성들에게 현실적으로 다가갈 수

1992년 개성에서 발견된 태조 왕건 동상

있는 강력한 영향력, 이 모든 것을 극복하는 서사가 필요했다. 흔한 클리셰였던 '알에서 나왔다'라는 서사는 10세기 트렌드와는 맞지 않는 느낌이었다. 그렇다고 무턱대고 하늘의 아들이라고 하기에는 백성들이 이미 불자였다.

그렇게 탄생한 서사가 바로 왕건의 할아버지 작제건과 용의 딸이 결혼했다는 로맨틱한 〈작제건 설화〉다. 이 설화는 이전의 고대 국가에서 내세운 화려하고 기이한 신화와는 다르다. 소설의 주인공 왕건의 조상을 신라의 성골로 배치하면서 신라를 품고 시작한다. 거기에 당나라 천자(당 숙종)를 등장시켜 중화 질서 안에서의 권위를 확보해 혈통의 고귀함을 더한다. 서해 해상 세력을 상징하는 용왕과의 결합

을 통해 예성강 유역의 여러 지역을 아우르는 호족 집단의 대표성도 확보했다. 게다가 왕건이 나고 자란 지역(송악산 자락)의 신성함을 불어 넣기 위해 당시 가장 트렌디한 사상이었던 풍수지리설과 도참사상도 삽입한다.

그러니까 황해도 촌놈인 줄만 알았던 왕건이 알고 보니 신라 왕실의 방계였는데, 당나라 천자의 피도 섞였고, 신성한 서해 용왕님의 후손이라는 것이다. 근데 왕건이 나고 자란 땅이 그렇게 좋은 땅일 수가 없다는 의미다. 왕건과 고려의 한반도 통치를 위해 만들어진 이 설화는 이른바 '용손(龍孫) 관념(용의 후손만이 왕위를 이을 수 있다는 뜻으로, 고려의 왕은 왕씨만 오를 수 있다는 관념)'으로 굳어져 왕건의 후손이 아닌 다른 혈통이 왕위에 오를 수 없게 만드는 기반이 된다.

이제 세 나라를 묶어낼 신성한 서사는 완성됐다. 백성들은 세련미 넘치는 로맨스 소설을 듣고 서로 이야기하며 고려와 왕건의 신성함에 무릎을 쳤을 것이다. 하지만 나라를 다스리기 위해서는 더 현실적인 무언가가 필요했다. 로맨스 소설만으로 설득되지 않는 이들도 존재했기 때문이다. 신라가 망해가던 시절, 왕건처럼 신라 왕실의 폭정에 들고 일어났던 호족들이 그랬다.

사랑을 정치 품 안에

꒰

왕건이 쓴 로맨스 소설을 읽으며 호족들은 무슨 생각을 했을까? 누군가는 웃었을 테고, 누군가는 주인공을 동경하거나 주인공이 되고 싶다는 욕망을 품었을 테다. 애초에 압도적 군사력과 영향력으로 최종 승자가 된 것도 아니었다. 왕건이 후삼국을 통일할 수 있었던 가장 큰 이유는 각 지역의 호족들과 원만한 관계를 유지하며 정치·군사적 지지를 얻어냈기 때문이다. 그것도 호족의 딸과 결혼하면서 말이다. 정치를 사랑으로 해결하려 한 것이다.

그렇게 사랑을 정치에 끌어들인 왕건은 6명의 왕후와 23명의 부인을 뒀다. 그리고 무려 25명의 아들과 9명의 딸을 낳았다.

왕건은 결혼을 통해 호족과의 연합을 굳건히 했다. 더불어 호족들에게 사심관(事審官)이라는 직책을 하사하여, 영향력을 행사하던 지역을 간접적으로 통치할 수 있도록 조치했다. 한편으로 호족의 자제를 서울(당시 개경)에 거주하게 해 얼마간의 긴장 관계는 유지했다.

이 과정을 통해 호족 세력은 고려 초기, 국가 체제 안으로 편입되는 모양새였다. 그렇다고 고려가 왕건과 호족이 함께 운영하는 연합 정권 수준은 아니었다. 왕건은 호족이 충성해야 할 존재였다. 그 충성 아래에서 자신의 정치·경제적 지위가 보장됐다.

고려 건국 초기까지만 해도 호족의 정치적 지위는 지역에서의 영향력과 왕의 처가라는 상징성으로 확보될 수 있었기에, 그들에게 더욱 중요했던 것은 경제적 보상, 즉 먹고살 기반이었다. 그들에게는 로맨스 소설이 아닌 당장 내 주머니에 넣을 재화가 소중했다. 내가 선택한 동아줄이 썩은 동아줄이 아니었음을 실질적으로 확인할 한 방이 필요했던 것이다.

왕건은 다양한 방식으로 충성의 대가를 나눠 줬다. 세력이 큰 호족에게는 녹읍(세금을 수취할 권리)과 식읍(각 세력 연고지의 토지를 지급하는 제도)을 지급했다. 한편 고려 건국에 일조한 측근에게는 조세를 걷을 수 있는 땅을 나눠 주기도 했다. 녹읍과 식읍을 받은 호족은 해당 지역에서 경제적인 보상뿐 아니라 사적인 군사력까지 보장받을 수 있었다. 게다가 식읍은 호족에게 일종의 지역 통치권까지 인정해주는 방식이었다.

이렇듯 고려는 재화와 사랑으로 평화를 만들고 있었다. 하지만 왕건은 불안했다. 정략적 사랑은 언제든 변할 수 있었고, 그들에게 쥐여준 재화는 생각보다 컸다. 자신을 왕이라고 부르지만, 그들은 지역에서 왕처럼 군림할 호족들이었다.

문득 왕건은 '내가 죽으면 어쩌지?' 하는 생각을 했을 테다. 그가 죽으면 지금의 평화는 유지되기 힘들어 보였다. 호족들이 언제까지 고려에 충성할지 알 수 없는 일이었다. 장남이자 통일의 과업을 함께 달성한 왕무가 태자로 책봉됐지만, 아래로 남동생만 24명이었다. 게다가 이들의 엄마와 외할아버지는 각자 크고 작은 군사 조직까지 갖췄다. 정략적 사랑과 지나친 재화로 평화를 샀던 왕건의 고민은 깊어졌다.

왕건의 통합을 향한 의지

♪

왕건이 믿을 건 백성뿐이었다. 왕건은 프로파간다와 함께 전란에 지친 백성을 위로하는 정략적 조치를 지속해서 펼치기 시작한다. 흑창(黑倉)이라는 기구를 설치해 빈민 구제에 힘썼고, 수확의 절반 정도를 수취했던 궁예와 달리 수확의 10분의 1만을 세금으로 거뒀다. 더불어 억울하게 노비가 된 사람들을 양민으로 풀어주거나, 전란의 시기 급증한 유이민을 정착시켰다.

백성의 마음을 위로하기에 종교만 한 도구도 없었다. 이를 명확하게 인지한 왕건은 불교를 적극적으로 이용했다. 절을 새로 짓고, 연등회와 팔관회라는 국가 차원의 종교 행사를 성대하게 치르면서, 불교를 수호하는 왕실이라는 선한 이미지를 만들어나갔다. 불교와 더불어 〈작제건 설화〉에도 중요하게 등장한 사상인 풍수지리설과 도참사상도 함께 활용했는데, 이는 지방 호족 세력이 마음대로 자신들의 세력권에 절을 세워 자신의 권위를 높일 수 없도록 하는 역할을 했다.

그뿐 아니라 왕건의 고려는 신라의 신분 질서를 와해해 고려만의 질서를 만들어나가려 했다. 수도 경주에 거주하는 소수의 진골 귀족들만 고위 관리를 독차지하는 신라의 골품제가 고려의 건국으로 완전히 해체된 것이다. 왕건은 골품제를 망국의 근원으로 보고 적극적인 포용 정책을 쓴다. 지방민이라도 실력과 세력이 있으면 천민과 노비가 아닌 다음에야 누구나 고위 관직에 진출할 수 있도록 한 것이다.

왕건의 이러한 대민 정책은 이후 조선에서도 매우 높이 평가된다. 그의 정책은 전체적으로 어질고 후덕하게 백성을 품으려 했던 성군의 자세로 평가받기 충분했다. 특히나 결과적으로 이후의 한반도 정세는 지금의 남북 분단이 있기 전까지 분열보다는 통합의 역사였다. 물론 수차례의 민란과 지역의 봉기는 있었지만 성공하지 못하고 여전히 하나의 나라를 유지했다. 고려에서 조선으로의 변화도 역성혁명이었지만, 적어도 영토가 분열돼 세력이 나뉘는 일은 없었다.

그런데 고려는 "다시, 고구려로!"라는 정체성으로 하나가 되고 있었을까? 고구려의 옛 수도를 서경이라 부르며 중히 여겼고, 북쪽으로 영토를 넓혀 고구려의 옛 땅 일부를 장악해 청천강까지 국경을 넓히기는 했다. 하지만 정작 왕건에게 중요한 것은 고구려의 정체성이 아니었다. 오히려 그 정체성은 신라의 사례에서 배웠듯 분열을 낳을 뿐이었다.

중요한 건 통합이었고 이를 위해 호족에게는 사랑과 재화를, 일반 백성들에게는 신화를 통한 프로파간다와 종교적 권위를 내세웠다. 하지만 왕건이 죽자 통합을 향한 의지는 흔들린다. 태자였던 왕무가 왕위를 물려받고 혜종으로 즉위했지만, 왕권은 예전만 못했다. 남동생 24명이 기회를 엿보는 상황이 이어졌다. 여전히 지방에서 영향력을 가진 혜종의 (배다른 동생의) 외할아버지들은 군사력을 겸비한 채 대기 중이었다. 봉합해야 할 내부 갈등이 폭발하고 있었다.

환영받지 못한 '돗자리 임금님' 혜종의 비밀

**이제 막 다시 하나의 나라가 된 고려에는 아직 봉합해야 할 상처가 많았다.
이 글은 바로 그 상처와 치유에 관한 이야기다.**

세기의 사랑꾼이자 통합의 아이콘 왕건은 어짊과 포용의 리더십으로 전국을 돌며 25명의 아들과 9명의 딸을 남기고 죽었다. 태자의 자리는 이미 왕건이 살아 있을 때 결정됐다. 맏아들 왕무였다. 왕건이 죽자 왕무는 왕의 자리에 앉는다. 아주 흥미롭고 해괴한 '돗자리 임금님'이라는 별명과 함께.

왕무에게는 입에 담기 민망한 탄생 설화가 존재했다. 탄생 설화는 보통 위대한 영웅이나 시조가 되는 왕에게나 있는 것 아니었나? 하지만 놀랍게도 왕건의 맏아들 왕무에게는 그의 탄생과 존재를 깎아내리기 위한 설화가 존재했다. 심지어 내용도 자극적이고 민망하기 그지없다.

그래도 엄연히 한 나라의 임금이거늘 살아생전에 그런 불순한 이야기가 어떻게 떠돌 수 있었을까? 예상되는 바와 같이 그에게는 배다른 동생들과 그들의 외할아버지와 어머니가 존재했다. 그들은 맏아들이라는 이유만으로 왕이 된 왕무가 마음에 들지 않았다.

그만큼 이제 막 다시 하나의 나라가 된 고려에는 아직 봉합해야 할 상처가 많았다. 이 글은 바로 그 상처와 치유에 관한 이야기다.

싸움 좀 하던 왕건의 맏아들

J

고려의 제2대 왕인 왕무의 어머니는 장화왕후 오씨로, 왕건의 둘째 부인이었다. 왕건은 놀랍게도 왕으로 즉위하기 전에 부인을 이미 둘이나 뒀다. 거기에는 그 나름의 이유가 있었다.

왕건이 궁예 밑에서 착실히 일하던 그때, 그는 후백제 영역이었던 금성군(지금의 전라남도 나주)을 공격한다. 이후 왕건은 한반도 서남해 지역을 공고한 태봉 영역으로 만들기 위해 후백제와의 긴 전투를 이어갔다. 이 지역은 곡창 지대이면서, 해상을 통한 유통의 거점이기도 했다. 돈 되는 지역이었다는 말이다.

게다가 이 지역은 무엇보다 군사적 가치가 높았다. 상상해보자. 전라남도의 해안 지역이라니, 한반도 중부를 차지하던 태봉과는 떨어져 있는 지역이 아니던가. 그리고 후백제와는 남쪽으로 접한 지역. 이 지역을 차지하면 남북 양쪽으로 후백제를 압박할 수 있었다. 왕건에게는 제2의 도약을 할 수도 있는 곳이었다.

그때 이곳에서 왕건이 장화왕후 오씨를 만나 왕무를 낳는다. 그러니까 혜종은 왕건이 궁예의 신하일 때 태어난 인물이었다. 그러다 왕무의 나이 6세가 되던 해에 왕건에 의해 역성혁명이 일어났고, 그 덕분에 그는 왕자를 넘어 태자의 신분으로 인생 역전을 한다.

왕자 그것도 적장자로서 왕무의 책임감은 남달라야 했다. 여전히 정세는 후삼국으로 나뉘어 어지러웠다. 그 난세를 아버지와 함께 해결해야 했던 것이다. 왕무는 이름처럼 엄청난 무공의 소유자였다. 열 살이라는 어린 나이에 후백제를 상대로 전쟁을 주도해야 했던 만큼 이른 시기에 무공을 쌓아야 했다. 어린 나이에 수많은 전장을 휩쓸고 다니며 무공은 늘었고, 전공은 쌓여갔다.

그가 24세가 되던 해, 드디어 신라가 항복했고 그는 태자로서 신라의 마지막 왕을 직접 도성으로 안내하기도 했다. 그리고 다음 해, 혜종은 후백제와의 마지막 전투를 위해 직접 출전까지 감행한다. 그 전투가 바로 후삼국 통일의 결정적 한 장면으로 꼽히는 일리천 전투였다. 왕무는 전투에서 엄청난 전공을 세우며 삼국 통일에 큰 공헌을 한다. '무(武)'라는 이름값을 한 값진 승리였다. 왕무는 자신의 공로가 컸음을 인정받음과 동시에 차기 왕위 계승자로서 입지를 다진 것처럼 보였다.

그리고 몇 해 뒤, 그의 나이 32살에 이르렀을 때 아버지 왕건이 죽고 뒤를 이어 고려의 국왕 자리에 앉는다. 태조 왕건의 장남으로서 적장자라는 당위에 더해 통일 과정에서 결정적인 업적까지 쌓았으니 이 정도면 최고의 임금 후보 아닌가?

하지만 인생은 예측대로 흘러가지 않는 법. 혜종은 사실 왕 자리에 앉기 전부터 잡음이 끊이지 않았다. 왜 그랬을까? 다름 아니라 그의 어머니 장화왕후 오씨 집안이 한미했기 때문이다. 그놈의 집안 타령은 이때부터 엄청나게 중요했다. 아니, 어쩌면 그게 다였던 시절이었다.

배다른 동생과의 경쟁 그리고 석연치 않은 죽음

돗자리 임금님이라는 별명의 근원은 민망하기 그지없다.

때는 왕건이 나주를 점령한 어느 날이었다. 오씨가 시냇가에서 혼자 빨래를 하고 있었는데, 우연히 왕건이 이 모습을 보고 한눈에 반한다. 나주 오씨의 뒤에 무지개가 펼쳐져 있었다고 하니 얼마나 아름다운 사랑 이야기란 말인가.

그날 밤 왕건은 오씨와 동침하고, 그날 돗자리에서 왕무가 생겼다 하여 돗자리 임금님이란 별명이 붙었다. 이 이야기는 정사(正史)로 분류되는 《고려사》에 기록된 일이다. 그럼 정말 이런 일이 있었다고 봐야 할까? 당사자가 아니고서야 알 수 없는 이런 일이 어떻게 역사서에까지 남아 있는 것일까?

결론부터 이야기하면 이 설화는 혜종의 정통성을 깎아내리기 위해 만들어진 설화로 추측된다. 왕건이 고려의 왕이 되고, 신라를 넘어 후백제까지 정리하는 과정에서 전국의 강력한 호족 집단은 앞다투어 왕건과 혼맥을 맺었다. 오씨와 결혼할 때까지만 해도 오씨의 집안은 후백제와의 전쟁에서 막중한 역할을 맡았을 테지만, 이후 혼인한 호족 세력이 경제·군사적으로 강력해졌고, 상대적으로 오씨 집안은 한미한 세력으로 변해갔을 것이다.

왕건이 통일 과정에서 선택한 결혼 정책의 첫 피해자는 다름 아닌 적장자였던 혜종이었다. 약한 기반을 가진 임금이 감내하기에 고려 초기 왕실의 권력 다툼은 치열했다. 태조 왕건이 선택한 국가 안정책은 다름 아닌 '결혼과 출산'이었고, 그 결과로 왕이 될 수 있는 아들 25명이 생겨났다. 혜종 개인의 능력과 상관없이 타고난 집안의 배경이 초라하다는 이유로 치욕적인 설화의 주인공이 된 것이다.

결국 혜종은 왕위에 오른 지 단 2년 만에 죽음을 맞이한다. 너무나 급작스러운 죽음이었다. 그 사이 혜종의 암살 시도도 여러 번 있었지만 제대로 조사할 주변 세력조차 빈약했다. 심지어 혜종은 다음 왕을 누구로 할지 제대로 정하지 못하고 죽음을 맞았다.

왕건은 통일을 위해 선택한 결혼 정책이 곧 고려에 위협이 될 것이라는 사실을 알고 있었다. 그래서 죽기 전, 가장 신뢰하는 두 명의 개국 공신에게 혜종의 안위를 맡겼다. 바로 무장 박술희와 광주의 대호족 세력 왕규였다. 외가는 약할지언정 아버지의 혜안으로 혜종도 나름대로 든든한 뒷배를 마련한 셈이었다.

하지만 왕건의 또 다른 아들이자 왕무의 동생이었던 왕요는 혜종이 즉위했음에도 왕위를 포기하지 않았다. 충주 지역의 대호족이자 왕건과의 사이에서 가장 많은 자식을 낳은 어머니를 믿고 자신이야말로 고려의 임금이 될 만하다고 생각한 것이다. 결국 왕요는 왕건의 사촌 동생이자 서경 세력이었던 왕식렴을 등에 업고 왕규와 전쟁을 치른다. 그러고는 박술희를 유배 보낸 뒤 중앙 정계와 군사력을 장악하고 혜종의 측근을 제거해나갔다.

얼마 뒤 혜종이 갑작스럽게 죽자 이후 그의 동생에게 정상적이지 못한 왕위 계승이 이루어진다. 혜종에게는 아들 흥화군이 있었으나, 살아생전 호시탐탐 왕위를 노리던 왕요에게 후계자 자리가 넘어간 것이다. 심지어 왕요는 혜종의 유명을 통해서가 아니라 신하들의 추대를 받아 왕위에 오른다. 《고려사》에는 이 사이의 왕위 계승 과정이 자세히 기록되지 않았다.

혜종의 정통성을 깎아내리려는 민망한 소문, 여러 번의 암살 시도, 그의 후견인인 박술희의 죽음…. 전장을 휩쓸고 다녔던 무장이자, 암살자를 맨손으로 제압했던 혜종의 죽음에는 많은 의문이 여전히 존재한다. 이 의문이야말로 고려 초기 수없이 맞게 될 새로운 분열의 시작이었다.

황제라 불린 왕, 광종의 대담한 도전

광종은 고려의 기틀을 잡은 왕이다.
여기에 더해 '칭제건원', 즉 자신을 황제라 칭하고 독자적 연호를 썼던 임금이기도 했다.
여기까지 듣고 '고구려를 계승한 멋진 나라의 임금'이라고 느낄 수도 있지만
더 중요한 것은 그가 '왜' 그리고 '어떻게' 스스로 황제라 칭했는지다.

고려의 왕 중 대중에게 알려진 왕은 태조 왕건과 공민왕 정도일 것이다. 역사를 좋아하는 사람이라면 광종 정도는 익숙하지 않을까 싶다. (교과서식 표현을 빌리자면) 광종은 고려의 기틀을 잡은 왕이다. 조선을 예로 들면 태종 이방원 같은 왕이었다고나 할까? 여기에 더해 광종은 '칭제건원', 그러니까 스스로 황제라 칭하고 독자적인 연호를 썼던 임금이었다.

한반도에 존재했던 수많은 나라 중 스스로를 황제로 칭했던 왕은 많지 않다. 연호를 사용하면서 독자적인 세계관을 강조했던 사례

는 있지만, 정작 황제라고 불린 군주는 많지 않다. 정말 황제라고 불렸는지 정확히 확인할 수 없지만, 황제만이 사용하는 용어의 흔적을 통해 그랬으리라 짐작하는 것이다. 수도를 표현할 때 '황도(皇都)'라 표현하는 등의 사례를 통해서 말이다.

그런데 광종이 왕이 되기 몇 해 전까지만 해도 지방 호족들의 견제 때문에 왕이 죽어 나갔는데 갑자기 황제라니, 좀 이상하지 않은가? 언제나 그렇듯 사람 사는 이야기는 다 거기서 거기다. 광종의 선택에는 이유가 있었고, 알고 보면 그리 놀랄 일도 아니다.

그는 왜 황제가 되려 했을까?

왕건의 적장자이자 고려의 제2대 임금이던 혜종의 죽음에는 석연치 않은 과정이 존재했다. 그리고 제3대 왕으로 등극한 왕요, 그러니까 정종도 평탄한 삶을 살았다고 보기는 어려웠다. 945년에 즉위해 서경 세력이었던 왕식렴과 함께 서경 천도를 추진하는 과정에서 개경 중심의 호족 세력과 마찰을 빚었고, 개경 천도 계획은 좌절된다. 천도 실패로 왕실의 권위는 다시 실추됐고, 정국은 다시 요동쳤다.

이때 등장하는 인물이 있으니, 그가 바로 정종의 친동생 왕소다. 정종과 그의 동생 왕소는 친형제 사이였지만, 처가의 세력 기반은 달랐다. 후백제 사람 박영규를 장인으로 둔 정종과 달리 왕소는 신주, 황주, 평주 등 개경과 가까운 황해도 지역에 세력 기반을 둔 장모님이 든든한 뒷배였다. 심지어 왕소의 장인어른은 아버지 왕건이었다. 즉, 이복 남매와 결혼했다는 의미다.

정종의 즉위 과정에서 큰 분란이 없던 두 형제는, 정종이 서경 천도를 추진하는 과정에서 삐걱대기 시작한다. 서경 천도가 실패로 돌아가자 그의 주변으로 사람들이 몰렸다. 개경을 중심으로 왕권을 새롭게 세우려는 시도가 시작된 것이다. 그리고 정종은 곧 죽음을 맞이한다. 천둥소리에 놀라 경기를 일으켜 병석에 누워 있다가 말이다.

천둥소리에 놀라 죽은 형을 대신해 왕소는 25세의 나이로 왕위에 오르는데, 그가 바로 광종이다. 개경을 중심으로 한 호족 세력을 등에 업은 채 얻은 든든한 왕위였다. 하지만 이 말은 힘이 센 친척들이 주변에 가득했다는 의미이기도 하다. 게다가 엄밀히 말하면 그들은 각자 독자적인 세력을 지닌 호족이었다. 아무리 피로 엮인 사이라고 해도 수틀리면 결국은 남이었다. 그의 두 형도 그렇게 당했다.

그래서였을까? 적어도 광종이 즉위하고 7년까지는 왕실과 호족이 공존하는 평화로운 상태가 이어진다. 대화합의 정치를 구사한 것이다. 그러던 956년, 운명의 즉위 7년째가 되던 해에 변화가 찾아왔다. 광종은 고려가 이대로 흘러가다가는 또 다른 분열을 낳을 것이라 생각했을 것이다. 개경과 황해도 밖은 저마다의 정치·경제·군사적 기반을 갖춘 세력으로 가득했다.

"다시, 신라로!", "다시, 백제로!"를 외칠 인간들은 넘쳤다. 혹은 전혀 다른 슬로건으로 뜻밖의 세력이 들고 일어날지도 모를 일이다.

분명한 전환점이 필요했다. 그러기 위해서는 국가의 중심을 바로잡아야 했다. 그렇게 광종은 본격적으로 왕권 강화를 위한 행동에 나섰다. 이른바 노비안검법의 시행이었다. 노비안검법은 어진 임금님의 호혜적인 정책이었다. 노비들의 신분을 전수 조사한 후, 노비가 되기 전에 양민이었던 이들을 해방시켜 양민으로 만드는 조치였다. 전쟁 중에 지는 쪽에서 싸웠다는 이유로 혹은 돈이 없다는 이유로 노비가 된 자들은 임금의 명령으로 양인이 됐다.

이런 제도를 통해 국왕의 인기가 좋아져서 왕권이 강화된 것일까? 물론 아니다. 당시 각 지역의 호족이 소유하던 노비는 일종의 사유 재산이었다. 이 재산은 언제든지 군사력으로 활용 가능한 물건이기도 했다. 광종은 바로 이 지점을 노린 것이다. 노비안검법은 호족들에게 노비로 묶인 노동력이자 군사력을 뺏기 위한 정책이었다. 더불어 양인이 된 이들은 해방의 대가로 국가에 세금을 내야 했기에 중앙 재정은 자연히 늘어났다. 당연히 호족들이 불같이 일어났으나 광종은 흔들림 없이 첫 번째 왕권 강화책을 밀어붙였다.

바로 이때 광종의 최측근 후주 출신 쌍기가 등장한다. 후주에서 설문우와 함께 사신으로 고려에 왔던 쌍기는 병을 얻은 김에 고려에서 치료를 받다가 광종의 요청으로 귀화한 사람이었다. 쌍기는 광종의 사랑을 받으며 초고속 승진을 이어갔고, 광종 9년 과거 제도를 주관하는 자리에 앉는다. 고려에서도 본격적으로 과거가 시행된 것이다. 중앙에서 호족 출신 공신 세력의 힘을 억제하는 동시에 충성스러운 문신 관료를 스스로 선발해 힘을 실어 주겠다는 의도였다. 과거 제도는 그 자체로 엄청난 변화를 상징했다. 골품이 모든 사회 영역을 지배하던 이전 사회 구조와의 이별을 의미하는 것이었기 때문이다.

그래서인지 호족 세력에게 과거 제도는 노비안검법보다 더 큰 도전으로 다가왔다. 집안 배경 덕에 중앙 관료로 진출하던 호시절은 이제 없었다. 물론 순식간에 과거 출신이 모든 관직을 다 차지하지는 못했지만, 집안만 믿고 관리가 되던 이전과는 사회 구조가 전혀 달라졌기에 권력층의 개편이 예고됐다.

광종은 여기에 더해 관료들의 패션에 간섭하기 시작한다. 당시에는 신라, 태봉, 후백제 시절 예복을 섞어 입는 등 위계질서 없이 가지 각색의 옷을 입었다. 광종은 이 개성을 하나의 질서로 통제하기 시작한다. 보라색, 붉은색, 연두색, 자주색 소매 옷으로 나눠 관료의 등급에 따라 관복을 입도록 한 것이다. '내 밑으로 다 통일해'라는 뜻이었다. 그렇게 왕의 권위는 조금씩 올라가고 있었다.

왕권 강화를 위한 광종의 승부수

노비안검법, 과거 제도 시행, 관복 제정까지 호족 세력에게 선전 포고를 날린 광종은 뒤이어 결정적 한 방을 먹인다. 이른바 고려를 황제국 체제로 만들겠다는 선언이었다. 물론 이런 과감한 조처 뒤에는 당나라 멸망 이후 오대십국으로 분열된 중국의 상황도 영향을 미쳤다. 하지만 그가 황제임을 스스로 칭한 데에는 외적인 의도보다는 내적인 의도가 짙었다.

광종이 본격적으로 황제들만 사용할 수 있는 표현을 대내적으로 썼던 시기는 그의 왕권 강화 움직임이 본격화되는 시점과 같다. 그러니까 광종은 각자의 지방에서 주민들을 다스리며 마치 왕인 듯 행세하는 호족들에게 "난 그냥 왕이 아닌 황제야"라고 선언하며 엄포를 놓은 것이다. 칭제건원이라는 자주적 정책의 이면에는 이렇듯 국왕 중심의 정치 체제를 완성하려는 광종의 의지가 강력하게 내포돼 있었다. 고려가 이른바 '외왕내제(外王內帝, 외부적으로 국왕을 칭하면서 내부적으로는 황제를 칭하는 이중 체제)'의 전략을 쓴 이유도 바로 여기에 있다. 사실상 호족과의 전쟁이자 왕권 강화의 신호탄을 쏘아 올린 행위였던 것이다.

고려가 만들어진 지 이제 막 30여 년 남짓 된 시기, 아직 국왕과의 줄다리기가 끝나지 않았다고 생각한 호족 세력은 당연히 거세게 반발했다. 반대로 광종은 여기서 승부수를 띄우지 않으면 다시 분열의 시간을 보내야 할지도 모른다고 생각했다. 곧 고려에는 엄청난 숙청의 바람이 불었다.

역모는 물론 암살 위협도 이어졌다. 광종은 조금이라도 의심이 들면 그냥 넘어가지 않았다. 감옥은 가득 찼고, 귀양 가는 이들이 줄을 이었다. 죄가 중해 죽어 나가는 이들도 있었다. 말 그대로 공포 정치 시기였다. 심지어 집권 과정과 즉위 초에 힘을 보탰던 최측근(황해도 호족 세력)들까지 숙청 대상에 포함됐다. 자신의 이복동생 효은태자 그리고 태자인 경종조차 믿지 못했다.

"경종이 즉위할 당시 옛 신하 가운데 살아남은 사람은 40여 명에 불과"했다는《고려사》에서의 평가는 이 시기 광종의 숙청이 누구를 향했는지 명확히 표현한다. 광종이 겨눈 칼날은 옛 신하, 그러니까 고려를 만드는 과정에서 왕건과 혼인으로 엮여 영향력을 키워온 세력 전부였다. 광종은 그의 형들이 겪은 일을 반면교사로 삼으려 한 것이다.

하지만 공포로만 나라를 다스릴 수는 없었다. 흔들림 없이 정책을 추진하려면 무엇보다 광범위한 백성들의 지지와 함께 친위 세력도 필요했다. 그때 광종이 생각한 것이 종교였다. 불교를 국가 안으로 깊게 끌어들이면서 승려 세력을 양성해 호족 세력에 반발하는 일반 백성까지 껴안으려 했다.

이렇게만 놓고 보면 대단히 성공적으로 보이지만, 실상은 대단히 공허했다. 자신에게 도전하는 호족 세력은 제압했지만, 그것이 곧 국왕 중심의 튼튼한 시스템을 완성한 것은 아니었다. 중앙 정부의 행정력은 여전히 지방까지 완연히 침투되지 않았고, 여전히 각 지방에는 영향력이 강한 유력 집단이 존재했다.

하지만 광종이 만든 시스템은 그 나름의 의미가 있었다. 광종이 기획한 정치 시스템은 이후 중앙과 지방이 팽팽한 긴장 관계를 유지하게 한다. 적어도 이 길항 관계는 무신들에 의해 나라가 완전히 뒤집히는 변태적 과정을 겪기 전까지 유지될 수 있었다.

음탕한 여인에서
뛰어난 여걸이 되기까지

천추태후를 음탕하다 평가하고 기록한 이들은 조선의 성리학자들이었다.
그들에게 천추태후의 행위는 이해되지 않았다.
그럼 우리는 천추태후를 어떻게 평가할 수 있을까?
지금의 우리가 그때의 성리학자들보다 발전된 젠더의식을 가지고 있다고 할 수 있을까?

교과서는 물론 한국사를 다룬 다양한 책에서 찾아보기 힘든 존재가
바로 여성이다. 지금 이 책도 마찬가지다. 한국사 속 여성이란 지워
진 존재다. 기억된다 해도 남근의 눈으로 바라본 주변인이었다. 그
것이 (여)왕이라는 절대자라고 해도 마찬가지다. 여성은 역사적으로
언제나 남성을 기준으로 묘사되고, 판단되고, 평가됐다.

　여기 고려 시대의 한 여성이 있다. 나라를 어지럽힌 음탕한 여인
으로 평가된 천추태후, 정확히는 헌애왕태후다. 천추태후는 천추전
에서 아들 목종을 대신해 섭정을 일삼아 붙여진 이름이다. 그가 역

사에 기록된 이유는 다름 아닌 '음탕'한 행위 때문이다. 복잡한 사실 관계에 앞서 결론부터 말하면, 현직 왕의 엄마가 김치양이라는 외간 남자와 정을 통해 아들을 낳아 또다시 왕의 자리에 앉히려 했다는 것이다.

천추태후를 음탕하다 평가하고 기록한 이들은 조선의 성리학자들이었다. 그들의 관념에서는 천추태후의 행위가 이해되지 않았다. 그럼 성리학자들이 남긴 기록을 바라보는 지금의 시선에서는 어떨까? 편견을 벗고 천추태후의 민낯을 보면 조금 다른 이야기를 할 수 있지 않을까? 적어도 우리는 조선의 성리학자들보다 성숙한 젠더의식을 가진 인간일 테니 말이다.

운명의 사랑을 찾아 나서다

태조 왕건의 손녀, 제5대 왕 경종의 비, 다음 왕인 제6대 왕 성종의 동생, 제7대 왕 목종의 어머니 그리고 마지막으로 제8대 왕 현종의 이모. 이는 천추태후의 프로필로, 아무리 족내혼으로 단단히 묶인 고려 왕실이라고 해도 이 정도면 금수저를 넘은 다이아몬드 수저다.

일단 아버지가 태조 왕건과 넷째 부인 신정왕후의 아들이었고, 어머니는 태조 왕건과 여섯째 부인 정덕왕후의 딸로 남매 사이였다. 놀랄 필요 없다. 고려 왕실에서 근친혼은 흔한 일이었다. 더 중요한 프로필은 외할머니 쪽 족보였다. 그녀의 외할머니 집안은 황해도 황주 지역의 대호족 황보씨 집안이었다. 천추태후의 외할머니 신정왕후는 왕건이 죽은 뒤로도 근 40년 동안 고려 왕실의 웃어른 역할을 했다. '황주원 부인'으로 불린 그녀는 후손 양육에 관심이 많았는데, 덕분에 아버지와 어머니를 일찍 여읜 천추태후가 할머니 밑에서 자라게 된다. 천추태후는 왕건의 핏줄은 물론 대호족이었던 외할머니 집안의 뒷배까지 갖춘 그야말로 최고위급 완성체 수저를 자랑한 인물이었다. 심지어 피비린내 나는 숙청을 단행한 광종 때도 황보씨 집안은 살아남을 수 있었는데, 그만큼 황주원 부인의 영향력은 막강했다. 그래서인지 광종이 죽고 그의 아들 경종이 즉위하자 황주 세력은 적극적으로 경종과의 커넥션을 만들어나간다. 그녀의 두 손녀, 천추태후와 헌정왕후 자매를 경종에게 시집보낸 것이다.

그렇게 고려 왕실 내의 새로운 주류 세력을 형성하던 황보씨 집안은 천추태후가 경종의 유일한 왕자인 왕송(훗날 목종)을 낳으면서 최상위 권력으로 급부상한다. 그러나 왕송이 고작 돌을 갓 지날 무렵 천추태후의 남편인 경종이 병으로 쓰러진다. 자연스럽게 왕위 계승을 둘러싼 눈치 싸움이 시작됐고, 천추태후의 아들 왕송과 천추태후의 오빠 개령군이 다음 왕위를 이을 강력한 후계자로 떠오른다.

첫 부자 상속을 성공적으로 한 경종이었지만, 그의 아들 왕송은 너무 어렸다. 결국 경종이 죽고 왕위는 사촌 동생이자, 매형이며, 처의 오빠인 개령군에게 돌아갔고, 그가 곧 고려의 제6대 왕인 성종이다. 아들이 바로 왕이 되지는 못했지만, 크게 보면 황보씨 집안이 고려 중앙 정계를 장악했다. 게다가 그의 오빠 성종에게는 아들이 없었으니, 그의 아들은 다음 차례를 기다리면 되는 상황이었다. 이때 천추태후의 나이는 고작 18세였다. 열여덟이라니, 그야말로 사랑에 목마를 나이가 아닌가.

친오빠가 왕이 되고, 아들과 숭덕궁에서 도란도란 지내던 어느 날, 천추태후는 어린 시절 소꿉놀이를 함께 하던 어머니 쪽 친척 오빠 김치양을 만난다. 남편 없이 아들을 키우며 적적한 세월을 보내던 천추태후는 불교에 심취해 열심히 신앙생활을 하던 '절 오빠' 김치양과 자주 만나 담소를 나누며 외로움을 달랬다. 그렇게 사랑이 싹텄다. 이미 전대 왕과의 사이에서 아들까지 낳은 왕후의 신분이었지만, 이제는 새로운 사랑과 미래를 꿈꾸게 된 것이다. 그 둘의 사랑은 삽시간에 소문이 났다.

알고 보면 로맨스가 아니라 정치 활극

이름에서 느껴지듯 성종의 정치 지향성은 유학이었다. 성종의 지지 세력도 유학자들이었다. 성종 때의 대표적 관료가 〈시무 28조〉로 유명한 최승로였다는 사실을 기억하자. 고려 전반기를 대표하는 유학자 최승로에, 그와 비슷한 지향의 유학자들이 정치 제도를 뜯어고쳐 틀을 바꾸고 있다니 그들의 눈에 천추태후의 사랑이 어찌 보였을까? 게다가 상대가 절 오빠? 성종이 바라본 동생의 사랑은 그저 불륜이었다. 게다가 불륜 상대가 승려라니, 유교를 통해 왕의 권위를 세우려던 자신의 정치 지향과 너무 맞지 않았다. 한편 동생과 죽은 경종의 아들 왕송이 못내 마음에 걸렸고, 짠한 감정마저 들었다. 성종은 끝내 김치양을 유배 보낸다.

그런데 그때 문제가 하나 더 발생한다. 천추태후의 동생 헌정왕후마저 새로운 사랑을 찾아 나섰다가 임신한 것이다. 바람 잘 날 없는 집안이었다. 게다가 헌정왕후의 사랑은 다름 아닌 왕건의 아들 왕욱, 즉 작은아버지와 사랑에 빠진 것이다. 얼마 뒤 헌정왕후는 출산 도중 사망했고, 이를 기회로 성종은 왕욱을 선왕의 태후를 범한 죄로 유배 보낸다. 그렇게 왕욱은 그의 아들 대량원군과 귀양지에서 숨어 지내는 신세가 된다.

김치양과 왕욱을 '유학의 이름'으로 정리한 성종은 국가의 정책 방향성에 확실한 드라이브를 걸었다. 외교도 그랬다. 중원을 새롭게 장악한 송나라에 확실한 사대의 예를 갖추었다. 유학자들과의 친교는 더욱 두터워졌고, 국신 간의 위계는 유학 교리에 맞게 서기 시작했으며, 나라는 안정을 찾아가는 듯했다.

정치에 자신감이 붙은 성종은 어린 동생들의 사랑에 분노했던 과거가 못내 미안했다. 천추태후의 아들 왕송을 불러 그의 옛 작위인 개령군에 책봉하고, 조정의 일을 도우라는 것으로 사과를 대신한다. 또 다른 조카 대량원군도 곧 개성으로 불렀다. 이후로도 아들이 없던 성종은 궁궐에서 조카들을 자식처럼 길렀다. 그렇게 동생과 화해

한 성종은 997년, 천추태후의 아들이자 조카 왕송에게 왕위를 물려주고 세상을 떠났다. 목종이 즉위한 것이다.

장성했던 18세의 목종을 대신해 천추태후는 섭정을 시작한다. 그러고는 유배 갔던 김치양을 불러들이고, 김치양은 정계의 이름 있는 벼슬자리에 앉기 시작한다. 사랑에서 정치적 동반자 관계가 된 것이다. 그리고 천추태후와 자신의 친위 세력을 기르기 시작했다. 이른바 서경 세력이었다. 천추태후는 서경을 등에 업고 아들을 대신해 고려를 직접 다스렸다. 유학을 중심으로 틀을 잡아가던 고려 정계에 다시 불교 냄새가 나기 시작했고, 국왕 중심으로 다잡았던 위계는 다시 흔들렸다. 그런데 천추태후와 김치양 사이에서 또다시 아들이 생기면서 분위기는 이상하게 흘러간다. 아직 자식을 보지 못한 목종은 남동생을 얻으며 오히려 위안을 얻었다. 동생이 왕위를 잇는 것은 그간 고려가 선택한 일반적인 방식이기도 했다. 그만큼 목종과 천추태후의 사이는 모자이면서도 정치적 동지와 같았다.

그런데 뭔가 이상하지 않는가. 김치양의 아들은 왕씨가 아닌 김씨다. 고려의 시조 태조 왕건의 적통이 아닌 김씨의 아들이 왕위를 이을 수 있을까? 성종 때 꽃피우기 시작한 유학은 아직 고려 사회에 제대로 뿌리내리기 전이었다. 유학자들의 반대만 극복하면 김치양과의 사이에서 얻은 자식이라고 왕이 못 될 이유는 없을 듯했다.

그러나 성종 치세에서 달콤한 권력을 맛봤던 유학자들은 물러서지 않았다. 그들은 왕건의 적통이자, 사실상 유일하게 남은 태조의 손자인 대량원군을 떠올렸다. 그러나 천추태후와 김치양은 얼마 뒤 대량원군을 절로 보내버린다. 대량원군은 그렇게 타의에 의해 승려가 된다. 경계를 늦출 수 없던 천추태후는 대량원군을 몇 차례에 걸쳐 죽이려 하지만 끝내 실패한다.

그러던 1009년, 궁궐의 기름 창고에 화재가 일었고, 불은 천추전으로 옮겨 갔다. 화재와 함께 정변이 일어났다. 우연이 일어난 화재가 아니었다. 궁을 장악한 정변 세력은 목종을 감금한다. 정변 세력을 제압하기 위해 천추태후와 김치양은 서경에서부터 군을 움직인다. 군권을 장악한 강조를 불러들인 것이다. 그렇게 정변이 진압되는 듯 보였다.

그런데 강조는 목종과 천추태후가 아닌 정변 세력의 편에 선다. 그리고 김치양과 그의 아들을 죽이고 정변 세력과 함께 대량원군을 새로운 왕으로 앉힌다. 그가 바로 현종이다. 천추태후는 목종과 함께 곧 궁에서 쫓겨난다. 목종은 곧 살해당했지만, 천추태후는 유배지에서 생을 마감한다.

조선 시대 성리학자들의 시선을 넘어

이 이야기는 로맨스물이 아닌 정치 활극으로, 그 중심에 여자인 천추태후가 있었다. 천추태후와 경쟁한 유학자들 그리고 그를 평가한 조선의 성리학자들에게 천추태후는 이상한 존재였다. 강력한(가까운)

근친혼으로 태어났고, 이후로도 근친혼으로 자식을 낳은 괴이한 존재였다. 게다가 태후로서 사통을 통해 자식까지 낳았고, 왕씨가 아닌 김씨를 왕위에 앉히려고까지 했다. 감히 여인 주제에 말이다.

고려 초, 여전히 유교가 뿌리 깊게 자리 잡지 못한 시절에 고려 사회를 지배하던 사상은 무엇이었을까? 우리는 그녀를 평가한 조선 시대 성리학자들의 시선에서가 아니라, 고려의 시선에서 천추태후의 행동이 어떻게 받아들여졌을지 생각해봐야 한다.

천추태후의 근친혼은 전혀 이상할 것 없던 고려 왕실의 전통이다. 왕씨가 아닌 김씨를 왕으로 앉히려던 행위도 마찬가지다. 고려는 부계 못지않게 모계도 중요했다. 결정적으로 그녀의 사통도 크게 문제 될 것 없었다. 고려에서 남편을 잃은 젊은 여성이 다른 남자와 사랑에 빠지는 것은 큰 문제가 아니었다. 왕실이라는 이유로 좀 더 엄격할 수는 있었겠지만, 천추태후의 영향력을 보았을 때 연애 자체가 흠일 수는 없었다.

여전히 천추태후가 사랑에 눈이 먼 감성적인 여인으로 보이는가, 아니면 다이아 수저로 태어나 시원하게 정치 한번 제대로 해보려던 정치인으로 보이는가? 판단은 지금의 우리가 다시 해도 늦지 않다. 그런 게 역사를 하는 재미 아니겠는가.

무시하기엔 너무도 강했던 북방의 나라들

고려와 가장 밀접한 관계를 맺었던 집단은 바로
거란(요)과 여진(금) 그리고 몽골(원)이었다.
듣기만 해도 서희, 강감찬, 윤관 등 어깨에 '뽕'이 잔뜩 들어갈 만한
한국사 속 명장들이 떠오르지 않는가?
이들의 이름값을 더 올려주기 위해서라도 북방의 나라들이
얼마나 강했는지 살펴보려고 한다.

한국사에 등장하는 다양한 북방 종족(혹은 민족이나 국가)을 생각하면
어떤 이미지가 먼저 떠오를까? '오랑캐'라는 단어를 떠올리는 사람
이 있는가 하면, 유목민이나 수렵·채집인을 떠올리는 사람도 있을
것이다.

다 맞는 이야기다. 한반도에 존재했던 모든 나라는 직간접적으로
중원의 중국 왕조들과 더불어 북방의 '다양한' 나라(흉노나 말갈, 숙신,
거란, 돌궐, 여진 같은 종족)와 교류했다. 이들 북방 집단들은 하나의 단
일한 종족 집단이 아니었기 때문에 그들이 세운 나라의 형태나 크기

에 따라 다양한 관계를 맺었다. 언제나 오랑캐라 부를 수도 없었고, 항상 침략의 두려움에 떨며 지내지도 않았다. 어떤 날은 이들을 형님으로까지 모셔야 했다.

갑자기 왜 오랑캐 이야기를 꺼내는지 의아할 수도 있다. 그것도 고려를 이야기하는 와중에 말이다. 그런데 바로 이 시점이 그들에 관해 이야기하기 딱 좋은 시점이다. 이들이 정말 잘나갔던 시절이기도 하거니와 한반도의 나라(고려)와 다양한 형태로 교류하던 시기이기 때문이다.

북방의 집단들이 성장해 그럴듯한 나라를 만들고, 고려와 관계를 맺을 수 있었던 가장 큰 이유는 중원의 통일 왕조 송나라가 나약했기 때문이었다. 여기서 나약함이란 단순히 국력을 의미하지는 않는다. 다른 중원의 통일 왕조에 비해 압도적인 군사력을 바탕으로 자신들의 영향력을 강요하지 않았다는 뜻이다. 송나라가 왜 그런 선택을 했는지 굳이 여기서 논할 필요는 없다. 여기서는 송나라가 만든 동아시아의 새로운 국제 질서에서 미친 듯이 성장한 북방의 나라들에 집중할 것이다.

고려와 가장 밀접한 관계를 맺었던 집단은 바로 거란(요)과 여진(금) 그리고 몽골(원)이었다. 듣기만 해도 서희, 강감찬, 윤관 등 어깨에 '뽕'이 잔뜩 들어갈 만한 한국사 속 명장들이 떠오르지 않는가? 이들의 이름값을 더 올려주기 위해서라도 북방의 나라들이 얼마나 강했는지 살펴보려고 한다. 그중 우선 거란에 집중해보자.

오랑캐들이 세운 나라

거란족은 만주 지역에서 흩어져 살던 유목민이다. 긴 시간 통일된
형태의 국가를 형성하지 못한 채 여러 부족으로 나뉘어 살면서 중국
의 통일 왕조나 고구려 혹은 본인들과 비슷한 유목민이던 돌궐 등에
간접적인 지배와 간섭을 받으며 살았다.

그러던 10세기 동아시아의 국제 질서가 완전히 뒤바뀐다. 당이 멸
망하고 중국은 다시 분열의 시기로 접어들었다. 같은 시기 한반도도
그랬다. 이때 영웅이 등장하는데, 그가 바로 거란족 불세출의 영웅
야율아보기다. 절대 강자가 사라진 동북아시아의 국제 질서 속에서
야율아보기는 흩어져 살던 거란 부족을 통합한다. 부족을 하나로 합
친 야율아보기는 916년 랴오닝성에 자리를 잡고 스스로 황제의 자
리에 올라 국호를 거란(契丹)이라 한다.

거란은 성장할수록 동쪽에 접한 나라 발해가 자꾸 거슬렸다. 925년
거란은 결국 발해를 침공해 926년 멸망시킨다. 그렇게 거란은 동북
아시아의 강자로 급성장하고 있었다.

야율아보기가 죽고 아들 야율덕광이 즉위하자 거란은 말머리를
중원으로 돌렸다. 946년 후진을 정벌한 야율덕광은 947년에 국호를
요(遼)로 고치고 분열된 중국의 지방 세력들과 중원을 두고 경쟁하
기 시작한다.

거란이 성장을 거듭하는 사이 남쪽의 한반도는 고려로 통일을 이

룬다. 비슷한 시기 건국된 양국의 초반 분위기는 좋았다. 안 좋을 이유도 없었다. 거란이 탐낸 곳은 중원이었고, 고려는 한반도를 정리하기도 벅찼다. 그러던 어느 날 거란에 의해 발해가 망했다는 소식이 들렸다. 발해의 유민들은 송나라와 고려로 급격히 이동한다. 이때부터 문제가 불거지기 시작한다.

표면적으로 나타난 문제의 발단은 이른바 만부교 사건이었다. 942년 요나라의 태종이 고려에 낙타 50필을 보내면서 친교를 다지려 했는데, 고려의 태조 왕건은 낙타를 몰고 온 사신 30명을 외딴 섬에 유배 보내버리고는 낙타를 만부교라는 다리에 묶어 굶겨 죽였다. 갑자기 왜 그랬을까?

변화된 동아시아의 복잡한 외교 관계도 영향을 미쳤겠지만, 사실 고려인들의 인식을 살펴보면 더 확실한 답이 나온다. 고려인에게 거란족은 '금수지국(禽獸之國)'이었다. 날짐승과 길짐승이라는 뜻의 '금수'는 행실이 더럽고 나쁜 사람을 지칭하는 말로, 바로 오랑캐 그 자체였다. 오랑캐가 세운 나라는 아무리 힘이 강해도 악할 뿐이었다.

한때 만주 지역을 호령하던 고구려를 계승했다는 고려였지만, 막상 신라가 차지하던 영역에서 크게 달라지지 않은 모양새였다. 마침 이때 거란이 발해를 멸망시킨 것이다. 이제 고려에 북쪽을 바라보며 소리칠 명분이 주어졌다. "우리의 우방 발해가 금수에게 무너지다니! 참을 수 없다!"

하지만 막상 북쪽을 향해 가는 길은 험난했다. 당장 요나라와 전쟁을 벌일 만큼 군사력이 뒷받침되지도 못했거니와 그만한 실리도 없었다. 고려는 외려 요나라의 침략에 대비해야 했다. 발해가 망하자 저 금수 같은 놈들이 언제 남쪽으로 내려올지 모르는 상황이 돼버린 것이다. 사실상 방어를 위한 군사력 증진은 정종 때 광군(거란의 침입에 대비하기 위해 조직한 농민 예비군) 30만 명을 양성하면서 본격화됐다. 이후 광종 때 이르러 서북쪽 청천강 유역과 동북 방면에 성을 쌓고 군사 시설을 갖췄다. 광군의 증강은 호족과 왕권 간 경쟁에서 우위를 차지하기 위한 구실이기도 했다.

그러던 어느 날, 성종이 왕위에 앉았던 바로 그때 분열됐던 중원이 송나라로 통일된다. 흐트러진 중화 질서를 바로 세우기 위해 노력하던 송나라는 고려에도 밑밥을 깔기 시작한다. 송나라와 고려 모두에 가장 큰 위험 요소였던 요나라를 가리키며 "우리 같이 저들과 싸우자"라면서 말이다. 성종이라는 유교적 이름에서 느껴지듯 당시 고려의 국왕은 오랑캐가 아닌 송나라를 중심으로 한 국제 질서 재편에 적극적이었다. 양국은 그렇게 가까워진다.

서로의 힘을 인정하다

송나라와 고려 사이에 끈끈한 유대가 형성되던 그때, 요나라에 대한 고려의 인식은 이전과 다르지 않았다. 게다가 요나라의 성종이 즉위하며 시작된 팽창의 분위기는 요동과 압록강 변으로 번졌고, 고려와 송나라 양쪽 모두를 긴장하게 만들었다. 그럼에도 고려는 송을 통해 거란을 견제할 수 있을 거라 굳게 믿었다.

그런데 송나라 중심의 국제 질서 재편에 적극적이던 고려는 함께 요나라와 싸우자는 구애에는 머뭇거렸다. 실제로 송나라가 986년 대대적으로 요나라를 공격했을 때 고려는 출병하지 않았다. 물론 송나라의 중원 싸움에 고려가 원병을 보내기는 쉽지 않았을 것이다. 그렇다고 고려와 송나라의 관계가 틀어진 것은 아니다. 하지만 결과는 요나라의 승리였고, 요나라는 송나라에 대한 대대적인 역공에 앞서 불안한 후방 고려를 정리하기로 마음먹는다.

이제 고려와 요나라의 전쟁은 현실이었다. 소항덕이 이끄는 요나라군은 압록강을 건너 고려의 국경을 넘었다. 그리고는 "대조(大朝) 거란이 이미 고구려의 옛 땅을 차지했는데, 고려가 강토의 경계를 침탈하기 때문에 정토한다"라는 성명을 내고 "대조가 사방을 통일하는 데 귀부하지 않은 자는 기필코 소탕할 것이니, 속히 와서 항복하고 지체하지 말라"라며 항복을 요구한다. 소항덕의 협박은 고려 조정을 크게 흔들었다. 특히 송나라와의 끈끈한 관계를 바탕으로 왕권을 강화하던 성종의 입장은 난처해진다.

성종은 서경 이북의 땅을 요나라에 떼어 주자는 이른바 '할지론(割地論)'을 국론으로 정하고, 만약의 경우를 대비해 강화를 모색하기에 이른다. 이 와중에도 소항덕은 청천강 하구까지 군사를 이끌고 와 항복을 재촉한다. 이때 등장하는 고려의 첫 번째 영웅이 있었으니, 그가 바로 서희다. 서희가 보기에 요나라의 요구는 두 가지였다. 하나는 "자꾸 북쪽으로 올라오지 마"였고, 또 하나는 "송나라랑 친하게 지내지 말고 우리랑 친하게 지내자"였다.

이때 서희의 신들린 말발이 터지기 시작한다. "형님, 그게 아니고 고려도 알고 보면 고구려에서 시작한 나라예요. 그렇게 따지면 솔직히 거란 땅도 고구려 땅 아닙니까? 그리고 저희가 형님한테 인사 못 드린 건 중간에 여진 애들이 있어서였죠. 가고 싶어도 못 가는 상황 아니었습니까. 이해 좀 해주세요."

'저 말이 진짜 통했다고?' 하겠지만, 진짜 통했다. 협상은 생각보다 순조로웠다. 소항덕은 서희의 말을 듣고 첫째, 고려가 곧 거란에 사대할 것이라는 약속과 둘째, 거란은 압록강 인근을 고려에 양도하는 대신 양국 사이의 통교를 방해하는 여진을 축출한다는 약속을 받고 떠난다.

이후 실제로 고려는 곧 여진을 몰아내고 영토를 확장해 흥화진(興化鎭), 통주(通州), 구주(龜州), 곽주(郭州), 용주(龍州), 철주(鐵州)의 그 유명한 강동 6주를 설치한다. 그렇게 제1차 고려·거란 전쟁은 끝난다. 고려와 거란의 관계는 급속도로 가까워지기 시작했고, 고려는 형식적이었지만 요나라를 상대로 사대의 예를 갖추었다.

하지만 고려는 송나라를 포기할 수 없었다. 여전히 중원은 송나라가 차지하고 있었고, 고려는 송과 요 사이에서 눈치를 봐야 했다. 끝내 고려는 요나라와의 약조를 어기고 비공식적으로 송나라와 지속적인 교류를 이어간다. 요나라는 고려와 송의 관계가 마음에 들지 않았고, 여전히 후방이 어수선하다 느꼈다.

그러던 중 고려에서 천추태후와 김치양 그리고 강조 사이에서 변란이 발생한다. 목종이 폐위되고 대량원군이 현종으로 추대됐던 바로 그 사건이다. 요나라는 이때다 싶었다. "동생 나라에서 변란이 발생했다고? 그럼 형님이 가서 정리를 해줘야지"라는 핑계로 강조에게 죄를 묻는다며 1010년 11월 요나라의 성종이 직접 40만 대군을 거느리고 고려를 침략한 것이다. 제2차 고려·거란 전쟁의 시작이었다.

현종은 강조에게 30만 군을 맡기고 싸우게 했지만, 크게 패배하고 죽는다. 요나라군은 곽주, 안주를 넘어 결국에는 개경까지 함락시킨다. 현종은 나주까지 피난을 떠났고, 항복의 목소리가 고려 조정을 뒤덮었다. 고려는 어렵게 요나라에 화친을 청하면서 현종이 직접 친조(親朝)한다는 조건을 걸고 요나라군을 돌려보냈다. 하지만 개경에 돌아온 현종은 끝내 요나라에 친조하지 않았고, 요나라와의 국교를 끊고 송나라와 교류를 이어갔다. 화가 머리끝까지 난 요나라는 10만 대군으로 다시 고려를 침공했다.

이때 등장하는 고려의 두 번째 영웅이 있었으니, 그가 바로 강감찬이다. 강감찬의 활약으로 요나라군을 크게 무찌른 고려는 끝까지 개경을 사수하며 요나라군을 퇴각시켰다. 강감찬은 돌아가는 요나라군을 추격해 귀주에서 섬멸하는데, 이 전투가 바로 귀주대첩이다. 10만 명으로 출발한 요나라군은 겨우 2,000여 명만이 돌아갈 수 있었다.

고려와 요나라 사이에서 벌어진 세 번의 전쟁은 양국 간의 분위기를 묘하게 변화시켰다. 1019년 이 전쟁을 끝으로, 요나라와 고려 사이에는 사신이 왕래하며 국교가 회복됐다. 요나라는 고려를 완벽히 굴종시킬 수 없음을 깨닫고 송나라와의 전쟁도 쉽지 않음을 받아들인다. 고려를 만만하게 보던 요나라도, 요나라를 그저 오랑캐로만 보던 고려도 서로의 힘을 인정한 것이다.

그렇다고 고려와 요나라 그리고 송나라의 위상이 대등했다는 뜻은 아니다. 고려는 전쟁 이후 요나라에 사죄를 표하고, 요나라와 조공 책봉 관계를 맺는다. 그러고는 요나라의 황제가 고려 국왕의 죄를 용서해주는 퍼포먼스를 통해 국교가 정상화된다. 그렇게 고려는 요의 연호를 사용했지만, 요나라가 요구한 국왕의 친조와 강동 6주 반환은 들어줄 수 없었다.

끝나지 않은 북방과의 싸움

요나라의 연호를 사용했지만 고려는 이제 국제 질서에서 그 나름의 자유가 생겼다. 송나라와의 외교도 가능해졌다. 동아시아의 확실한 절대 강자이자 맹주가 사라졌기에 가능한 일이었다. 우리가 익히 알고 있는 단 하나의 중국 왕조, 즉 당나라를 거쳐 송나라, 명나라로 이어지는 한족(漢族) 왕조 중심의 일원적 국제 질서가 아니었다는 말이다. 북방 세력은 이후로도 계속 발흥했다. 요나라 이후에도 그에 필적할 만한 나라가 계속 등장했다. 그야말로 북방 나라들의 전성기가 시작된 것이다.

다음 차례는 여진이었다. 요나라와 고려 사이에 끼여서 한때 고려를 부모의 나라라고 부르며 조공하던 여진이 성장했다. 윤관의 동북 9성 축조는 성장하던 여진에 본때를 보여주기 위한 조처였지만 결국 2년 만에 여진족과의 전투에서 참패했고 동북 9성을 포기한다. 이후 여진은 금나라를 세우며 요나라를 멸망시키고 같은 자리에서 더욱 막강한 힘을 구사한다. 금나라는 고려를 향해 "이 정도면 형님 대접해 줘야지?"라며 압박하기 시작한다.

고려는 냅다 그 제안을 받지 않았다. 심지어 금나라와 고려의 접경지대에서 전쟁이 이어지기도 했다. 고려 조정에서는 "우리한테 조공이나 바치던 야만인들한테 무슨 형님 대접이냐!"라며 대금 강경책이 고개를 들었다. 하지만 현실적인 힘의 우위를 인정하지 않을 수 없었다. 요나라와의 긴 전쟁을 통해 배운 것도 많았다. 1126년에 결국 고려는 금나라에 사대의 예를 갖추고 책봉을 받는다.

금나라가 끝이었을까? 모두에게 더욱 익숙한 한 나라가 남지 않았는가. 칭기즈 칸의 나라, 바로 몽골이다. 금나라가 (남)송과의 세력 균형 속에서 갈팡질팡하는 사이, 몽골 초원에서는 북방의 나라 중 가장 막강한 세력으로 성장할 이들이 비상을 꿈꾸며 꿈틀대고 있었다.

고려를 움직였던 자들, 문벌

대체 고려는 어떤 나라인가?
왕실은 서로 근친혼이나 일삼고, 지방 세력도 제대로 장악하지 못하면서,
오랑캐들한테 굴종적인 외교 관계나 맺었던 한심한 나라였을까?
그런 오해를 덜기 위해서라도 잠깐이나마
고려가 정치하는 방법에 대해 알아볼 필요가 있다.

고려 건국의 핵심 세력은 지방의 호족 세력이었다. 이들은 고려 건국에 (딸을 포함해) 온몸을 바친 공신 세력이 된다. 너무 많은 것을 바쳤다고 생각해서인지 공신 세력은 태조 왕건이 죽자 서로 왕권을 장악하기 위해 행동에 나섰다. 국왕 중심의 중앙 정계는 지방을 제대로 장악하지 못한 채 어정쩡한 상태로 남아 있었다. 이러한 애매한 상황을 정리한 임금이 바로 광종이다.

그렇다고 광종 때 지방 호족 세력을 모두 정리했냐 하면 그것도 아니다. 이미 살펴봤듯 광종 다음 왕인 경종 때부터 다시 왕위를 둘

러싼 분쟁이 벌어지기 때문이다. 그러나 광종이 만든 과거 제도는 고려의 정치판을 완전히 뒤집어놓았다. 호족들도 결국은 왕이 주관하는 공식 채용 시험을 거쳐 관료가 돼야 했기 때문이다.

광종 때 피의 숙청을 이겨내고 과거 제도를 통해 자녀들을 중앙 정계로 진출시킨 호족들은 성종 연간을 거치며 국왕 아래서 새로운 그들만의 리그를 만들어나갔다. 그렇게 만들어진 정치 세력을 우리는 흔히 '문벌(귀족)'이라고 부른다.

이들이야말로 국왕과 함께 고려의 정치를 좌지우지했고, 심지어 군권까지 장악한 세력이었다. 요나라에게서 강동 6주를 얻은 서희, 귀주대첩을 주도한 강감찬, 동북 9성을 쌓아 여진과의 갈등을 불러일으킨 윤관도 모두 문벌이었다. 바로 이 문벌과 고려의 국왕 사이의 관계를 밝히는 것이야말로 고려의 정치 시스템을 이해하는 시작과 끝이다.

고려의 임금은 끊임없이 문벌을 길들여 왕 중심의 정치를 하려 했고, 문벌은 기존의 특권(공음전, 음서 제도)을 최대한 활용하며 문벌 상호 간의 인맥을 혼맥으로 연결해 특권의 벽을 공고히 해나갔다. 하지만 여전히 모든 권력의 가장 윗선이자 최종 결재자는 왕이었다. 이 선을 넘으면 반역이었고, 심지어 무소불위의 권력을 장악했던 무신 집권자들도 왕씨를 갈아엎지는 못했다.

적어도 고려 왕조 500년간 이 선을 넘은 자들의 말로는 좋지 않았다. 이자겸이 대표적이다. 고려 문벌의 상징이자 문벌 그 자체였던 이자겸은 왜 끝내 왕을 꿈꾸지 못했을까? 이를 이해하기 위해서는 먼저 고려의 정치 시스템 아래 존재하는 특별한 집단, 문벌을 제대로 이해할 필요가 있다.

그들이 사는 세상

고려의 정치를 이해하기 위해서는 아무래도 성종 때 이야기를 해야겠다. 성종은 국왕 중심의 단단한 중앙 집권화를 위한 이데올로기가 필요하다고 생각했다. 그가 주목한 방법은 그 이름에 맞는 유학이었다. 성종에게 유학은 곧 유교였다. 즉, 학문을 넘어서 이데올로기이자 국가를 상징하는 사상 그 자체여야 했다.

성종은 사회 시스템을 유교 사상에 입각해 고쳐나가기 시작했다. 가장 큰 변화는 통치 제도를 개편하는 일이었다. 성종은 당나라 때의 정치 시스템이던 '3성 6부제'를 모방해 '2성 6부 체제'라는 고려만의 시스템을 완성한다. 2품 이상의 고위 관료인 재신과 3품 이하의 낭사로 구성된 중서문하성 그리고 6부(이, 병, 호, 형, 예, 공부)로 나뉜 행정 실무 기구 상서성이 정치를 주도했다. 여기에 덧붙여 송나라의 제도를 본떠 중추원이라는 기구를 만들었다. 중추원은 종2품·정3품에 해당하는 추밀과 정3품의 승선으로 구성된 기구였다.

복잡하다. 굳이 이해하기 싫다면 이거 하나만 기억하자. 중서문하성과 중추원은 왕권과 신권의 길항 관계를 보여주는 기관이라는 점

말이다. 이들은 재추회의를 비롯한 각종 회의를 주관하고 안건을 두고 티격태격했다. 국왕이 정치를 주도했지만, 국왕과 문벌 간의 상호 합의는 중요한 정치적 과정이었다.

왕권과 길항 관계를 유지하던 고위 관료들의 권력이 문벌이라는 이름으로 세력화되는 시점은 고려의 제11대 왕 문종 대에 이르러서다. 이때 고려의 토지 제도인 전시과가 개편되면서 공음전시법이 시행돼 고려의 경제 시스템도 완비된다. 즉, 5품 이상 고위 관리에게 지급된 토지는 상속이 가능해진 것이다. 이미 경종 연간에 전시과가 실시되면서 경제적 기반이 마련됐지만, 상속은 이들 고위 관료의 권력이 혈통을 통해 이어질 수 있는 강력한 기반으로 작용한다.

국가로부터 강력한 경제 기반을 보장받은 고위 관료들이 문벌이라는 이름으로 완성되기 위해서는 이들의 관직이 혈통을 통해 이어져야 했다. 고려에서 관직을 얻는 가장 대표적인 방법은 과거와 음서였다. 과거는 시험을 통해야 했지만, 음서는 '조상의 음덕'에 근거해 그 후손에게 관직을 주는 제도였다.

원칙적으로 음서는 5품 이상 관료나 공신의 자손, 왕족의 후손에게 관직을 주는 제도였다. 제도의 목적은 명확했다. 관료의 자손을 다시 관료로 복무시킴으로써 혈통을 통해 지배층을 재생산하려는 것이었다. 흥미로운 부분은 고려는 양측적 혈연 의식(부계와 모계를 모두 중시하는 분위기)이 강해서 친족을 비롯한 외족, 처족까지 음서의 혜택을 받았다는 것이다. 그렇게 고위 관료들이 땅과 관직을 상속할 수 있게 되면서 문벌이라는 이름으로 세력화된다.

물론 음서만으로 관직에 오른 자들은 사회적 위상이나 승진 기회에서 과거 출신자에게 밀리는 경향이 강했다. '너희 아빠는 똑똑했는데, 너는 그리 똑똑하지 않나 봐?'와 같은 색안경이 있었던 것이다. 그래서인지 음서를 통해 관직을 얻은 문벌도 결국에는 과거를 통해 똑똑한 유전자를 증명해야 했고, 음서 출신의 약 40% 가까이는 다시 과거를 통해 관직을 얻었다.

원칙상 과거의 문은 양인 모두에 열려 있었다. 지방 향리 출신의 자제, 향, 소, 부곡 출신들도 과거에 응시하고 합격할 수'는' 있었다. 하지만 그들이 진정 문벌과 경쟁해서 중앙 권력의 기반을 닦아나갈 수 있었을까? 아니, 애초에 정상적인 과정을 거쳐 중앙에 진출할 수 있었을까? 기적적으로 과거에 통과한다고 해도 이들이 문벌이 되기란 쉽지 않은 일이었다.

문벌이라는 이름으로 정치·경제적 특권을 획득한 이들은 최종 병기를 꺼내 들며 견고한 신분의 벽을 쌓는다. 바로 결혼이다. 문벌은 문벌끼리, 또는 왕족과 인척 관계를 쌓아가며 특권을 공고화하는 동시에 독점한다. 대부분의 문벌 가문은 서로 혼맥으로 이어져 있었다. 이렇듯 고려 전기까지 정치 시스템은 국왕과 문벌 가문이 주도하는 형국이었다. 강력한 지방 세력을 억제하기 위해 이들을 국왕의 영향력이 강했던 중앙 정치판으로 끌어들였지만, 문벌이라 불리는 또 다른 형태의 길항 세력으로 재조직화된 것이다.

문벌의 상징, 경원 이씨 가문이 일으킨 소동

◗

고려 전기 문벌의 막강한 영향력을 상징적으로 보여주는 가문이 있다. 바로 경원 이씨(인주 혹은 인천 이씨)다. 경원 이씨 세력은 고려 문종 대부터 가문의 딸들을 왕비로 들이며 고려의 중앙 정계를 장악해간 대표적인 문벌 가문이다. 어느 정도였냐 하면, 경원 이씨와 대적할 가문은 왕씨 가문, 그러니까 왕실밖에 없을 정도였다.

문종의 비 3명을 시작으로 순종의 비 1명, 선종의 비 3명, 예종의 비 2명 그리고 마지막으로 인종의 비 2명이 경원 이씨 가문 출신이었다. 제11대 문종에서 시작된 국왕과의 혼맥이 제17대 인종까지 이어졌으니 이들과 고려 왕실은 대단히 끈끈했다고 볼 수 있다.

경원 이씨 가문은 현종의 제3비였던 원성태후의 외조부 이허겸이 소성현(지금의 인천 지역)에 식읍 1,500호를 하사받으며 영향력을 키우기 시작한다. 하지만 가문의 본격적인 성장은 아무래도 이허겸의 손자 이자연 때부터다. 현종 때 장원으로 과거 시험을 통과하면서 중앙 정계로 진출한 이자연은 든든한 가문을 배경 삼아 문종 때 고위 관료로 성장한다.

이후 이자연은 본인의 딸 3명을 문종에게 시집 보내면서 본격적으로 고려 왕실과 혼맥을 쌓는다. 문종과 결혼한 3명의 딸 중 인예왕후는 제12대 임금 순종과 제13대 임금 선종, 제15대 임금 숙종까지 낳으며 경원 이씨 세력에 날개를 달아준다. 게다가 순종과 선종

고려 시대 대표 문벌 이자연의 묘지명

도 경원 이씨의 딸들과 혼인하면서 가문의 영향력은 날로 성장했다.

그런데 경원 이씨 세력의 성장에 빨간 불이 켜지는 사건이 발생한다. 고려판 계유정난으로 불리는 이른바 계림공의 정변이다. 선종에 이어 어린 나이에 국왕에 오른 헌종은 미약한 국정 장악력으로 인해 지배층의 혼란을 불러왔다. 그간 고려의 왕위 계승 전통에 따르면 어린 국왕이 왕위를 물려받기보다는 선왕의 장성한 형제가 왕위를 물려받는 것이 자연스러웠기 때문이다.

바로 이때 경원 이씨이자 왕실의 외척이던 이자의가 헌종의 동생인 한산후를 추대하려는 목적으로 난을 일으켰지만, 선왕(선종)의 동생이자 한산후의 삼촌이던 계림공이 이를 막기 위해 이자의를 제압한다. 계림공의 거병은 정변을 제압한다는 명분이었지만, 그는 곧 헌종의 선위를 받아 스스로 왕위에 오른다. 애초에 양 세력 모두 왕위를 노리고 군사를 일으킨 것이다. 사건의 진위 여부와 상관없이 숙종으로 왕위에 오른 계림공 입장에서 경원 이씨 가문이 좋아 보일리 없었다.

그렇게 경원 이씨의 세력 성장은 잠시 주춤하는 듯했지만, 숙종의 아들 예종 대에 이르러 경원 이씨 이자겸이 자신의 둘째 딸을 왕비로 시집보내면서 가문은 다시 고려 왕실의 외척 가문으로 재기한다. 그러나 예종이 생각보다 이른 나이에 위중해지자 왕위 계승을 둘러싼 갈등은 다시 한번 벌어진다. 바로 그 순간 이자겸은 예종의 동생이 아닌 어린 아들이자 자신의 외손자(훗날 인종)에게 왕위를 물려줄 수 있도록 조치한다.

인종을 왕위에 앉히는 데 성공한 이자겸은 이후 권력 독점을 공고히 하기 위해 모든 수단과 방법을 동원한다. 왕실의 외척으로서 권력을 손에 쥔 이자겸은 다시금 그 권력을 공고히 하기 위해 자신의 셋째, 넷째 딸을 인종과 결혼시켜 더 튼튼한 혼맥을 만든다. 맞다. 인종은 이모와 결혼한 것이다. 왕의 외할아버지이자 장인어른이라는 자리를 차지하기 위해 이자겸은 무리수를 두기 시작했다.

무리수는 이어졌다. 이자겸은 인종에게 자신을 '조선국공(朝鮮國公)'으로 책봉해달라고 요구하거나 자신의 집에 '의친궁 숭덕부'라고 이름 붙이는 등 선 넘는 행동을 이어갔다. 관료들 앞에서 국왕을 향해 손가락질하고, 자신의 생일을 '인수절'이라고 부르는 만행을 벌인다. 고려에서 생일에 '절'을 붙일 수 있는 존재는 왕 혹은 태자 그리고 태후뿐이었다.

외손자이자 사위였던 인종은 이자겸의 만행을 더는 좌시하지 않았다. 인종은 측근 세력을 동원해 이자겸 주변을 정리하려 시도한다. 하지만 이자겸은 최측근이자 당대 최고의 명장 척준경을 회유해 궁궐에 불을 지르고 자신을 제거하려던 인종의 측근 세력을 잡아 유배 보내버린다. 심지어 이 사건 이후 인종은 이자겸의 집에 연금되는 치욕을 겪는다. 문벌 가문이 왕권 위에 서는 변태적인 정치 구도가 형성된 것이다.

이러한 비정상적인 구조는 절대 인정받을 수 없었다. 정당성도 없었고, 이 구조를 그럴싸하게 완성할 정책적 비전도 없었다. 이자겸 본인도 이 비정상적인 구조가 두려웠고, 스스로 왕이 될 용기도 없었다. 인종은 다시 이 점을 활용한다. 지난번 거사 실패 과정에서 결정적 역할을 했던 척준경을 회유한 것이다. 인종은 척준경에게 국왕에 충성할 것을 당부하는 조서를 내렸고, 끝내 척준경은 이를 받아들인다. 척준경은 군사를 동원해 이자겸을 비롯한 경원 이씨 세력을 잡아들였다. 척준경으로 경원 이씨 가문을 무력화시킨 인종은 이자겸과 그의 가족(아내와 아들)을 귀양 보낸다. 동시에 인종의 왕비이자 이자겸의 딸들은 모두 폐비된다.

이자겸의 난은 이렇게 마무리됐다. 이 사건은 지방의 호족 세력이 고려의 문벌 가문으로 성장하는 과정, 이후 중앙 정계로 진출해 왕권과 길항을 이루었던 고려 전기의 정치 시스템 그리고 최종적으로 그 팽팽한 길항이 무너지고 선을 넘으면 어떤 결과를 초래하는지까지 보여주는 사건이다. 물론 이후로도 문벌 가문들은 국왕 혹은 서로 간의 입장 차이로 인해 분열하고 대립하며 끊임없이 흔들린다. 하지만 그 흔들림도 역시 고려의 정치를 상징적으로 보여주는 지점이다.

요승 묘청의
기묘한 이야기

끝없는 전쟁과 내부 갈등 속에서 왕위에 앉은 이가 바로 인종이다.
우리는 인종의 심리 상태를 이해하면서 그 시대를 이해해야 한다.
왜냐하면 인종이 잠시나마 믿고 의지했던 인물과 그의 제안으로 벌인 일들이
터무니없이 바보 같기 때문이다.
고려 최고의 요승 묘청의 이야기는 바로 이러한 국가적 위기 상황에서 시작된다.

이자겸과 경원 이씨 세력은 아무런 정당성 없이 왕위까지 노렸고, 문벌과 왕권 사이에 존재했던 묘한 긴장감을 무너뜨리며 갈등을 빚었다. 이제 국왕은 문벌의 권력을 있는 그대로 믿기 어려웠고, 신뢰할 만한 친위 세력을 길러야 했다.

이자겸을 중심으로 한 문벌 세력 숙청에 성공한 인종이었지만, 화마에 불타버린 궁궐과 개경을 바라보며 인생무상의 감정을 느꼈을 것이다. 정변을 수습하는 과정에서 인종은 나락으로 떨어진 왕권을 회복해야 했고, 국왕 중심의 지배 질서를 만들어야 했다.

당장에 화끈한 정책으로 정국을 뒤집기는 어려웠다. 기존에 고려가 지향하던 정치적 이념을 신하들과 공유하면서 각 지방에 향학을 세워 교육을 진작시키거나, 서적소(書籍所)를 설치해 관료들에게 학문 탐구의 기회를 열어주는 정도였다. 게다가 인종은 금나라에 계속 사대할지, 왕권을 드높이면서 여진에 숙였던 고개를 다시 들어야 할지 선택해야 했다. 대내외적인 왕권의 실추와 맞물려 벌어진 개경의 전소라는 최악의 상황을 타개해야 했다. 바로 그때 인종 주변에 몰려든 이들이 바로 서경 세력이었다.

그런데 이들에게는 유교적 이념과 조금 다른, 오히려 고려 건국 초기에 강조했던 전통적 이념이 강하게 자리 잡고 있었다. 바로 풍수 도참설이었다. 이들은 풍수 도참이라는 사상과 서경이라는 공간을 결합해 중앙 정계를 장악해나가기 시작했다.

"둘러보십시오. 개경은 망했습니다. 고려를 살릴 기운은 서경에 있습니다. 거기서 새롭게 시작하시지요."

인종은 그들을 강력한 국정 파트너로 선택했다. 무엇보다 풍수 도참설이 마음에 들었다. 당시 고려는 전 사회적으로 위기였다. 풍수 도참설은 이를 극복하기에 유용한 방법이었다. 얼마나 신비한가. 사는 곳만 달라져도 나라의 운명이 바뀐다니 말이다.

이들 서경 세력 중에서도 가장 눈에 띄는 인물이 있었으니, 그가 바로 정지상이다. 서경 출신으로 과거에 수석 합격할 만큼 유학적 자질도 뛰어났지만, 불교와 도교, 음양비술(길흉을 점치는 술법) 등에도 식견이 넓었다. 정지상은 인종 이전까지 정계를 장악하던 문벌과는 결이 완전히 다른 사람이었다. 그렇게 인종이 총애한 정지상이 적극 추천한 자가 바로 평양 사람 묘청이다.

혼돈의 고려를 사로잡은 묘청의 화려한 쇼맨십

묘청은 불교, 도교, 풍수 도참 등 신비한 종교적 힘을 능숙히 다룰 줄 아는 사람이었다. 진짜 그랬는지 어쨌는지는 중요치 않다. 당시 세상 사람들이 그렇게 믿었고, 심지어 인종도 그를 믿었다는 사실이 중요하다. 묘청은 유교만을 신봉하는 문벌 관료들의 사대적이고 유약한 태도를 비판하면서 인종에게 서경으로의 천도와 함께 황제 자리에 올라야 한다고 주장했다. 그 말을 들은 인종이 '지금 나라 꼴이 말이 아닌데'라며 물러섰을까? 아니다. 인종에게 묘청과 서경의 무리는 상처 난 자존심을 봉합해주는 명의이자 해결사였다.

묘청 동상

인종은 묘청과 서경 세력의 주장에 감화돼 서경으로 자주

행차했고, 정말로 서경에 궁궐(대화궁)을 짓기 시작했다. 이 기회를 살려야 한다고 생각한 묘청은 꾀를 냈다. 궁궐이 완공되고 왕과 신하들이 축하를 나누는 사이, 갑자기 공중에서 신묘한 음악 소리가 들리기 시작했다.

"들리십니까? 새로 지은 궁궐을 하늘이 축복해주고 있습니다! 뭣들 하느냐! 당장 이 신묘한 일을 기록하지 않고!"

묘청이 인종과 신하들 사이에서 떠들썩하게 외쳤다. 그는 거기서 멈추지 않았다. 하루는 묘청과 인종이 서경으로 가는데, 갑자기 비바람이 불고 추위가 몰아쳤다. 이때 묘청이 하늘을 향해 이렇게 소리쳤다.

"내가 오늘 이럴 줄 알고 분명히 말해놨잖아요! 우리 임금님 이쪽으로 지나가신다고요! 안 하겠다고 하더니 이게 뭡니까! 약속을 어기다니 정말 가증스럽네요!"

스스로 바람과 비를 관장하는 신과 소통하는 사이라는 것을 인종 앞에서 보여주려 한 것이다. 인종은 점점 더 묘청에게 빠져들었다.

그렇게 인종의 마음을 훔친 묘청과 서경 세력은 굵직한 국가 정책과 사업에 깊이 관여하기 시작했다. 이제 인종 주변에는 서경 세력과 결탁한 이들만이 남았다. 어쩌면 인종이 자초한 일이었다. 그는 지친 자신의 마음을 위로할 이들은 신묘한 힘을 가진 그들뿐이라고 생각했다.

자업자득으로 무너진 그들, 다시 선을 넘다

꒞

개경이 불에 타버렸지만, 그대로 둘 수는 없었다. 왕궁 복구 작업도 진행해야 했다. 게다가 서경에 새로운 궁을 건설해야 했던 고려는 엄청난 인력이 필요했다. 백성들의 원성은 높아져갔지만 인종은 한번 시작한 공사를 늦출 수 없었다. 지금 와서 그만두면 오히려 더 큰 정치적 후폭풍을 감당해야 했다. 그렇게 백성들의 원성, 유학자들의 불만을 껴안은 채 서경의 대화궁이 완성됐다.

궁궐이 완성되고 인종은 서경으로 향했다. 서경에서는 낙성식이 열렸다. 때가 왔다고 믿은 묘청과 서경 세력은 인종에게 황제 자리에 오르고, 연호를 제정하라며 정식으로 표문을 올렸다. 한 발 더 나아가 주변 나라들과 협력해서 금나라와 전쟁을 하자고까지 주장했다. 다행히 묘청과 서경 세력의 반대편에 선 신하들이 강력히 반대했고, 인종은 이를 받아들였다.

이 무렵 서경 세력 스스로 일이 꼬이고 있다고 느끼게 된 사건이 발생한다. 서경에 있는 중흥사에 불이 난 것이다. 묘청의 반대편에 섰던 신하 중 하나가 외쳤다.

"아니, 서경에 오면 재앙 같은 건 다 없어진다며! 왜 갑자기 불이 난 거야?"

묘청은 얼굴을 붉혔다. 그러고는 부들부들 떨면서 이렇게 받아쳤다.

"뭘 알고 떠들어! 임금님이 서경에 오셨으니 망정이지, 개경에 계셨으면 불이 훨씬 컸을 거란 말이야!"

묘청을 믿는 사람들에게는 그럴듯하게 들렸겠지만, 생각할수록 궤변이었다. 여기서부터 의심이 싹트기 시작했다.

그러던 어느 날 개경에 머물던 인종이 다시 서경으로 향했고, 묘청은 직접 인종을 수행했다. 그때 폭우가 내리더니 돌풍이 불기 시작했다. 인종을 태운 말들은 놀라서 엉뚱한 곳으로 달리다 진창에 빠진다. 사태를 수습하고 서경에 도착했지만, 그날 밤 갑자기 눈발이 날리기 시작하더니 추위에 낙타가 죽고 사람들이 다치는 일까지 벌어졌다. 좋은 기운이 가득하다고 믿었던 서경에서 왕이 화를 입었으니 묘청과 서경 세력의 입장이 곤란해졌다. 인종의 마음에 들기 시작했던 그 방법 그대로 인종의 신뢰가 깨지기 시작했다.

인종은 문득 평소 묘청과 서경 세력에 불만이 많았던 이들이 떠올랐다. '그래, 잔소리꾼 김부식이 있었지.' 인종은 그간 멀리했던 김부식을 비롯한 개경 세력에게 마음을 내주기 시작했다. 생각해보니 그들도 모두 고려를 위해 싸웠던 세력들 아니던가. 묘청과 서경 세력은 변화된 분위기를 감지하고, 인종에게 다시 한번 서경으로 함께 갈 것을 요구한다. 인종은 서경행에 반대하는 신하들의 말에 호응하여 서경행에 함께하지 않을 것이라 선언한다. 벼랑 끝이라 느낀 묘청과 서경 세력은 결국 서경에 눌러앉아 반란을 일으킨다.

기왕 반란을 시작했으니 거창하게 나라 이름도 대위(大爲)라 짓고, 내친김에 연호를 천개(天開)라고 했다. 하지만 묘청이 스스로 왕을 칭하지는 않았다. 반란의 목적은 김부식을 중심으로 한 개경 세력을 제거하고 원래대로 인종의 총애를 받으며 서경 중심의 고려를 새롭게 하는 것이었기 때문이다. "개경의 역적들을 공격할 것"이라는 묘청과 서경 세력의 편지를 받아 든 인종은 묘한 감정을 느꼈지만, 곧 이들을 토벌하기로 결정했다. 항상 반대편에 섰던 김부식을 원수로 임명하고 토벌대를 서경으로 급파했다. 토벌대가 출병했다는 소식에 서경 세력 내부에서는 분란이 생겼고, 민심은 서경을 원하지 않았다. 토목 공사에 지친 백성들도 토벌대에 호응했다.

상황이 불리하게 돌아가자 묘청과 함께 난을 일으킨 조광이 묘청의 목을 베었다. 세 치 혀로 국왕까지 휘어잡았던 묘청이지만, 무너지는 건 한순간이었다. 그렇게 항복을 앞둔 조광을 벌벌 떨게 한 일이 벌어졌는데, 묘청과 서경 세력의 목이 저잣거리에 매달린 것이었다. 항복해도 목이 잘릴 것이라 확신한 조광은 갑자기 결사 항전을 시작한다. 조광이 장악한 서경의 반란군은 끈질기게 버텼다. 항전은 1년 넘게 이어졌지만 곧 식량이 떨어졌고, 굶어 죽는 사람까지 생겼다. 마침내 1136년 2월, 반란이 일어난 지 1년여 만에 서경과 반란군은 결국 함락된다.

묘청의 난, 아니 서경 세력의 반란이 진압되자 고려 조정 내의 서경 세력은 완전히 몰락했다. 이제 서경은 반역의 땅이었다. 칭제건원과 금나라 정벌 따위의 비현실적인 정책도 설 자리를 잃었다. 덕분에 그들에게 끊임없이 반기를 들었던 개경 세력 중심의 문벌이 다시 고려 정계를 접수하게 됐다. 그러나 그들의 독주는 고려의 또 다른 파장을 예고하고 있었다.

무신 정변:
세상에 무시받아 마땅한
존재는 없다

국왕과 문벌이 고려를 좌지우지하는 동안 무신들은 상대적으로 열악한 환경에 처해 있었다.
유교적 소양을 판단하는 과거 시험이 관료를 뽑는 기본 과정이었던 고려에서
싸움을 잘해 관료가 된 무신들은 차별 대우를 받을 수밖에 없었다.
이러한 구조 속에서 문신들은 상대적으로 자신들보다 유교적 소양과 교양이 부족한
무신들을 하대하며 무시하는 분위기를 형성했다.

고려는 통일 전쟁을 통해 완성된 왕조였다. 즉, 군사력을 바탕으로 만들어진 왕조였다는 뜻이다. 건국 이래 고려의 국왕은 자신의 권력을 유지하기 위해 지방 세력을 중앙 정계로 진출시켜 관료 집단으로 육성하는 데에 전력을 다했다. 음서제와 공음전은 유인책이었고, 과거 제도는 견제 도구였다. 그렇게 지방 호족을 대체해 문벌이라는 이름의 새로운 권력층이 고려 사회 전반을 장악하게 됐다.

문벌의 힘이 너무 막강해져 왕권을 위협한 적도 있었다. 그럴 때면 국왕은 측근의 힘을 빌려 서열 정리를 확실하게 했다. 한때는 요사스

러운 승려가 서경 세력과 힘을 모아 판을 뒤집기 위해 애를 쓰기도 했지만, 개경 중심의 강고한 문벌의 벽은 쉽사리 깨지지 않았다.

한편 국왕과 문벌이 서로를 끌어주고 견제하며 고려를 좌지우지하는 동안, 칼을 든 무신들은 상대적으로 열악한 환경에 처해 있었다. 고려에서 무신은 병법에 통달해 전시 전략을 세우는 존재가 아니었다. 그야말로 전쟁에서 진짜 싸움을 할 줄 아는 자였다. 유교적 소양을 판단하는 과거 시험이 관료를 뽑는 가장 기본적인 과정이던 고려에서 싸움을 잘해 관료가 된 무신들은 차별 대우를 받을 수밖에 없었다. 이러한 구조 속에서 문신들은 상대적으로 자신들보다 유교적 소양과 교양이 부족한 무신들을 하대하며 무시하는 분위기를 만들었다.

그렇다고 고려에서 무신 집단이 언제나 쭈구리처럼 지낸 것은 아니었다. 앞서 살펴봤듯 고려는 바람 잘 날 없는 나라였다. 외침은 물론 내부적으로도 변고가 수차례 있었다. 이런 와중에 무신에 대한 천대가 지속될 수는 없는 노릇이었다. 국왕은 측근에서 무신을 키우기도 했고, 그들을 이용해 문벌 집단과 경쟁하기도 했다.

게다가 무신들은 실제로 군사를 양성하고 지휘하는 자들이었다. 그럴싸한 한문으로 가득한 병법은 통달하지 못해도, 어떻게 싸워야 할지 귀신같이 알았다. 짬밥이 어느 정도 찬 무신들은 자기 밑으로 수백에서 수천의 병력을 가지고 있었고, 그 병력은 고려의 수많은 변란을 온몸으로 맞아온 경력직 군인들이었다. 심지어 이들 모두 천민 출신이거나 신분이 낮은 것도 아니었다. 고려 국왕은 이를 누구보다 잘 알고 있었고, 이들에 대한 관리를 소홀히 해서는 안 된다는 사실도 알고 있었다. 그런데 마치 철없는 재벌 3세처럼 문신의 무인에 대한 하대는 도를 넘어 돌아올 수 없는 강을 건너고 있었다.

인간은 적당히를 알아야 한다

1144년 섣달 그믐날, 문신들이 역귀를 쫓는다는 핑계로 모여 신나게 놀던 중 당대 최고의 문벌 가문이었던 김부식의 아들 김돈중이 무신 정중부의 수염을 촛불로 태운 사건이 발생한다. 정중부는 관우처럼 멋진 수염을 가진 것으로 유명했는데, 김돈중이 그런 정중부의 수염을 보고 '무신 따위'에게 어울리지 않는다며 불을 지른 것이다.

자존심이 상한 정중부는 김돈중의 뺨을 때리고 욕을 하며 맞섰다. 하지만 김부식은 아들에게 귀싸대기로 응수한 정중부를 가만두지 않기로 마음먹었다. 예나 지금이나 있는 집의 자식 사랑은 알아줘야 한다. 김부식은 정중부의 일탈 행위를 강력히 처벌해달라고 당시 국왕이던 인종에게 요구한다.

인종은 강력한 문벌 세력이었던 김부식의 요구를 무시할 수 없었고 정중부에 대한 처벌을 허락했다. 하지만 특별한 벌이 가해진 것은 아니었다. 이 일은 흐지부지 마무리되는 듯했지만, 정중부의 마음은 달랐다. 정중부와 무신들에게 이날의 사건은 치욕으로 남았다.

그러던 고려 제18대 왕, 의종 때였다. 계속 살펴왔던 것처럼 밖으로는 금나라가 위협하고, 안으로는 이자겸의 난과 묘청의 난을 제대로 수습하지도 못한 상태로 왕권이 바닥을 치던 시기였다. 게다가 묘청의 난으로 개경의 문벌 세력을 견제할 국왕의 측근 세력마저 사라져 그야말로 국왕은 혼자였다.

하지만 의종은 그 나름의 해결책을 찾아 헤맸다. 즉위 후 초반의 열세를 뒤엎고 서경에 중흥사를 창건하고 묘청의 난 시기에 노비가 된 자들을 풀어주면서 서경 지역에서의 지배권을 장악하기 시작한 것이다. 즉위 초부터 문벌 세력과 왕권 사이에 있던 팽팽한 긴장감은 점점 더 불타올랐다.

하지만 의종의 노력에는 한계가 있었다. 생각보다 문벌의 견제는 강했고, 정책의 성과는 미미했다. 주변 측근들은 빨리 교체됐다. 무신들이 곁을 지키다가도, 어느 순간에는 환관들이 의종의 곁을 장악했다. 그러면서 점점 의종의 관심은 정치에서 유희로 돌아섰다. 국왕이 문벌 세력과 경쟁해서 이길 수 있는 건 '왕'이라는 자리를 내세우면서 벌이는 놀이판뿐이었다.

어쩌면 문신이 무신을 하대하는 분위기를 만든 것은 의종이었을지도 모른다. 의종이 놀이판을 벌일 때면 꼭 왕을 호위한다는 명목으로 군인들, 즉 무신들을 대동했고 그때마다 무신들은 의종과 문신들이 술에 취해 유희를 즐기는 장면을 바라봐야 했다. 무신 입장에서 이 장면을 지켜보는 심정은 어땠을까? 아마도 정중부의 치욕이 계속해서 떠올랐을 것이다.

이렇게 아슬아슬한 문신과 무신 사이의 갈등이 괴멸하는 사건이 터진다. 그 유명한 보현원 사건이 그것이다. 1170년 8월, 의종은 평소 자주 놀러 다니던 보현원으로 가던 길에 '오병수박(伍兵手搏, 서로 무술 실력을 겨루는 놀이로 대련의 형태를 띤 것)'을 하자며 일행을 멈춰 세운다. 여기까지는 크게 문제 될 것이 없었다. 의종 나름대로는 고생하는 무신들이 안쓰러워 사기를 높여주기 위해 던진 말일 수도 있다. 문제는 문신들의 행동이었다. 나이가 꽤 많던 종3품 대장군 이소응이 대련 중에 경기를 포기했는데, 그 모습을 본 나이 어린 문신 한뢰가 이소응의 뺨을 때린 것이다. 연로한 이소응은 나가떨어졌고, 의종과 문신들은 이 모습을 비웃고 욕까지 했다.

더 이상 참을 수 없었던 무신들, "고려는 우리가 접수한다"

무신들은 참지 않았다. 안 그래도 보현원에 오기 전 정중부는 이의방과 이고 등 몇몇 무신들과 함께 "적당한 기회를 노려 난을 일으키자"라고 합의한 상태였다. 정중부는 한뢰에게 다가가 이소응에게 한 무례한 행동에 대해 따져 묻는다. 이때 의종의 한마디에 무신들은 마지막까지 부여잡고 있던 정신 줄을 놓는다.

"야, 중부야. 뭐 그런 일로 호들갑을 떨어? 분위기 좋은데 왜 그래,

인마!"

정중부와 이의방, 이고는 보현원에서 쿠데타를 일으킨다. 왕이 보현원에 거의 도착하자 이고와 이의방이 먼저 움직였다. 한뢰와 의종을 수행하던 문신들에 대한 살육으로 시작한 일부 군인들의 일탈 행위는 고려의 무신 집단 전체 행동으로 번졌고, 개경은 그야말로 아비규환이 된다.

정중부는 빠르게 움직였다. 개경에 있던 수많은 문신 관료를 죽이고는 태자를 사로잡아 궁을 장악했다. 이후 의종은 거제도로 유배 갔다가 경주에서 이의민에 의해 허리가 꺾여 죽는다. 정중부는 이어 의종의 동생을 왕위에 앉힌다. 훗날 명종으로 불리는 왕이다. 정중부와 이의방 그리고 이고 세 사람이 고려를 다스리는 무신 정권의 시대가 열렸지만, 세 사람의 권력 분점은 그리 오래가지 못했다. 권력을 차지하기 위해 서로 죽고 죽이는 참극이 시작된 것이다.

이고는 자신이 왕이 되려고 시도하다 이내 들켜서 죽임을 당했다. 몇 년 후 이의방은 자신의 딸을 태자비로 들여보내려고 시도하다 정중부의 아들 정균에게 죽임을 당한다. 이후 정중부는 아들 정균, 사위 송유인과 함께 인사권을 장악하고 횡포를 부리다가 또 다른 무신 경대승에게 죽임을 당한다. 경대승은 8척의 거구 이의민과 대립하며 불안에 시달리다가 병사한다. 이후 명종이 이의민과 또 다른 무신 두경승을 기용하면서 둘이 권력을 분점했다.

문신들이 권력을 오랜 세월 장악할 수 있었던 데는 구조적인 배경이 있었다. 바로 고려 사회를 장악하고 있던 유교라는 이데올로기,

음서제를 통한 지위의 세습 그리고 공음전이라는 국가의 경제적 후원까지 단단한 구조였다. 이에 반해 무신들의 일탈을 뒷받침해줄 사회적 기반은 없었으니, 당연히 무신 정권 초기는 어지러울 수밖에 없었다.

무신 내부의 권력 다툼도 충분히 예상됐다. '정중부는 되고, 나는 안 될 게 뭐가 있어?'라는 생각이 싹트기 시작한 것이다. 싸움 좀 한다는 무신들은 다음은 자기 차례라고 생각했다. 무신들끼리 서로 사병을 일으켜 싸움을 벌이기 시작했다. 자신들의 시대가 왔다고 생각한 무신들은 백성들까지 수탈했다. 싸움으로 권력을 장악했다고 해도, 이들에게는 체계가 없었다. 당연히 지방 세력을 장악할 능력이 없었고, 지방 통치는 무너졌다.

하지만 이런 무질서는 최충헌이 등장하면서 급반전된다. 최충헌은 1196년 명종 26년에 이의민과 두경승 세력을 제거하고 명종에게 〈봉사 10조〉라는 글을 올려 지금의 혼란을 정리하도록 요청했다. 말이 좋아 요청이지 국왕에게 "내가 접수하고 정리할 테니, 결재해"라는 협박이었다. 이후 최충헌은 명종을 폐한다. 이후 명종의 동생(신종)을 왕위에 앉혔다가 다시 폐위시키고, 그의 아들(희종)을 왕위에 앉혔다. 이후 다시 명종의 맏아들(강종)을 왕으로 앉히며 계속해서 권력을 행사한다. 여러 왕이 교체되는 동안에도 최충헌의 권력은 흔들리지 않았다.

최충헌이 권력을 장악한 방식은 시스템을 만드는 것이었다. 문신들이 오랜 시간 고려를 장악할 수 있었던 이유를 제대로 파악한 것이다. 그는 막강한 군사력을 배경으로 국정의 주요 사안을 의논하는 재추나 문무반의 인사를 담당하는 이병부 관직, 상장군 관직 등을 직접, 동시에 도맡았다. 그는 교정도감이라는 기구를 만들어 자신의 정적을 처리하는 일이나 세금을 관리하고 관리들의 비리를 규찰하는 업무를 총괄했고, 이 기구는 곧 국정을 총괄하는 최고의 정치 기구로 발전한다.

이렇게 스스로 시스템을 만든 최충헌은 그의 지위를 세습하는 데에도 성공한다. 최충헌이 죽자 그의 아들인 최우가 정권을 계승한다. 최우는 무신 정권의 시스템을 한층 강화하여, 최충헌이 사사로이 처리하던 인사 행정 관행을 제도화해서 '정방'이라는 정치 기구를 만든다. 이후 최우는 이름난 선비들에게 정치적인 자문을 구하는 기구인 서방을 만들고, 사병 집단이었던 도방을 더욱 확대해나갔다. 그 유명한 삼별초도 이때 만들어진다.

최충헌 이후의 무신 정권은 이전의 무질서함을 정리하고 관료제를 존중하며 권력을 장악하고 이용했다. 그들은 왕이 되려 하지 않았다. 모든 국정의 최종 결정권은 국왕에게 있었다. 최씨 정권은 국왕에게 압력을 행사해 원하는 결정을 내리도록 하면 그만이었다. 그렇게 차츰 무신 정권은 그들만의 시스템을 완성해나갔다.

세계를 정복한 대제국 몽골, 고려를 만나다

고려 국왕과 원나라 황실은 '부마'라고 불리는
가족의 결합을 통해 꾸준히 외교 관계를 이어갔다.
고려 왕실 입장에서는 원나라가 처갓집이자 외갓집인 것이다.
이러한 특수 관계 안에서
고려 왕실의 위상, 정치 제도와 정치 세력의 변화 등을 살펴봐야 한다.

예부터 중국의 왕조로부터 몽골(한자로 몽고[蒙古])이라는 명칭으로 불리던 이들은 13세기 이전까지만 해도 그저 작은 유목 집단에 불과했다. 이들은 대체로 통합된 형태의 국가로 존재하지 못하고 소수 부족으로 분열돼 생활했다. 보통 바이칼 호수에서 북만주에 이르는 공간에 퍼져 부족끼리 크고 작은 전투를 벌이며 평범하게 살아갔다.

그러던 운명의 1162년, 한창 만주 땅에서 금나라가 전성기를 구가하던 때 몽골 초원에서 몽골을 탈바꿈할 사람이 태어났다. 바로 테무진, 훗날 칭기즈 칸이 되는 그 인물이다. 테무진은 분열된 몽골

부족을 하나씩 통합해나갔고, 1206년 몽골의 부족 연합 회의인 쿠릴타이를 연다. 여기서 테무진은 부족장들에 의해 칭기즈 칸으로 추대됐고, 몽골이 '예케 몽골 울루스(대몽골 제국)'라는 나라로 통합됐음을 선포했다.

칭기즈 칸이 통합한 대몽골 제국은 엄청난 야심을 가지고 있었다. 시작은 동쪽에 있는 금나라였다. 금나라를 성공적으로 공격한 몽골은 곧 중국을 공격해 막대한 재원을 확보했고, 이를 바탕으로 서쪽으로 내달리기 시작했다. 서진을 시작으로 호라즘 왕조를 넘어 중앙아시아까지 접수하면서 몽골의 재정은 폭발적으로 늘어났다. 이후 칭기즈 칸은 몽골 본국으로 돌아왔지만, 남은 군은 계속해서 서쪽을 공략해 카스피해를 넘어 북쪽으로 러시아 공국과 격돌하기까지 했다.

한편 몽골 본국으로 돌아온 칭기즈 칸은 1227년 서하를 무너뜨리고, 금나라를 공격하던 중에 사망했다. 이후 칭기즈 칸의 네 아들 주치, 차가타이, 오고타이, 툴루이에게 영토가 분할 상속됐고, 대칸의 지위는 오고타이에서 그의 아들 귀위크로, 다시 툴루이의 아들 몽케로, 이어 몽케의 동생 쿠빌라이(훗날 원 세조)에게로 이어졌다.

대칸의 지위를 놓고 분쟁이 있기는 했지만, 몽골군의 세계 정복은 계속해서 이어졌다. 오고타이는 1234년 금나라를 멸망시키고 만주 지역에서의 패권을 공고히 했고, 이후 몽케는 1258년 중세 이슬람의 황금시대를 열었던 아바스 왕조를 멸망시켰다. 뒤이어 제5대 대칸으로 추대된 쿠빌라이는 1279년 송나라를 멸하면서 몽골 제국의 최대 황금기를 열었다. 인류 역사에 길이 남을 최대 제국을 완성한 것이다.

놀랍게도 몽골군에게는 말 타고 싸우는 기마병만 있었던 게 아니었다. 중국의 발달된 화약 무기를 비롯해 성벽을 무너뜨리기 위해 만들어진 투석기 등 당대로서는 최신식 무기를 다량으로 보유하고 있었기에 정복 사업이 가능했다.

하지만 잘 알려진 것처럼 너무도 거대했던 대제국 몽골은 이후 크게 5개로 나뉜다. 테무진이 부족을 통합하고 일어섰던 몽골 본토 땅과 송나라가 있던 땅은 황제의 직할령으로 남았다. 이어서 나머지 땅은 킵차크한국(남러시아 지역), 일한국(서아시아 지역), 차가타이한국(중앙아시아 지역), 오고타이한국(서몽골 지역)으로 분열된다. 이 분열은 사실 이미 칭기즈 칸 시절에 예견된 일이었다.

칭기즈 칸은 전쟁 과정에서 확보한 점령지를 친족(형제, 외척, 처가 등)에게 나누어 주면서 분쟁을 예방코자 했다. 하지만 칭기즈 칸이 죽자 대칸의 지위를 놓고 갈등하며 칭기즈 칸이 나누어 주었던 분봉 지역을 중심으로 제국이 쪼개지기 시작한 것이다. 제국은 분열됐지만 전 세계로 뻗어 나갔던 몽골 제국의 유산으로 유럽과 아시아 간의 교류는 되려 활발해졌다. 동유럽과 아시아 전체를 통틀어 적어도 한 세기 이상(13~14세기)은 몽골의 영향력이 절대적이었던 시기라고 봐야 한다.

자, 이제 상상해보자. 금나라가 망하고 고려는 이제 이런 몽골과 바로 국경을 접한 사이가 됐다. 유라시아 대륙 전체가 몽골이라는 대제국에 유린당한 이 시기에 과연 고려만 유일하게 살아남아 몽골에 대적할 수 있었을까? 그것도 무신 정권이라는 희대의 막장 정권이 고려 전체를 장악하고 있던 바로 그 시기에? 우리는 이 시기를 세계사적인 흐름 안에서 올곧게 바라볼 필요가 있다.

30여 년간 이어진 몽골과의 전쟁

고려는 전 세계로 뻗어 나가던 몽골의 강력한 힘을 피할 수 없었다. 서쪽으로 동유럽까지 나아간 대제국이 동쪽에 접한 고려를 그냥 지나칠 리 없었다. 1218~1219년 사이 강동성에 침입한 거란족을 함께 물리치면서(강동성 전투) 인연을 맺은 고려와 몽골은 전투 이후 이른바 '형제의 맹약'이라 불리는 협약을 맺는다. 하지만 형제라는 단어가 무색하게 둘 사이는 급속도로 벌어진다.

고려에 엄청난 은혜를 베풀었다고 생각한 몽골이 고려에 해마다 과다한 공물을 요구하면서 갈등은 시작됐다. 공물을 받으러 온 몽골 사신단의 태도도 문제였다. 고려 국왕에게 직접 사신단을 맞이하라고 하지 않나, 당시 국왕이었던 고종의 손을 잡는 무례를 범하기도 했다.

사실 몽골은 이미 온 세상을 지배와 복속의 대상으로 인식하고 있었다. 더군다나 유목민의 전통적 세계관에서 형님-동생의 관계는 중화 질서에서의 조공 책봉 관계와 달랐다. 이들이 생각하는 형 대접은 완벽한 복속이었다. 이런 태도는 고려의 실질적 권력자였던 최우의 판단에도 영향을 미쳤다. 최우는 몽골 사신을 무시했다. 사신단이 왔을 때 마중은 고사하고 제대로 된 대접도 하지 않았다. 몽골이 요구하는 공물에도 크게 신경 쓰지 않는 듯한 태도를 보이며 품질이 떨어지는 '거친 명주'를 포장해 보내버린다. 가만히 있을 몽골이 아니었다. 최우의 푸대접은 어이없는 공물 요구(수달 가죽 1만 장, 비단 3,000필, 모시 2,000필, 솜 1만 근, 종이 10만 장, 붓 200자루 등)로 이어졌다.

이 무례하고 허무맹랑한 공물을 요구하기 위해 파견된 사신이 바로 저고여였다. 저고여는 1221년 첫 방문에 이어서 1224년에도 찾아와 고려에 무리하게 공물을 요구했고, 고려는 얼추 요구에 맞춰 어르고 달래가며 사신단을 돌려보냈다.

문제는 압록강에서 터졌다. 저고여와 함께 고려를 찾은 사신단 일행은 압록강을 넘으며 수달피를 제외한 수많은 공물을 버린다. 바로 이때 사신단에 정체 모를 도적들이 들이닥쳤고, 저고여는 살해당한다. 범인은 알 수 없었다. 하지만 몽골은 당연히 용의 선상에 고려를 올려놓는다. 칭기즈 칸이 사망하면서 고려는 6년의 시간을 벌 수 있었지만, 1231년 몽골은 지휘관 살리타이를 필두로 고려를 침공한다. 여몽 전쟁의 시작이었다.

이후 고려는 30여 년간 몽골과의 전쟁을 이어갔다. 군사적으로 열세였던 고려는 전투를 지속하면서도 끊임없이 몽골과 협상을 시도했다. 몽골은 첫째, 고려 국왕이 몽골이 세운 원나라에 직접 와서 조회(朝會)할 것, 둘째, 고려의 수도를 강화도에서 개성으로 다시 옮길 것을 조건으로 내걸었다. 고려 국왕이 자존심만 꺾는다면 고려 본토에서의 살육은 진행되지 않을 수 있었다.

무신 집권자들은 몽골과 화친할 생각이 전혀 없었다. 그러나 무신들의 생각과 달리 고려는 몽골과의 전쟁을 지속할 여력이 없었다. 현실적 힘의 차이를 무시할 수 없는 것이다. 고려 내부에서도 몽골과의 강화를 주장하는 여론이 강해지기 시작한다. 이때 무신이지만 생각이 달랐던 김준과 강화 세력은 극적으로 손을 잡고 실권자였던 최의를 죽이고 왕정복고(王政復古)에 성공한다. 이제 고려 국왕은 몽골과 어떻게 관계를 맺을지 결정해야 했다.

무신들의 세상, 완전히 막을 내리다

몽골이 요구한 것은 고려 군주가 직접 찾아와 패배를 인정하는 것이었다. 여전히 중화 질서 안에서의 조공 책봉 관계에 익숙했던 고려는 국왕 대신 태자(훗날 원종)를 원나라로 보내 몽골과 강화를 체결하려 했다.

여기서 한 편의 드라마가 시작된다. 태자가 강화를 위해 몽골로 가던 중, 하필 몽골의 제4대 칸이던 몽케가 사망하고 차기 칸 자리를 두고 동생과 싸우던 쿠빌라이를 우연히 만나게 된 것이다. 사실 태자는 몽케 칸을 만나러 가던 길이었다. 안 그래도 다음 칸 자리를 놓고 싸우느라 정신이 없던 쿠빌라이는 친히 고려의 태자가 찾아왔다는 사실에 기쁨을 감추지 않았다.

"아니, 고려라고 하면 옛날에 당 태종도 쩔쩔매던 나라 아닌가? 그 나라의 태자라고 했지? 이건 완전히 하늘의 뜻이군!"

이 우연한 만남으로 태자와 쿠빌라이는 막역한 사이가 된다. 그렇게 쿠빌라이와 강화를 논의하던 태자는 아버지 고종의 승하 소식을 그와 함께 듣는다. 쿠빌라이는 그 자리에서 태자를 국왕으로 책봉해 고려로 보낸다. 때마침 쿠빌라이도 칸 자리에 오른다. 완벽한 타이밍이었다.

단, 두 나라는 중요한 약속 여섯 가지, 이른바 '세조구제(世祖舊制)'를 내건다. 첫째, 의관은 본국의 풍속에 따를 것. 둘째, 사신은 몽골 조정에서만 보낼 수 있음. 셋째, 개경으로 돌아오는 시간은 고려가 정할 것. 넷째, 가을까지 압록강에 주둔한 군대를 철수할 것. 다섯째, 원래 설치했던 다루가치 일행은 모두 원나라로 돌아올 것. 여섯째, 원나라에 머무르겠다고 하는 자는 결코 허락하지 않을 것이라는 약속이었다.

이후 고려와 원나라는 이 약속에 기반해 관계를 지탱해나간다. 고려는 원나라에 복속됐지만, 고려의 풍속을 유지할 수 있게 됐다. 원나라는 대신 고려라는 든든한 지원군을 얻었다. 하지만 황제국을 칭하던 옛 명칭들은 모두 한 단계씩 격하된다. 원종 이후 왕들은 묘호를 사용할 수 없었고, 원나라에 대한 충성을 상징하는 '충(忠)' 자를 돌려 쓴다.

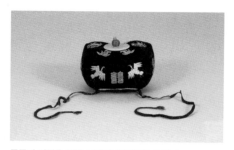
몽골의 영향을 받아 고려에 자리 잡은 족두리

원종에게는 남은 과제가 하나 있었다. 100년 가까운 시간 동안 자신의 선대 왕이자 '용의 후손'들을 유린하고 고려 정치를 망쳐온 무신들의 영향력을 완전히 뿌리 뽑는 일이었다. 무신 세력은 쿠빌라이와 단짝이 돼 돌아온 원종이 달갑지 않았다. 강화도에 틀어박혀 백성들의 고혈을 빨아먹던 무신들은 국왕이 몽골을 등에 업고 제자리를 찾으려 하는 모습에 적지 않게 당황했다. 강화 세력과 손잡고 왕정복고에 공을 세운 김준과 잔존한 무신 세력은 여전히 고려에서 왕권을 위협할 수 있는 존재였다. 결국 김준은 원종을 별궁에 가두고 원종의 동생을 왕위에 올리려는 만행을 저지른다. 당연히 즉각 원나라에 의해 원종은 복위된다.

그리고 이어진 원종의 복수로 인해 무신 정권의 마지막 실력자 임유무가 죽으면서 100년간 이어져온 무신들의 세상은 완전히 막을 내린다. 원나라 황실에 의지해 왕이 된 원종에 의해서 무신 정권이 사라진 것이다.

왕이 국정을 총괄하는 전통적 군주 국가의 정치 시스템이 되살아났지만, 그 배경에는 석연치 않은 조건이 붙었다. 그런데 문제는 아직 시작되지도 않았다. 본격적인 문제의 시작은 바로 고려와 원나라 사이에서 이루어진 '결혼'이었다.

결혼이 정치를
움직이던 시절

고려는 원나라의 부마국이 되었고,
고려 국왕은 원나라 황실의 구성원으로서 제국 운영에 참여한다.
때맞춰 고려의 정치는 이전과는 전혀 다른 모습으로 변화한다.
결혼이 정치를 좌우하게 된 것이다. 이 변화는 충렬왕의 아들이 태어나면서 더욱 가시화된다.
충렬왕의 아들은 다름 아닌 쿠빌라이의 외손자였다.
황제의 외손자가 고려의 세자가 됐다는 것은 어떤 의미일까?

원나라는 중국의 여느 통일 왕조와 달랐다. 쿠빌라이가 국호를 '원 (元)'으로 고치고 중국 왕조로서의 모습을 갖추는 듯 보였지만, 원나라는 여전히 유목민이 세운 나라였다. 황제였던 세조는 여전히 유목민 시절의 정체성을 놓지 않았고, 중화 질서를 배우고 익혔지만 몽골의 전통을 모두 버리지 않았다.

고려에게 원나라는 그야말로 처음 겪는 대국이었다. 이들은 금나라와도 달랐고, 송나라와도 달랐다. 그런데 여기서 소설 한 편이 또 쓰인다. 원종의 아들이자 세자였던 왕심이 원나라에 조회를 갔다가 고려로 돌아오는 길에 로맨스가 싹튼 것이었다.

세자는 당시 고려의 실권자였던 임연이 자신의 아버지 원종을 폐위시키고 삼촌을 왕위에 앉혔다는 소식을 입수한다. 세자로서는 아버지가 대원제국의 황제와 단짝이 된 이 시점에 임연에게 당하고만 있을 수 없었다.

이때 세자는 몽골 특유의 외교 방식을 떠올린다. 바로 결혼이다. 몽골인들은 결혼을 통해 끈끈한 외교 관계를 맺어왔다. 특히 정치 집단의 우두머리(혹은 집안)끼리 혼인을 맺어 강력한 동맹을 맺었다. 세자는 곧바로 원나라로 돌아간다. 그리고 원 세조에게 임연의 군대를 제압할 군사를 요청하는 동시에 쭈뼛거리며 한 가지 사항을 더 요청한다.

"황제 폐하, 따님을 제게 주시겠습니까?"

원 세조는 황제가 임명한 국왕을 일개 신하가 폐위시켰다는 소식에 분노하며, 즉시 고려에 군대를 파견해 원종을 복위시키라는 명을 하고는 고려 왕실과의 결혼에 대해 진지하게 고민했다. 생각해보니 원나라에도 크게 손해 볼 일이 없는 통혼이었다. 이내 고려의 세자 왕심은 쿠빌라이의 막내딸과 결혼한다.

고려로 돌아가는 세자의 발걸음이 얼마나 가벼웠을까. 콧노래도 나왔을 테다. 자신의 장인어른은 몽골의 대칸이자 원나라의 황제였다. 고려에서의 지지 세력이 미약하더라도 거리낌이 없었다. 어깨에 힘이 잔뜩 들어간 세자는 고려 왕실의 옷을 벗어 던진다. 그는 호복(胡服)을 입고 몽골식으로 변발하고는 고려로 돌아온다. 변발에 몽골

옷으로 치장한 세자를 마주한 고려 사회는 충격에 빠진다.

얼마 지나지 않아 원종이 죽고, 세자가 왕위에 올랐다. 그가 바로 충렬왕이다. 고려는 원나라의 부마국이 됐고, 고려 국왕은 원나라 황실의 구성원으로서 제국 운영에 참여할 수 있게 됐다. 때맞춰 고려의 정치는 이전과 전혀 다른 모습으로 변화한다. 결혼이 정치를 좌우하게 된 것이다. 이 변화는 충렬왕의 아들(훗날 충선왕)이 태어나면서 더욱 가시화된다. 왜일까? 충렬왕의 아들은 다름 아닌 쿠빌라이의 외손자였다. 황제의 외손자가 고려의 세자가 됐다는 의미다.

충렬왕과 처가댁 정치

충렬왕의 즉위와 함께 고려의 정치는 새로운 시스템 속에서 재정비돼야 했다. 충렬왕의 1차 목표는 지난날의 설움을 딛고 왕권을 강화하는 것이었다. 왕실의 처가댁은 그 변화의 중심에 있었다. 왕의 측근은 원나라 '외교통'들로 빠르게 정리됐다. 통문관(몽골어 역관을 양성하는 기관)과 응방(매를 잡아 원나라에 진상하는 기관)이 설치됐고, 본격 '원나라 바라기'가 시작된다. 국왕은 통문관과 응방을 직접 관리하면서 자신의 측근 세력을 양성하고 관리하는 기관으로 만들기 시작한다. 외교를 중심으로 고려 정치 시스템을 재편한 것이다. 그것도 천편일률적으로 처가에 집중된 외교였다.

충렬왕은 한편으로 원나라가 만들어낸 세계 체제 안에서도 영향력을 높여나갔다. 충렬왕은 장인에게 '부마'라는 글이 들어간 관직을 하사해줄 것을 정식으로 요청한다. 부마 관직을 받은 후 충렬왕과 고려의 위치는 원 제국 내의 다른 왕조들에 비해 높아졌고, 이를 통해 외교적으로 유리한 위치를 점하게 된다. 물론 이는 고려 내부에서 본인의 지위를 안정화하는 방편이기도 했다.

충렬왕은 처가의 의지하여 왕권 강화라는 목표를 달성해갔다. 그렇다고 충렬왕을 '왕 대접받기 위해 오랑캐와 결혼한 사람'이라고 생각할 필요는 없다. 왕권을 회복하기 위한 충렬왕의 판단은 한편으로는 원 중심의 세계 체제 안에서 결혼을 통한 정치적 동맹을 맺어 나라의 입지를 다진 것이었다. 덕분에 고려는 어디 가도 꿀리지 않는 나라가 됐다는 뜻이다. 더욱이 고려는 내부적으로 특단의 조치를 통해서라도 시스템 개편이 절실한 상황이었다. 충렬왕의 선택은 왕실의 정통성에 손상을 입혀서라도 내부 문제를 해결하겠다는 의지의 표현이기도 했다.

문제는 그렇게 바뀐 시스템이 그래서 제대로 돌아갔냐는 것이다. 충렬왕 재위 기간의 정치를 단적으로 표현할 수 있는 말이 바로 측근 정치다. 물론 전근대 시기 왕 중 측근 세력을 키우지 않고 정치했던 왕을 찾기는 쉽지 않다. 하지만 원 간섭기는 바로 이 측근 정치가 극도로 판을 친 시절이었다. 이런 시스템에는 큰 맹점이 있을 수밖에 없었다. 장인어른이 자칫 바람에 흔들리면 사위의 위상은 태풍을 맞은 양 쓰러지기 때문이다. 실제로 원나라에서 나얀의 반란이 일어났을 때 충렬왕은 요동 지역부터 고려까지의 방어를 책임지는 직책을 맡았지만, 반란 세력을 진압하는 동안 생긴 피해의 책임도 동시에 떠맡는다. 반란 세력이 고려에까지 들어오자 충렬왕은 강화도로 피난했고, 곧 왕권은 급속도로 약화된다.

반란 세력은 진압됐지만, 얼마 뒤 세조가 죽었고 동시에 고려에서 충렬왕의 위상은 급격히 떨어진다. 충렬왕의 입지는 그저 원 세조라는 든든한 장인어른을 매개로 이루어진 것이었기 때문에 세조의 죽음은 충렬왕에게 치명타였다. 더욱이 원 세조 사후 즉위한 쿠빌라이의 손자 성종은 자신과 합을 맞출 고려의 국왕으로 다른 인물을 떠올린다. 피 한 방울 안 섞인 친척 충렬왕보다 조카였던 충렬왕의 아들이 더 눈에 들어온 것이다. 그가 바로 충선왕이다.

한편 흥미롭게도 새로운 형태의 정치 파행이 일어나던 충렬왕 집권기에 운명처럼 원나라로부터 성리학이 들어온다. 고려를 멸망시키고 새로운 왕조의 개창을 만들어낸 바로 그 학문 말이다. 물론 성리학의 유입으로 곧 충렬왕의 정책에 성리학적 이념이 반영되거나 관료의 선발에 영향을 미친 것은 아니다. 낮은 수준이었지만 고려 사회에 성리학이 유입되면서 성리학자라고 할 수 있는 세력이 조금씩 형성되기 시작했다. 이러한 변화는 곧 이어질 충선왕 시절 그 빛을 발한다.

충선왕과 외갓집 정치

◗

충렬왕의 아들 충선왕은 출생부터 아버지와 달랐다. 충렬왕과 원나라의 공주 사이에서 태어난 충선왕은 그 출신 자체로 원나라의 황제, 그것도 원나라 황실의 상징적 존재인 쿠빌라이의 외손자였다. 그 덕분에 충선왕은 어린 시절부터 원나라에 머물며 극진한 대우를 받았다. 그가 원나라에 머물던 명목은 숙위(속국의 왕족이 볼모로서 원나라에 머물게 하는 행위)였지만, 황제의 손자였던 그의 지위는 누구보다도 높았다. 충선왕도 자신의 입지를 제대로 파악하고 있었고, 자신의 정책을 밀어붙일 때는 이를 적절하게 써먹었다.

충선왕이 먼저 개혁한 것은 인사 제도였다. 아버지와 같이 자신만의 측근 정치를 하기 위한 조치였다. 새로운 권력 기구로 사림원(왕명의 출납과 문서를 작성하고 인사 행정을 관장하던 중앙 관청)을 키웠고, 정방을 폐지하면서 아버지 때 측근으로 성장한 이들을 쳐내기 시작했다. 자기 스타일에 맞는 군제와 세제도 함께 정비하면서 충선왕의 고려를 만들려 했다.

충선왕의 입지는 결혼으로 한 단계 업그레이드된다. 언제까지 외할아버지만 믿고 왕 노릇을 할 수는 없었다. 충선왕은 원 무종과 원 인종의 사촌이며, 훗날 황제 자리에 오르는 원 진종의 누나인 계국대장공주와 결혼한다. 외갓집에 더해 처가까지 화려하게 수를 놓은 것이다. 다만 계국대장공주와는 사이가 좋지 않아서 한때 아버지에게 왕위를 잠깐 빼앗긴 적도 있지만, 원 무종이 즉위하는 과정에서 일정한 역할을 하면서 황실과의 관계는 더욱 공고해진다. 이후 원 무종은 충선왕에게 심양왕의 작위까지 내린다.

이런 배경 탓에 초기 충선왕의 정치는 곧 원나라의 정치와 맞물릴 수밖에 없었다. 충선왕의 대의 정책 방향은 원에서 실시한 정책의 방향과 일치하는 경우가 많았다. 하지만 그 덕분에 왕의 권위는 아버지 때와 비교도 되지 않을 만큼 높아졌다. 충선왕은 이를 제대로 활용했고, 원나라 내부에서도 그러한 분위기는 환영할 만한 일이었다.

그래서인지 충선왕은 스스로 정통성을 고려에서 찾기보다 원나라의 황실에서 찾았다. 재미있는 것은 충선왕이 왕 노릇을 하는 동안 겨우 1년 정도만 고려에서 생활했다는 사실이다. 그는 원나라의 문화에 익숙했고, 기반도 원나라에 있었다. 원나라 황실에서는 끊임없이 고려에서 직접 정치할 것을 명했지만 끝내 원나라에 남아 정치를 운영했다.

충선왕이 고려의 왕 노릇을 굳이 하려던 이유도 사실 원나라 내부에서 자신의 입지를 다지기 위함이었고, 고려 국왕으로서 시도했던 이른바 혁신 정치(농업과 양잠 장려책, 조세 개편, 인재 등용 등)는 원나라 황실에 보여주기 위함이었다.

그런데 이런 충선왕의 정치 시스템으로 고려 사회의 사상은 획기적 전환기를 맞는다. 성리학 사상이 급속히 유입됐기 때문이다. 아버지 충렬왕 대에 조금씩 유입되기 시작한 성리학은 충선왕 시기 급속하게 자리 잡는다. 이는 충선왕이 의도한 결과였다. 당시 원나라

는 남송에서 유행하던 성리학을 국가의 사상적 기반으로 다져나가
던 상황이었다. 충선왕은 이러한 분위기를 고려에 덧입히려 했다.

충선왕은 학문 그 자체로서 성리학에 관심을 갖기도 했다. 기본적
으로 그는 (불교나 풍수 도참과 같은) 고려의 전통적인 사상에서 한걸음
벗어나 있었다. 충선왕에게는 원나라에서 유행하는 최신 학문이 훨
씬 가깝게 느껴졌다. 그가 고려 국왕이기에 앞서 원나라 세조의 외
손자이자 현직 원나라 황실의 외척이었기 때문이다.

원 간섭기 고려의 정치는 이렇게 결혼을 통해 움직였다. 그들이
알게 모르게 키운 성리학자들이 성장하기 전까지 말이다.

개혁 군주와 문란한 실정가 사이에 선 인물, 공민왕

정말 공민왕의 개혁은 원나라에 반하는 행위였고, 이를 통해 고려는 원과 멀어졌을까?
그러면 대체 어쩌다가 공민왕은 미친 군주라는 오명을 입게 된 것일까?
이 모든 것을 제대로 알아보기 위해서는
당시 동아시아의 정세를 간단하게나마 살펴봐야 한다.

공민왕은 고려를 대표하는 군주 중 한 명으로, 인지도만 따져도 왕건 다음으로 유명한 왕일 것이다. 하지만 공민왕에 대한 평가는 그리 긍정적이지 않다. 단적으로 공민왕 하면 가장 많이 거론되는 게 남색을 즐겼다는 이미지다. 그런데 공민왕은 정말 그렇게만 기억돼도 충분한 왕일까?

공민왕은 기존 원 간섭기의 군주들과 비슷하게 고려의 국왕이 되기 위해 철저히 준비했던 인물이다. 왕위에 오르기 전 원나라 공주인 노국대장공주와 결혼하여 몽골 황실의 부마가 됐고, 몽골에서 숙위(宿衛)하며 원나라 정치 세력과 인맥을 쌓았다. 왕이 되기 위한 준비를 마친 공민왕은 이제현 등 고려 내 유학자들의 지원에 힘입어 국왕으로 즉위한다.

왕이 된 공민왕은 바빴다. 공민왕이 살았던 당대는 동북아시아를 넘어 원나라가 관계했던 모든 지역에서 다양한 방법으로 급격한 변화가 일어나던, 세계사적으로도 의미 있는 시대였다. 더불어 고려도 내적으로 쌓여온 수많은 문제가 곪아 터지기 직전의 상황이었다. 고려의 안과 밖에서 변화를 요구하는 목소리가 터져 나왔고, 이를 바로잡지 않으면 나라가 존폐의 위기에 빠지는 상황이었다고 해도 과언이 아니다.

이런 와중에 공민왕은 왕을 위협하는 세력과 경쟁까지 해야 했다. 역대 고려 국왕들은 원나라 황실의 부마로서 일정 부분 자신의 권위를 인정받을 수 있었지만, 공민왕의 경우 자기 외의 원 황실의 부원 세력이 이미 존재했다. 바로 기황후의 일족인 기씨 일가였다. 기씨 일가가 원나라 황실과 긴밀하게 연결된 이상, 공민왕은 자신의 권력을 확보하기 위해 기존의 고려 국왕들과는 다른 선택을 해야 했다. 이를 상징적으로 보여주는 행동이 바로 몽골식의 변발과 호복을 벗은 사건이다.

흔히 반원 개혁이라고 알려진 공민왕의 정치에 대해 정확히 알기 위해서는 여기서부터 시작해야 한다. 그런데 정말 공민왕의 개혁은 원나라에 반하는 행위였고, 이를 통해 고려는 원과 멀어졌을까? 또 대체 어쩌다가 미친 군주라는 오명을 입게 된 것일까? 이 모든 것을 제대로 알기 위해서는 당시 동아시아의 정세를 간단하게나마 살펴봐야 한다.

변화하는 동아시아

14세기 후반 동아시아는 그야말로 아수라장이었다. 홍건적의 난을 시작으로 중원에서 한족 군웅 세력이 성장했고, 원 내부에서도 급격한 정세 변화가 일어났다. 게다가 대규모 군 수준으로 성장한 왜구가 한반도를 비롯한 동아시아 해안을 어지럽히기 시작했다. 무엇이 더 큰 문제라고 손꼽기 어려울 만큼 복잡한 양상이었다. 그중 공민왕에게 가장 중요한 문제는 한족 군웅 세력의 성장과 이에 따른 원 중심 체제의 급속한 붕괴였다.

사실 두 문제는 연결돼 있었다. 홍건적의 반란을 진압하는 과정에서 무장 세력이 원나라의 정계에서 큰 영향력을 발휘하는데, 새롭게 성장한 무장 세력 간의 알력 다툼은 기존 원나라의 시스템을 무너뜨리고 있었다. 무장 세력 간의 반목은 곧 중원의 한족 군웅 세력의 반란을 막을 군사적인 힘을 잃게 하는 큰 요인이었다.

결국에 원 황제는 1368년 7월에 상도(上都)로 피신했고, 원나라 정부가 떠난 수도(大都, 대도)는 그해 8월 중원 한족 군웅 세력, 즉 훗날 명나라를 세우는 주원장 세력에 의해 점령된다. 하지만 원나라는 중원을 곧 회복할 것이라는 막연한 가능성을 믿고 기존의 원 중심의 외교 질서를 회복하기 위해 노력한다.

한편 남경(南京)에서 명을 건국한 주원장은 중원을 장악한 이후 명나라 중심의 새로운 동아시아 국제 질서를 만들기 위해 노력하고 있었다. 하지만 원나라가 북쪽에서 나름 군사력을 유지한 채 잔존했기 때문에 당시 동아시아는 누가 절대 강자라고 할 수 없는 불안정한 상태였다.

바로 이 시점에 고려의 국왕으로 즉위한 이가 바로 공민왕이었다. 중원의 상황과는 달리 고려와 국경을 접한 요동에서는 여전히 원나라의 영향력이 막강했고, 원나라 관리들은 여전히 요동 지역을 직접 통치했다. 적어도 고려와 접한 국경에서 명의 체계적인 대응이나 적극적인 공격은 없었다. 명이 호시탐탐 요동을 노리고는 있었지만, 쉽지 않은 일이었다. 명나라는 이와 같은 상황을 뒤집기 위해 고려에 외교적 접촉을 시도한다. 동시에 기존의 관계를 유지하기 위한 원나라의 압박도 거세졌다.

이것만으로도 터지기 직전이었던 공민왕의 머리를 더 복잡하게 하는 존재가 있었다. 바로 왜구다. 공민왕 시기 빈번한 왜구의 공격은 이전 시기의 침략과 달랐다. 이 시기 왜구는 단순한 일회성 약탈을 넘어 일부 지역에 자리를 잡고 수개월을 주둔하며 고려 사회를 어지럽혔다. 단순한 해적 집단이 아니었다는 말이다. 고려는 왜구를 섬멸하기 위해 강력한 무장 세력을 길러야 했고, 이들은 고려의 신흥 세력으로 주목받게 된다.

공민왕은 급변하는 동아시아의 환경을 제대로 파악하면서 이에 맞는 고민을 통해 개혁을 추진해야 했다. 이 조건이야말로 우리가 흔히 반원 정책이라고 알고 있는 공민왕의 개혁 정책이 이루어지는 결정적인 배경이다.

황실 사위의 겁 없는 도전

공민왕이 즉위할 수 있었던 가장 큰 이유는 당연히 그가 원나라의 공주와 결혼했기 때문이다. 그런데 특이하게 공민왕은 즉위 후 곧바로 원나라와 고려의 관계를 상징적으로 보여주는 변발과 호복 착용을 그만둔다. 게다가 고려 내정 간섭 기관으로 전락한 정방을 폐지하려는 시도도 한다. 정방을 통해 인사권을 전횡하던 세력과 공민왕의 측근 세력 간의 갈등이 시작된 것이다.

그렇다고 공민왕이 집권 초기부터 강력한 반원 정책을 펼쳤던 것은 아니다. 그가 즉위 초기에 시도했던 개혁의 목적은 일단 강력한 왕권을 되찾는 것이었다. 원나라의 정치 상황에 따라 고려의 왕위가 흔들렸던 지난날의 경험을 교훈 삼아 고려 정치의 중심을 고려 국왕에게 돌리려는 시도였다. 여기에 원나라를 등에 업은 권세가들이 그간 불법적으로 탈점해온 토지를 본래의 주인에게 돌려주면서 폐단을 바로잡는 동시에 반대 세력의 돈줄을 틀어막았다. 정치 질서의 회복과 국가 재정의 확보라는 정당성을 바탕으로 왕권을 강화하고, 국왕의 측근 세력을 키우기 위한 조치였던 것이다.

그러던 공민왕의 개혁 방향성은 집권 5년이 넘어가면서 급격히 원나라에 도전적인 모습으로 변화한다. 공민왕은 기황후의 권력에 힘입어 호가호위하던 기철 일파를 숙청하고, 일련의 개혁을 추진한다. 특히 원나라와의 행정적 연락처였던 정동행성이문소를 혁파하고, 쌍성총관부(원나라가 화주에 둔 통치 기구)를 공격하여 수복했으며, 원나라 연호 사용을 금지하고, 고려 문종 시기의 정치 제도로의 회복을 추진했다.

그런데 원나라는 왜 공민왕의 개혁을 가만히 지켜만 봤을까? 공민왕은 정말 고려의 자주적 군주로서 바로 서기 위해 노력했던 것일까?

여기서 잠깐 앞서 살펴봤던 복잡한 국제 정세를 떠올려 볼 필요가 있다. 당시 원나라는 내부 알력 다툼이 심해 하나의 세력으로 정리되기 힘들었다. 즉, 고려에 영향을 미쳤던 원나라 세력은 다양한 세력 중 하나였을 뿐이다. 중요한 것은 원나라 내부 알력 다툼의 핵심 세력 중 하나가 바로 기황후 세력이었다는 점이다. 그러니까 공민왕은 원나라에 반하는 정책을 펼친 게 아니라 원나라의 세력 중 하나이면서 고려에서의 가장 강력한 라이벌이던 기황후 세력을 찍어 누르기 위해 정책을 추진한 것이다.

하지만 복잡한 국제 정세는 공민왕 개혁의 가장 강력한 걸림돌이었다. 공민왕 8년과 공민왕 10년에 있었던 홍건적의 침입은 수도 개경이 함락될 정도로 치열했다. 공민왕은 이때 복주(福州, 지금의 안동시)

까지 피난 가는 치욕을 겪어야 했다. 이 혼란을 틈타 기황후 세력이 공민왕을 폐위하고 충선왕의 셋째 아들 덕흥군을 옹립하려 한다. 하지만 이러한 시도는 최영, 이성계 등 무장들의 활약으로 실패한다. 이를 통해 공민왕의 입지는 다시 단단해졌고, 또 다른 개혁에 박차를 가할 수 있었다.

공민왕 14년의 개혁이라고 불리는 두 번째 개혁은 승려 신돈을 등용하여 급격히 세를 불리던 무장 세력을 억누르면서 시작한다. 공민왕은 뒤에 있고, 신돈이 정치 개혁을 주도하는 모양새였다. 한편으로 성균관을 만들어 정몽주, 이숭인 등 과거에 합격했지만 제대로 국정에 참여할 수 없었던 이들을 학관으로 참여하게 함으로써, 새로운 정치 세력이 성장할 기회를 만들었다. 이들은 이후 성리학을 매개로 결집해 신진사대부로 성장한다.

기황후 세력과의 갈등이라는 즉위 5년의 개혁 방향성과는 달리 이 시기의 개혁은 조금 더 원나라에 도전적인 모습을 보인다. 특히 중원의 세력 판도가 명나라 중심으로 변화하는 모습을 지켜본 공민왕은 명나라와 정식으로 외교 문서를 주고받던 중 명의 연호를 사용하기에 이른다. 그렇다고 원나라와의 교류를 완전히 끊지는 않는, 탄력적인 외교 정책을 펼쳤다.

공민왕은 명나라와의 외교에 대해 '반원'이라는 도전적인 언사가 아닌 '전통적인 사대 관계'를 회복한다는 명분을 내세웠고, 어쩌면 비정상적이라고도 볼 수 있는 원나라 일변도의 외교 관계를 정상화하려 했다. 사위의 당돌한 도전이었다.

그러나 이후 공민왕의 개혁은 급제동이 걸린다. 공민왕을 대신해 정치를 주관해온 신돈이 사사로운 뇌물을 받거나 부녀자를 간음하는 등 연이어 물의를 일으켰기 때문이다. 게다가 신돈의 사치는 도를 넘은 상황이었다. 신돈의 이러한 행위는 당장에 개혁 대상이었던 공민왕 반대 세력의 반발은 물론 신돈이 우연찮게 성장시킨 새로운 유신 세력의 반발을 불러일으켰다. 결국 공민왕은 다시 직접 정치의 전면에 나섰고, 이듬해인 1371년 신돈을 처형한다.

안팎의 혼란함을 감당하기 힘들었던 난세의 군주

이유가 무엇이었든 간에 공민왕은 23년간 왕위에 있으면서 정말 많은 개혁을 시도했다. 안팎으로 혼란한 시대 상황 속에서 전쟁과 변란으로 측근 세력이 자주 바뀌었고, 지지 기반의 영향력은 사라져 갔다. 그럼에도 개혁 없이는 급변하는 국제 관계와 그에 따른 국내 정치 집단의 세력 변화를 따라갈 수 없었다. 그래서인지 공민왕이 겪어야 했던 시련은 잦았고, 마음의 상처는 컸다. 이러한 심리적 압박감은 곧 개혁의 한계 자체가 된다.

공민왕은 어린 시절부터 그림과 글씨에 소질이 있었는데, 이러한 공민왕의 예술가적 예민성은 군왕으로서의 대범한 처신과 신중한 자세를 어렵게 만들기도 했다. 개혁이 좌절될 때마다 공민왕은 큰

충격을 받았고, 자신의 측근 세력이 분열되거나 신돈처럼 엇나갈 때
는 깊은 배신감과 불안감에 빠졌다. 이 와중에 난산으로 인한 노국
대장공주의 죽음은 공민왕을 결정적으로 미치게 한다. 이후 공민왕
의 왕비에 대한 그리움은 병적인 집착으로 이어졌으며 이상 행동까
지 하게 한다.

　공민왕은 단정적으로 평가하기 어려운 인물이다. 그의 개혁을 반
원이라는 잣대로만 바라보기에는 오히려 명나라와 원나라 사이의
균형을 잘 유지했다. 또 그저 미친 사람이었다고 평가하기에는 고려
가 쇠망하는 길목에서 마지막 힘을 다해 고려를 정상으로 돌리려 노
력했던 왕이었다. 그가 시도했던 개혁을 자양분 삼아 조선이 건국되
기도 했다. 공민왕의 무엇을 기억할 것인지는 각자의 판단일 테다.
하지만 적어도 그 판단의 다른 한편에는 또 다른 공민왕의 모습이
있었다는 것을 함께 기억하면 어떨까?

공민왕이 그렸다고 전해지는 〈천산대렵도〉

3장

조선시대

모든 것은
부동산에서 시작됐다

고려 말 전쟁이 끝난 후 국토는 엉망이었고, 백성들은 죽어 나갔다.
인구가 줄어드니 고려 재정도 말라갔다.
나라와 백성을 살려보려는 몇몇 정치인들은 문제 해결을 위해 머리를 싸맸다.
그들이 바로 신진사대부다.
해결 방안에 대해서는 이견이 있었으나
고려의 가장 큰 문제가 부동산에 있었음을 부정하는 이들은 없었다.

고려와 몽골의 전쟁이 끝난 국토는 엉망이었다. 많은 백성이 죽어 나갔고, 자연스럽게 인구도 줄었다. 땅을 잃고 떠돌이 생활을 하는 유랑민도 늘었다. 세금을 걷을 수 없었던 고려의 재정은 점점 말라갔다. 관료들에게 줄 땅도 돈도 부족했다. 어떻게든 돈을 걷기 위해 유랑민을 정착시켜 개간 사업을 진행하려 했지만 역부족이었다. 고려의 시스템은 이미 무너진 상황이었다.

직접 농경지를 개간하기 어렵게 되자, 고려는 권세가들에게 황무지를 나누어 주고 개간을 장려하기 시작했다. 돈과 사람이 풍성했던 권세가들은 누가 먼저랄 것도 없이 개간 사업에 뛰어들었다. 버려진 땅을 날로 먹은 이들은 점점 고려의 산천을 장악하기 시작해 주인이 있는 땅은 물론 나라 땅까지 차지하기 시작했다. 국왕의 측근부터 왕실의 종친들, 이른바 부원 세력으로 불리는 이들까지 국토 빼앗기 경쟁에 혈안이었다.

바로 이런 고려의 현실을 빗대어 "송곳 꽂을 땅도 없다"라고들 수군대기 시작했다. 문서를 조작하면서까지 땅을 빼앗다 보니 같은 토지에 7~8명의 주인이 있는 경우까지 생겼다. 남의 땅을 빌려 농사를 지으며 살아야 했던 백성은 대부분 점점 가난해질 수밖에 없었고, 그럼에도 권세가들은 수확량의 대부분을 챙겼다.

이 와중에 나라 꼴은 최악의 상황을 맞고 있었다. 공민왕이 죽고 그의 아들 우왕이 왕 노릇을 하던 어느 날, 왜선 500척이 진포(지금의 충남 서천)에 쳐들어와 충청도는 물론 전라도와 경상도까지 노략질했다. 단순한 노략질이 아니었다. 왜구들은 주변 마을을 불태우고, 마을 사람들을 마구잡이로 죽였으며, 곡식을 빼앗았다. 백성들은 안팎으로 죽어났다.

물론 나라와 백성을 살리려는 정치인도 일부 있었다. 그들이 바로 신진사대부다. 이들 중에는 '뜯어고치는 김에 나라 이름도 바꾸고, 왕도 바꾸자!'라고 생각한 이들도 있었고, '왕까지 바꾸는 건 좀 아니지 않나?' 했던 이들도 있었다. 그런데 적어도 이들은 고려의 가장 큰 문제가 부동산(토지)에 있음을 부정하지 않았다.

무신 이성계, 문신과 손잡다

신진사대부들은 말 그대로 사대부, 즉 학자 출신의 문관 관료들이었다. 이들은 담대한 사상과 화려한 언변을 갖췄지만, 시스템을 바꿀 만한 힘이 있지는 않았다. 한계를 느낀 이들이 선택한 인물이 바로 이성계였다. 당대 최고의 명장이자, 대규모의 최정예 사병 집단을 보유한 이성계가 주연급 캐릭터로 자리 잡을 수 있었던 것은 고려가 맞이한 막장 상황 덕분이었다. 연이은 왜구와 홍건적 등의 외침이 이어진 상황에서, 권세가들의 입김으로 왕권이 약해졌고 고려의 군사 조직도 붕괴했다. 변방(함흥) 세력으로 군사력을 키운 이성계의 힘은 엄청난 수준이었고, 그 힘을 바탕으로 고려의 중앙 무대에 명함을 내밀기 시작한다.

그러나 아무리 입지가 탄탄한 이성계라도 변방 지역 출신이라는 꼬리표를 떼기 힘들었다. 개경을 중심으로 중앙 정계를 쥐락펴락하던 권세가들 사이에서 홀로 성장하기에는 한계가 있었다. 특히 같은 무장 출신이지만, 권세가로서 중앙에 연줄도 많고 국왕과도 가까웠던 라이벌 최영에 비하면 초라할 지경이었다. 이 과정에서 정도전을 중심으로 한 신진사대부 세력과 이성계 가문 사이에 강한 커넥션이 생긴다. 역사를 뒤바꿀 운명의 컬래버레이션이었던 것이다.

때마침 중원을 차지하고 원나라와의 경쟁에서 확실한 우위를 점했던 명나라는 이웃 국가와의 관계를 재정립하는 과정에서 고려를 자극했다. 명나라가 철령 이북의 땅을 반납하라고 주장한 것이다. 이전에 원나라 땅이었던 지역이 이제 모두 자신들의 소유라는 맹랑한 주장이었다. 그런데 최영과 우왕은 명나라의 요구에 반발하며 명나라의 불안한 정국을 틈타 요동을 정벌하자는 허무맹랑한 주장을 하기에 이른다. 게다가 최영은 그 허무맹랑한 주장의 선봉에 라이벌 이성계를 내세우는 무리수를 둔다. 이성계는 즉각 최영과 우왕의 의견에 반대한다.

"아니, 세상에 작은 나라가 큰 나라를 어떻게 먼저 칩니까? 이제 여름이라 농사짓기도 빠듯해요. 그리고 지금 북쪽으로 군대를 끌고 가면 왜놈들이 가만히 있겠습니까? 곧 장마철이 다가오니 전염병도 돌 겁니다!"

이성계는 이른바 요동 정벌 4불가론을 꺼내 들었다. 하지만 최영은 완강했다. 최영의 말에 넘어간 우왕은 결국 이성계와 조민수를 출정시켰다. 그러나 압록강을 건너기 전 이성계는 억수같이 비가 쏟아져 전염병으로 군사들이 죽어 나가는 것을 보며 위화도에서 조민수를 설득한다.

"조 장군, 우리 회군합시다."

여기서 회군이란 단순한 후퇴를 뜻하는 게 아니었다. 그야말로 반역이었다. 이대로 개경에 돌아가는 순간 내전은 피할 수 없었다. 그렇게 이성계·조민수의 요동 정벌대와 우왕·최영의 군대는 개경에서 전투를 벌인다. 고려의 군사 대부분을 내쳤던 최영의 군대는 이성계에게 맞섰지만 역부족이었다. 결국 이성계는 쿠데타에 성공했고, 우왕과 최영을 제거한다. 그렇게 이성계는 고려의 주류 세력으로 확실하게 올라섰고, 신진사대부와 이성계의 관계는 더욱 끈끈해져 갔다. 이제 둘은 새로운 사회를 건설하기 위한 정치적 파트너가 됐다. 곧 조민수 중심의 무장 세력도 이들에 의해 제거된다. 이제 고려는 이성계와 신진사대부의 세상이었다.

조선, 토지 제도 개혁으로부터 싹트다

이성계는 우왕을 쫓아내고 그의 아들 창왕을 왕위에 앉힌다. 자신의 세상이었음에도 직접 왕이 될 수는 없었다. 그것이 고려라는 나라였다.

일단 이성계와 신진사대부 세력은 권력을 잡자마자 토지 제도를 대대적으로 개편한다. 이 중차대한 임무를 맡은 인물이 바로 그 유명한 조준이다. 토지 개혁은 개혁을 넘은 혁명이었다. 그에게 토지는 모든 정치의 뿌리였다. 토지 제도가 바로 서면 나라의 재정이 풍족해지고, 곧 백성의 삶이 넉넉해질 수 있었다. 조준은 토지 제도 개혁의 필요성과 구체적인 방안을 담아 국왕에게 상서를 올린다. 조준의 입을 빌렸지만, 이는 신진사대부들이 공유하던 가치이자 공통된 염원이었다.

이미 고려 후기 내내 토지 제도로 인한 사회 문제를 해결하기 위

태조 이성계 어진

해 여러 정책이 추진됐다. 하지만 이들 신진사대부들이 바라본 고려 토지 제도의 문제의 핵심은 바로 '사전(私田)'이었다. 이들은 기본적으로 모든 땅이 국가에 귀속돼야 한다고 믿은 것이다.

"신진사대부가 공산주의자였다니!"라고 놀랄 필요는 없다. 아직 공산주의는 유럽 땅에서 태어나지도 않았던 시기다. 사전이란 세금을 걷을 권리가 나라가 아닌 개인에게 있는 땅을 의미했다. 흔히 토지에 부과된 세금을 걷을 수 있는 권리를 '수조권'이라고 한다. 그러니까 과전법은 모든 토지에 주인이 없고 공평하게 땅을 나눠 가질 수 있는 공산주의적 사상이 아닌, 수조권을 국가에 귀속시키는 조치였다. 쉽게 말하면 국가가 토지를 직접 관리하겠다는 의미였다.

신진사대부들은 모든 농민(그것이 지주이든 소작농이든)이 자기 땅에서 농사를 짓고, 그 땅에 부과된 세금을 국가에 내는 세상을 꿈꿨다. 이는 이전의 토지 소유 개념과는 전혀 다른 혁명적 변화였다. 수백 년 동안 국왕을 대신해 넓은 토지에서 세금을 걷어오던 권세가들의 입장이 난처해졌다.

당연히 조준이 올린 상서의 파장은 엄청났다. 정계는 요동쳤다. 하지만 왕까지 내쫓고 어렵게 잡은 권력이었으니 물러설 수는 없었다. 이성계와 신진사대부는 자신들의 정치적 입장에 동조하지 않는 창왕과 반대 세력을 정계에서 쫓아내고 공양왕을 즉위시킨다. 신진사대부는 다시 조준을 앞세워 상서를 올린다.

조준은 전보다는 한 발 물러서 경기도에서만 관리들에게 수조권을 나눠 준다는 원칙을 제시했다. 대신 수조권의 상속은 철저히 막는다는 원칙도 함께였다. 현직 관리와 퇴직자만이 수조권을 받을 수 있으며, 사망과 동시에 수조권은 다시 국가에 귀속돼야 했다. 그렇게 경기도를 제외한 전국의 모든 땅에 공전과 사전의 구분이 사라지고, 국가가 토지를 관리하는 시스템이 마련됐다.

바로 이 혁명을 과전법이라고 부른다. 공양왕 즉위 1년 뒤인 운명의 1390년, 국가의 관리하에 과전을 받을 관료들에게 증명 문서를 전달하면서 이전의 토지 문서(田籍, 전적)를 모두 소각했다. 그리고 1년 뒤 과전법이 공식적으로 공포됐고, 이 제도는 얼마 지나지 않아 조선이라는 나라의 골격을 이루는 토지 제도로 계승된다. 토지 제도의 개혁이 곧 새로운 나라로의 변화를 추동한 것이다.

혁명의 최종 승리자 이방원,
그가 꿈꾼 나라

왕위에 오른 태종은 국왕권과 신권의 균형이라는 어색한 시스템을
왕조 국가다운 모습으로 새롭게 정비한다.
자신의 국정 장악력을 강화하기 위한 일이었다.
그렇게 태종 치하의 조선은 또 다른 정치적 폭풍을 앞두고 있었다.

위화도 회군 이후 고려의 정계를 장악한 이성계는 토지 개혁을 밀어붙이며 고려의 마지막 숨통을 잔뜩 조이고 있었다. 하지만 이성계는 왕씨를 계속 왕의 자리에 앉힐지, 고려라는 나라를 그대로 둔 채자신이 왕위에 앉을지, 아니면 완전히 새로운 나라를 만들지 고심에고심을 거듭했다.

이성계 가문과 결합해 고려를 뜯어고치려던 신진사대부도 이성계의 마음처럼 나뉘어 있었다. 크게는 고려 왕조를 유지한 채 점진적개혁을 추진하려던 정몽주 중심의 온건파와 고려 왕조를 무너뜨리

고 새로운 나라를 세우려는 정도전 중심의 급진파로 나뉘었다. 이들은 공양왕을 왕위에 앉히고, 급진적인 토지 개혁을 추진하는 과정에서 분열되기 시작했다.

그러던 1392년 어느 날, 이성계가 사냥을 갔다가 낙마하면서 생명이 위독해진다. 정몽주와 온건파는 이 기회를 놓칠 수 없었다. 두 세력은 한때 우왕을 몰아내며 정변을 함께한 동지였지만, 이제는 고려의 운명을 쥐고 싸우게 된 정적이었다. 정몽주는 이성계와 급진파를 제거해야 고려 왕조를 보존할 수 있다고 생각했다. 이후 정몽주는 정도전을 감금하고 조준과 남은 등 급진파 핵심 인물을 귀양 보낸다.

이때 이성계의 다섯째 아들 이방원이 화려하게 등장한다. 이방원은 과거에 급제할 정도로 학문에 조예가 깊었고, 성리학을 공부한 엘리트였다. 그에게 아버지와 뜻을 같이하는 신진사대부 형님들은 동학이자 선배이자 선망의 대상이자 장차 아버지가 만들 새로운 나라의 근간이 될 관료 집단이었다. 그런 형님들이 한때 같은 편이라 믿었던 정몽주에게 당했다는 말을 듣자 이방원은 아픈 아버지를 모시고 급히 개경으로 돌아온다.

여기서부터 고려라는 대하 드라마는 마지막 회를 향해 급발진한다. 정몽주는 이성계의 진짜 몸 상태를 확인하기 위해 병문안을 핑계 삼아 이성계의 집으로 찾아간다. 정몽주가 돌아가자 이방원은 정몽주를 제거하자고 아버지를 설득했다. 하지만 이성계는 끝내 정몽주를 설득하려 했다. 더 많은 피를 흘려가면서 왕이 되고 싶지는 않았다.

이방원은 정몽주에게 마지막 기회를 주기 위해 이내 술상을 차리고 정몽주를 집으로 부른다. 이방원이 마지막 자존심까지 내려놓고 설득했지만, 정몽주는 요지부동이었다. 정몽주의 마음을 돌리는 데에 실패한 이방원은 곧 사람을 보내 선지교에서 끝내 정몽주를 죽인다. 그러고는 뒤이어 이색, 이숭인, 길재 등의 온건파 집단을 축출하고 새 왕조 창건에 반대한 이들을 제거해나간다. 새 왕조의 탄생이 이방원의 결단으로 급물살을 타게 된 것이다. 그렇게 고려라는 이름의 대하 드라마는 막을 내린다.

"내 덕에 만들어진 나라가 아니더냐"

정몽주가 죽고 4개월 뒤, 이성계는 정도전과 급진파의 추대를 받아 1392년 왕위에 오른다. 하지만 아직 조선은 아니었다. 이성계는 개경에서 고려의 마지막 왕 공양왕에게 선위를 받는 형식으로 왕위에 올랐다. 그리고 1년이 지났을 무렵, 나라의 이름을 '조선'으로 바꾸고 본격적으로 새 왕조 창건에 속도를 올린다.

조선이 건국되자 이성계는 정도전과 조준 등 나라를 세우는 데 공헌한 지지 세력을 개국 공신으로 책봉하고 본격적으로 나라를 운영할 시스템을 갖추기 시작한다. 조선을 함께 만든 이성계 가문과 신진사대부들은 처음에는 어느 한쪽에 권력을 몰아주지 않았다. 양쪽 세력이 충분히 대화하고 합의하는 과정을 통해 주요 현안을 처리하면서 국정을 운영했다.

그런데 이방원은 아무래도 이 균형이 마음에 들지 않았다. 아버지가 왕인데 신하들 눈치를 보는 것도 썩 마음에 들지 않았고, 자꾸 자기가 권력에서 배제되는 것만 같아서 더욱 신경 쓰였다.

그런 이방원에게 곧 좌절의 시간이 찾아온다. 개국 공신 선정 과정에서 자기 이름이 누락된 것이다. 그는 눈을 의심했다. 심지어 개국 공신의 선정을 주도한 사람은 자신의 아버지 이성계였다. 이성계는 이방원에게 공이 있음을 인정했지만, 왕의 아들이라는 이유로 선정하지 않았다. 허울뿐인 왕자라는 신분만 주어졌을 뿐, 조선이라는 나라에서 그가 누릴 수 있는 실질적인 영광은 없게 됐다. 이후에도 이방원은 왕의 아들이라는 이유로 정계에서 소외됐는데, 그 뒤에는 정도전이 있었다. 정도전이 누구인가. 사실상 이성계를 설득해 쿠데타 전반을 진두지휘하고, 동문수학한 동지들을 모아 조선이라는 새로운 나라 아래서 일할 수 있게 해준 불세출의 리더 아니던가. 그런 정도전이 이제 조선의 왕 옆에 서서 개혁이라는 이름으로 모든 것을 좌지우지하고 있었다.

그러던 어느 날, 정도전은 이방원을 완전히 정계에서 차단하기 위한 회심의 한 방을 날린다. 바로 세자 책봉이었다. 정도전은 이성계를 설득해 왕의 계비, 즉 이방원의 새어머니였던 신덕왕후의 막내아들 이방석을 세자로 책봉한다. 그뿐 아니라 이성계에게 세자를 제외

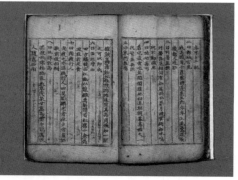

정도전의 시가와 산문, 철학, 제도 개혁안 등을 엮어 간행한 문집

한 모든 왕자를 전국 각도에 보낼 것을 권유한다. 더불어 명나라와의 군사적 마찰을 핑계로 왕자와 일부 공신들이 거느리던 사병을 혁파해야 한다고 주장한다.

정도전은 세자 책봉 문제로 이방원을 비롯한 다른 왕자들이 군을 동원할 수 있다는 것을 직감적으로 알고 있었다. 당연하지 않은가. 아버지가 왕이 되는 순간 장성한 아들들은 다음 자리가 자신에게 돌아올 것이라 기대했다. 당장에 이전 왕조였던 고려에서만 해도 형제들이 돌아가며 왕위에 앉지 않았던가. 특히 이방원은 자기야말로 아버지를 이어 다음 왕 자리에 앉아야 할 인물이라고 생각했다. 그런 생각이 이방원의 머리를 가득 채웠을 즈음, 그는 직접 칼을 뽑아 들었다.

왕의 자리 앞에서 형제는 필요 없다

막내아들의 세자 책봉에 분노한 것은 이방원만이 아니었다. 조선의 건국 과정에서 적극적으로 참여한 이성계의 아들은 여럿 있었다. 이성계의 첫째 부인 신의왕후 소생의 왕자들이 대부분 그랬다. 이미 조선이 건국될 무렵 장성한 이들이었고, 그들 중 다섯 번째 아들이 이방원이었으니 어련했을까. 이성계와 정도전의 선택이 아무리 합리적이라 한들 왕위 계승 서열 안에 있던 신의왕후의 자식들은 받아들이기 힘들었다.

몇몇 공신들도 사병을 혁파하고 군대를 키워야 한다며 명나라를 자극하는 정도전이 마음에 들지 않았다. 정도전과 가장 크게 격론을 벌인 이가 바로 과전법을 기획한 조준이었다. 조선 건국 과정에서 가장 끈끈했던 연대마저 깨진 것이다. 그렇게 이방원을 중심으로 뭉친 신의왕후의 소생 왕자들과 조준 등의 일부 공신들은 '반(反)정도전'과 '제대로 된 세자 책봉'을 외치며 일시적인 정치 연합을 단행했다.

연합이 형성되자, 이들은 곧바로 움직였다. 얼마 뒤 정도전 일파를 한양 땅에서 모조리 살해하고, 세자로 책봉된 이방석을 폐위시켜 귀양을 보내던 중 살해한다. 그리고 이방석의 동복형인 이방번도 함께 죽여 혹시 모를 변수마저 제거한다. 이른바 제1차 왕자의 난이 발생한 것이다. 이 잔인한 사건의 총 기획자는 물론 이방원이었다. 그렇게 왕을 향한 그의 야심이 본격적으로 드러나기 시작했다.

한양에서 난리가 났고, 세자를 포함한 사랑스러운 늦둥이 아들을 둘이나 잃었는데 이성계는 대체 어디서 무엇을 하고 있었을까? 애초에 사태를 여기까지 끌고 온 것은 정도전 개인이 아닌 국왕 이성계와의 협의를 통한 것이었다.

믿기 어렵겠지만, 기록에 의하면 이성계는 이때 아팠다. 아버지가 아파 누워 있던 외중에 아들들이 변을 일으킨 것이다. 소식을 들은 이성계는 충격을 받았다. 한때 전장을 휩쓸며 나라를 지킨 영웅이자 새 나라를 일으킨 건국 군주였지만, 말년의 혼란은 받아들이기 어려웠다. 인생무상을 느낀 이성계는 곧 권력을 내려놓고 둘째 아들 영안군 이방과에게 왕위를 물려주고 고향 땅 함흥으로 떠나버린다. 그렇게 왕위를 물려받은 이가 바로 조선의 제2대 국왕 정종이었다.

정종? 조선에 그런 왕도 있었나 싶은 사람도 있을 테다. 그렇다. 그는 사실상 이방원에게 왕위를 선위하기 위해 잠깐 왕 자리에 앉았던 마음씨 착한 둘째 형이었다. 이미 그 시절 첫째 형은 아버지와 사이가 틀어져 잊힌 지 오래였다. 형식적으로나마 장자 계승의 원칙이 필요했던 차에 아들이 없던 이방과가 추대된 것이다. 하지만 정종이 즉위한 이후 이방원의 자리를 노린 자가 있었으니, 넷째 형 이방간이었다. 곧 제2차 왕자의 난이 일어나지만 이방원은 이를 제압하고 조선의 제3대 왕인 태종으로 즉위한다. 그렇게나 염원하던 왕의 자리에 앉게 된 것이다.

어렵게 앉은 왕 자리이니 태종에게는 이를 지키기 위한 만반의 준비가 필요했다. 가장 먼저 그는 사병을 혁파한다. 정도전의 사병 혁파 시도에 반발해 일시적으로 정치 연합을 형성했던 이들에겐 황당한 일이었다. 하지만 태종은 이제 위치가 달라졌다. 조선의 최종 권력이 자신에게 돌아온 이상, 사병은 왕권에 위협이 될 뿐이었다. 또 그간 심적으로 거슬리던 '국왕권과 신권의 균형'이라는 어색한 시스템을 왕조 국가다운 모습으로 새롭게 정비하기 시작한다. 자신의 국정 장악력을 강화하기 위한 일이었다. 그렇게 태종 치하의 조선은 또 다른 정치적 폭풍을 앞두고 있었다.

이방원이 다시 세운 조선의 기둥뿌리, 정도전을 지우다

이제 막 탄생한 조선이라는 나라에서 왕위 계승의 정당성을 따지는 것이 무슨 의미이겠느냐마는 그래도 성리학을 기반으로 만들어진 나라의 국왕으로서 이방원은 정치적 정당성이 미약했다. 그래서인지 왕 자리에 앉아 있을 때만큼은 최선을 다해 국가 시스템을 만들어나갔다. 명나라 황제에게 사신을 보내 즉위를 인정받고, 장자였던 양녕대군을 세자로 책봉했다. 이후 자신과 정치적 이해관계를 같이했던 외척을 선제적으로 숙청하고 여러 정치 계파를 균형 있게 등용했다. 이후 이방원은 왕권 강화의 일환으로 관료들이 국정을 총괄하는 역할을 맡았던 도평의사사를 의정부로 개혁하고, 신권과 국왕권의 균형을 상징하던 재추(宰樞) 합좌(合坐) 기능을 제거한다. 이를 통해 재상 중심으로 굴러가던 의정부의 기능은 약화됐고, 동시에 국왕 아래 직속 행정 관부였던 6조의 기능은 강화된다. 이로써 조선의 정치 시스템에서 고려의 향기가 지워지는 동시에 왕권은 급속도로 강화됐다.

강력한 왕권을 바탕으로 새로운 시스템이 자리를 잡던 어느 날, 장자로서 세자가 된 양녕대군이 엇나가기 시작한다. 바람 잘 날이 없는 태종이었다. 고민이 깊어진 그는 신하들과 깊은 논의 끝에 양녕대군을 폐위하고 학문과 인품이 뛰어나다고 여겼던 셋째 아들 충녕대군을 세자로 다시 책봉한다.

태종에게는 세자 교체라는 정치적 도전이 스스로에게 딱히 아쉬울 것 없는 행동이었다. 셋째가 세자가 되는 것은 다섯째 아들이었던 태종 자신의 왕위에도 정당성을 부여하는 효과가 있었다. 어린 나이에 세자가 된 아들이 잘못된 행동을 하면 언제든지 세자 자리에서 물러날 수 있음을 평화로운 방법으로 보여준 것이다.

그런 과정을 거쳐 왕위에 오른 충녕대군이 바로 조선을 대표하는 성군, 세종이다. 태종이 즉위하고 18년이 지난 어느 날(1418년) 태종은 세종에게 왕위를 선위한다. 죽기 전에 아들에게 왕 자리를 물려준 것이다. 하지만 태종이 살아 있는 한 세종은 국왕으로서 완전한 권력을 누릴 수 없었다. 세종 초반의 국정은 상왕인 태종과 명목상 국왕인 세종이 함께 정치를 운영하는, 이른바 양왕(兩王) 통치 체제로 운영됐다.

이렇게 이야기하니 마치 태종이 끝까지 왕 자리에 집착했던 것처럼 보인다. 완전히 틀린 이야기는 아니겠지만, 그에게도 사정은 있었다. 조선은 갓 태어난 나라였다. 방심하는 순간 언제든지 국왕권이 흔들릴 수 있었다. 특히 태종은 세종의 장인 심온 등의 친인척 세력을 견제해야 했다. 자신도 그랬듯이 외척의 힘을 억누르는 일은 나라가 만들어지고 얼마 되지 않은 상황에서 왕권을 강화하는 데 필수적이었다.

그 덕분에 세종은 대민 행정에 힘을 쓸 수 있었다. 세종이 민본을 바탕에 두고 훌륭히 유교 정치를 구현할 수 있었던 것은 아버지가 만든 강력한 왕권이 뒷받침됐기 때문이다. 세종은 아버지의 뒷배를 적극적으로 활용하여 집현전을 창설해 국가 질서의 근간이 되는 각종 예제를 정비하고 정책을 연구했다. 뒤이어 《훈민정음》을 창제해 백성들의 삶에 도움이 되는 농서와 병서를 훈민정음으로 편찬한다.

태종이 죽은 뒤에도 능력자이자 성군이던 세종 대의 치세는 안정될 수 있었다. 세종은 아버지가 만든 조선의 시스템을 이어받으면서도 자신만의 정치를 펼쳐나갔는데, 기존의 6조 직계제를 의정부서사제로 전환한 것이 대표적이다. 이는 국왕 중심의 시스템에서 국왕과 신하의 조화로운 국정 운영으로의 변화였다. 이러한 변화는 결코 왕권의 약화를 의미하지 않았고, 이후 조선의 통치 질서를 마련하는 계기가 된다. 그렇게 조선 건국 30년 만에 정도전은 지워지고, 태종과 세종이 남게 됐다.

계유정난: 갓 태어난 국가에 평온은 사치다

누군가는 "성공하면 혁명, 실패하면 쿠데타"라고 말했지만,
역사는 절대 그렇게 단순하게 쓰이지 않는다.
예나 지금이나 칼부림에는 명분과 정당성이 중요하다.
수양대군이 칼부림에 덧입혔던 명분이 대체 무엇이었기에
그의 쿠데타는 반정이 될 수 없었을까?

고려 때 그랬듯, 조선 때도 건국 이후 한동안 피바람이 불었다. 이 고비를 넘기지 못한 수많은 나라가 수십 년 안에 망하고 새 나라로 다시 태어났다. 적어도 조선은 초반 치세의 고비를 넘기고 수백 년을 연명한 나라다.

태종이 만든 강력한 왕권을 바탕으로 세종은 성군이라 기억될 정도의 태평성대를 만들었다. 물론 세종 집권기라고 우여곡절이 없었겠냐만 적어도 조선이 추구한 이상적인 유교 정치가 가장 안정적으로 운영된 시기임은 틀림없었다. 세종은 특유의 리더십으로 왕권과

3장

신권의 적절한 긴장을 유지했고, 집현전을 통해 많은 유학자를 양성해 이를 바탕으로 다양한 편찬 사업까지 일궈냈다. 조선이 지향하는 정치 시스템을 제대로 구현하려 한 것이다.

세종 집권기의 태평성대는 그의 아들 문종에게로 이어지는 듯했다. 이미 세자로서 아버지 세종을 도와 나랏일을 시작하면서 왕이 되기 이전부터 아버지가 지향한 조선이라는 나라의 정치 시스템을 이해해나갔다. 하지만 세종이 태종이 아니었듯, 문종은 세종이 아니었다. 이 시기는 시스템만큼이나 절대자의 스타일이 중요했고, 그에 따라 시스템은 유연하게 변화하기 마련이다. 게다가 세종은 고작 조선의 제4대 임금이었고, 건국 군주 이성계의 손자였다. '지금'의 시스템이 '전통'이라고 불리기에는 짧은 시간이었다.

문종은 조선 건국 이래 최초로 적장자로서 왕이 된 인물이었다. 어쩌면 조선 왕조의 시스템이 궤도에 올랐다는 면에서 상징적일 수도 있었던 그 시기, 그의 친동생은 조금 다른 생각을 하고 있었다. 그는 바로 세종의 둘째 아들이자 계유정난의 주인공 수양대군이다. 아버지 세종이 죽고, 형이 왕이 된 이후 수양대군은 정치에 깊숙이 관여하기 시작한다. 그러고는 형이 죽고 조카가 왕위에 오르자 곧 쿠데타를 단행한다.

여기서 뭔가 이상하다고 느꼈다면, 엄청난 역사학적 센스를 가진 사람일 것이다. 조선의 역사에서 중간에 왕이 바뀐 경우는 이후로도 두 번(중종반정과 인조반정)이 더 있는데, 네이밍이 조금 다르다. 조선 시대에는 왕이 무능하다고 판단되거나 나라 꼴이 엉망이라고 생각되면, 무력을 통해 정권을 교체했다. 그리고 이 행위를 '반정(反正, 정상으로 돌린데)'이라고 표현했다. 근데 왜 수양대군의 쿠데타는 유독 계유년의 '정난(靖難)'이라 했을까? 그리고 왜 쫓겨난 왕은 '단종'이라는 묘호까지 받을 수 있었을까?

이 과정을 제대로 이해하려면 단종의 치세부터 확인해야 한다. 연산군, 광해군과 달리 단종이라는 묘호까지 받은 데에는 분명 그만한 이유가 있지 않았을까? 누군가는 "성공하면 혁명, 실패하면 쿠데타"라고 말했지만, 역사는 절대 그렇게 단순하게 쓰이지 않는다. 예나 지금이나 칼부림에는 명분과 정당성이 중요하다. 수양대군이 칼부림에 덧입혔던 명분이 대체 무엇이었기에 그의 쿠데타는 반정이 될 수 없었을까?

문제적 인물 수양대군, "나도 할아버지처럼 될래요"

문제적 인물 수양대군은 1417년, 그의 할아버지 태종이 왕위에 오른 뒤 17년이 됐을 무렵 세종의 둘째 아들로 태어났다. 그가 수양대군으로 불리기까지는 꽤 잦은 변화가 있었다. 처음 봉작됐을 때는 진평대군이었다가, 곧 함평대군으로 그리고 다시 진양대군으로 바뀌었다가 최종적으로 수양대군이라는 이름으로 불렸다. 수양대군의 대군 시절 위상은 자주 바뀐 군호만큼이나 변화무쌍했다.

형 문종이 이른 시기에 이미 세자로 책봉됐지만, 하필이면 형에게 꽤 오랜 시간 후사가 없었다. 세자빈을 두 번이나 바꾸고 후궁 또한 셋이나 들였지만, 무려 14년간 후사가 없다가 1441년 형의 나이 24살이 되던 해, 드디어 바라던 세손이 태어났다. 아버지 세종은 나이를 먹어 점점 병약해졌고, 그의 형이 자연스럽게 대리청정을 맡아 사실상 왕 노릇을 한다. 그런데 문종은 아버지를 닮아 꽤 뛰어난 인물이었다. 유학에 능통했고, 군사적 능력도 뛰어났다. 게다가 관료와의 관계도 원활했다. 둘째 동생 수양대군이 끼어들 틈은 없었다. 더군다나 그의 동생 안평대군은 오히려 대군 시절 내내 형인 수양대군을 뛰어넘는 출중한 예술가적 모습까지 보인다. 둘째의 설움이랄까? 수양대군이 빛날 수 있는 곳은 궁 내에 많지 않았다.

무엇보다 그의 형 문종은 적장자로서 최초로 조선의 임금이 될 인물이었다. 그 자체가 엄청난 상징성을 지녔다. 건국된 지 길지 않은 시간이었지만, 이제 조선이 안정된 왕권을 확보했음을 보여주는 증거였다. 세종과 문종은 이 상징성이 계속 이어져야 한다고 생각했다. 단 하나의 문제는 이들의 건강이었다. 세종의 병환이 깊어져 아버지를 대신해 국정을 살피던 문종도 병세가 점점 악화됐다. 하지만 왕권만큼은 끄떡없었다. 그들은 능력이 출중한 임금이었고, 세종과 문종은 어린 세손이 문종의 뒤를 이어 왕이 돼야 한다는 생각을 버리지 않았다.

그런 자신감 때문이었는지 세종과 문종 치세에는 유독 대군들의 정치 참여가 활발했다. 수양대군뿐만 아니라 안평대군, 금성대군, 광평대군 등이 자신들의 재능을 숨기지 않고 발휘했다. 능력이 뛰어난 대군들의 정치 참여는 분명 문제의 소지가 있었다. 아무리 안정된 치세가 이어지고 있다고 하나, 대군 중 누구라도 '나도 할아버지처럼 되고 싶다'라고 마음먹는 순간, 일은 걷잡을 수 없이 커질 수 있었다.

그러던 문종 집권 2년 뒤, 단 하나의 문제였던 건강 문제가 발목을 잡았다. 문종이 재위 2년 4개월 만인 39세의 나이로 병사한 것이다. 그렇게 어린 단종은 비대해진 삼촌들의 정치적 입지 속에서 정통성이라는 단 하나의 무기로 12세에 왕위에 올랐다. 정통성은 생각보다 강력한 것이어서, 이에 균열을 내기 위해서는 만반의 준비가 필요했다. 세종과 문종 아래서 둘째 아들이자 손아래 동생으로서 국정을 '돕던' 수양대군은 바로 이때 할아버지를 떠올리며 왕권에 균열을 내기 위한 준비에 들어간다.

어린 단종의 주변, 국정 운영의 전권을 부여받다시피 했던 몇몇 대신들로부터 균열이 시작됐다. 당대 가장 대표적인 대신이 바로 그 유명한 김종서와 황보인이었다. 이들은 단종을 보호한다는 명목 아래 정부 요직에 친인척과 측근들을 배치하고 국정을 운영했다. 그러나 그들의 국정 운영은 인사 행정 비리로 이어졌고, 수양대군은 바로 이 지점을 눈여겨보기 시작했다. 국왕 옆의 간신배가 나라를 망치는 상황이었다. 그것이 사실이든 거짓이든 상관없었다. 수양대군에게 지금은 조선의 위기여야만 했다.

당위가 없던 쿠데타, 잔인한 살육으로 이어지다

곧 정국은 수양대군 세력과 김종서, 황보인 등의 대신들이 갈등하며 요동치기 시작했다. 김종서와 황보인 등의 대신 집단은 세종의 셋째 아들인 안평대군과 여섯째 아들인 금성대군을 끌어들이며 기반을 확장해나갔다. 수양대군은 자신의 동생 임영대군을 비롯해 한명회, 유응부, 신숙주 등의 측근 세력을 조금씩 키워나가며 대신 집단을 견제했다.

하지만 수양대군 세력은 안평대군과 금성대군을 등에 업은 대신 집단에 비해 미약하기 짝이 없었다. 수양대군에게는 이 고립을 뒤엎을 정치적 묘수가 필요했다. 명나라에 사신으로 다녀온 수양대군은 결국 거사를 준비한다. 쿠데타였다. 명분도 약하고, 뜻을 함께할 우군 세력도 미약했던 수양대군이 반전을 꾀할 방법은 피비린내를 동반한 쿠데타뿐이었다.

계유년(1453년) 10월 10일, 거사의 목표는 좌의정 김종서였다. 수양대군은 무관이던 자신의 측근들에게 경복궁을 점령하라 명하고 본인은 관복 차림을 하고서 김종서의 집으로 향했다. 상황을 전혀 예상치 못했던 김종서는 무방비 상태로 수양대군을 맞았고, 호기롭게 집으로 들어가 담소를 나누자고 청했다. 수양대군은 곧 그 자리에 함께 있던 임운에게 신호를 전달했고, 임운은 철퇴로 김종서와 김종서의 아들 그리고 주변을 정리했다. 계유정난의 시작이었다.

이미 측근 무관 세력을 통해 경복궁과 사대문 안이 장악된 뒤였고, 단종에게는 김종서가 안평대군과 역모를 꾸몄다고 보고한다. 이후 단종의 명을 빌려 조정의 관료들을 입궐하게 했는데, 이 과정에서 대신 중 수양대군의 반대파에 해당하는 이들은 모두 철퇴에 맞아 죽었다. 영의정이었던 황보인도 이때 사망한다. 그러고는 김종서 편에 섰던 안평대군을 강화로 귀양 보낸다.

문제는 수양대군의 바로 다음 행동이었다. 수양대군은 조카였던 왕을 죽이고 자신이 바로 왕이 될 수 없음을 알고 있었다. 단종은 국정을 어지럽히지도, 문란하게 만들지도 않았고, 덕분에 나라가 위기에 빠지지도 않았다. 수양대군이 외칠 수 있는 핑계는 대신들이 모의해 왕실을 어지럽혔다는 사실 하나였다. 그나마도 궁색했는지 결국은 동생 안평대군까지 엮어 중대한 반역인 양 사건을 키워야 했다.

수양대군의 칼부림은 결코 '반정'이라는 이름으로 정당화될 수 없었다. 수양대군은 이후 스스로 병조판서, 이조판서 등을 겸하면서 영의정 부사가 돼 국정 전반을 장악했고, 병마 도통사가 되면서 병권까지 손에 넣는다. 그렇게 계유년의 변은 '정난', 즉 나라의 위기를 평정했다는 식의 애매한 표현으로 역사에 기록된다.

단종이 할 수 있는 일이라고는 왕 자리를 양위하는 것뿐이었다. 그가 왕위에 오른 지 3년 만이었다. 그렇게 수양대군은 왕위에 올랐다. 그가 바로 세조다. 세조는 단종을 '상왕'이라는 이름으로 추대하고 관리하기 시작했다. 자신도 뒤통수쳐서 왕이 됐으니, 언제고 뒤통수를 맞을 수 있었다. 더욱이 단종은 여전히 가장 강력한 왕권 도전자였다.

아무리 노력해도 반역은 반역일 뿐

조선이 건국되고 이제 갓 50여 년이 지났다. 태종이 동생과 형을 무자비하게 숙청하고 왕이 됐지만, 그 반작용으로 강력한 리더십을 바탕으로 조선 왕조의 기틀이 잡혀가기 시작했다. 이후 세종 대를 거쳐 체제는 안정적인 기반이 구축되고 있었다. 바로 이때 벌어진 거대한 권력 이동이 바로 계유정난이었다.

문제는 태종과 세종, 문종으로 이어지던 태평성대 조선에서 성리학이라는 사상이 더욱 나라의 근본 이념으로 자리 잡아갔다는 사실이다. 조선을 건국했던 공신 세력은 물론 세종 시기 성장하기 시작한 집현전 출신 학사들도 조선의 새로운 권력층으로 성장하고 있었다. 그들에게는 성리학적 의리와 명분이 최고의 덕목이었다. 어느 순간 고려를 배신한 정도전은 난신이 돼 있었고, 정몽주는 복권돼 충신의 아이콘이 돼 있었다. 이런 분위기에서 일어난 수양대군의 패륜은 충격이었다.

일군의 성리학자들은 계유정난을 왕조의 근본을 뒤흔든 사건으로 치부하고, 이에 저항하기 시작했다. 왕 자리에 오르지 않았다면 모를까, 조카를 밀어내고 왕 자리까지 차지한 주인공을 군주로 인정할 수 없었다. 이를 눈치챈 세조는 성삼문 등의 집현전 학사와 유신들을 회유하기 위해 노력했지만, 결국은 곧 단종 복위 운동이 일어난다. 너무나도 자연스러운 수순이었다.

그러나 단종 복위 운동은 실패한다. 세조는 이미 국왕으로서 군권을 장악했고, 단종을 중심으로 변고가 있을 것이라 쉽게 예상할 수 있었다. 세조는 결심한 듯 강력한 후속 조치를 단행한다. 단종과 복위 운동 주동자들을 처형한 것이다. 복위 운동의 중심 역할을 했던 이들은 사육신(성삼문, 박팽년, 하위지, 이개, 유성원, 유응부)으로 죽거나 생육신(김시습, 원호, 이맹전, 조려, 성담수, 남효온)으로 초야에 묻혀 여생을 보내야 했다. 하지만 이들의 이름은 충절의 상징으로 남아 모범적인 군신 관계의 표본이 됐고, 조선 건국에 반대하며 지방에서 세력을 키워가던 사림의 의식 세계에 영향을 미친다.

반면 정통성이 약할 수밖에 없었던 세조의 곁에는 소수의 측근만이 남았고, 이들은 공신이라는 이름으로 정계를 장악했다. 세조는 이들에 의존해 국정을 운영해야 했고, 국왕 중심의 일원적 지배 체제를 구현하려 했다. 이러한 세조의 국정 운영에는 한계가 있을 수밖에 없었고, 결국 측근들의 과다한 토지 겸병과 관직 독점이 이어졌다.

세조 본인은 강력한 왕권을 중심으로 국정을 운영한다고 생각했겠지만, 실상은 소수의 공신이 국정을 쥐고 흔드는 모양새였다. 이후 세조 측근의 공신 집단은 왕실 혹은 공신 집단 내부에서 혼인 관계를 맺으면서 폐쇄적인 관계망을 형성해나갔다. 이들은 세조의 아들로 즉위한 예종 시기를 거쳐 세조의 손자로서 즉위한 성종 시기까지 권력의 중심에 자리 잡는다. 이른바 훈구파라 불리게 되는 이들이다.

성종이 즉위하고 훈구파의 위상이 높아지면서 이들의 목소리가 왕권을 위협할 수준에 다다르자, 성종은 특단의 대책을 내놓는다. 바로 사림을 중앙 정계로 불러들이는 것이었다. 이후로 조선 정계는 세조를 왕에 앉혔던 공신 세력, 즉 훈구파와 성리학적 근본주의로 똘똘 뭉친 사림파의 대결로 이어진다. 그리고 결국 둘의 대결에서 사림파가 승리한다. 이후 생육신과 사육신 그리고 단종을 복위시키려는 움직임이 끊임없이 이어졌다.

결과적으로 세조는 왕이 될 수 있었지만, 조선이라는 나라에서 결코 훌륭한 왕이 될 수는 없었다. 반면 그의 반대편에 섰던, 즉 단종을 보위했던 이들은 역사에 훌륭한 신하로 남을 수 있었다. 적어도 조선의 역사에서 그날의 반역은 끝내 용납되지 못한 것이다.

폭군의 바이블이자
성군의 아들, 연산군

역사상 최악의 폭군 연산군의 막장 행동에는 사실 그 나름의 이유가 있었다.
그 배경에는 조선이라는 나라의 독특한 군신 관계가 자리 잡고 있다.

아마도 역사상 최악의 폭군을 꼽으라고 하면 가장 윗단에 연산군이 있을 것이다. 잔인한 살육에서부터 여성 편력까지, 심지어 결국에는 왕의 자리에서 쫓겨나는 모습을 보이며 역사 속 폭군들이 밟은 완벽한 클리셰를 따랐다.

자극적인 막장 행동은 잠시 접어두더라도 연산군 시기에 있었던 두 차례의 사화(무오사화, 갑자사화)를 떠올려보자. 조선 시대에 벌어진 사화라는 사건은 사실 고도의 정치 행위였다. 사화의 원인과 상황은 달랐지만, 결국 정치적 견해 차이로 벌어진 극단적 형태의 정치 탄압이었다. 연산군이 왕 노릇을 하던 바로 그 시기에 두 번의 정치 탄압이 있었고, 조선 건국 이래 최초로 국왕이 주도한 정치 탄압이 발생했다는 점에서 이 사건은 대단히 상징적이다. 잘은 몰라도 조선의 정치 환경이 크게 변화하고 있다는 느낌이 들지 않는가?

조선 중기, 변화하는 정치 시스템은 연산군의 아버지 성종 때 완성된다. 여느 왕조 국가가 그랬듯 조선 왕조도 건국 초기 여러 번의 정치적 변란이 속출했고, 이에 정치 세력의 변화가 뒤따랐다. 변란 끝에 세조 시기 완성된 공신 집단인 훈구파는 무려 성종 시기까지 조선의 정계를 장악한 특권 집단으로 성장했고, 이때 훈구파의 라이벌 집단인 사림이 등장한다. 훈구파의 힘이 아무리 강한들 결국 이들은 관료 집단이었고, 선을 넘는다고 판단되면 국왕은 견제 세력을 키웠다. 그것이 조선 특유의 정치 구조였다.

조선의 정치 시스템을 완성한 연산군의 아버지

사림이라 불린 정치 세력은 사실 전통이 있는 이들이었다. 때는 바야흐로 고려 말, 이성계가 왕이 돼 고려를 뒤집을 것인가를 두고 떠들썩하던 그때, 사림은 성리학적 세계관에서 역성혁명은 있을 수 없다며 급진파의 조선 개국을 반대하고 지방으로 낙향한 성리학자들이었다. 그들은 자신들이 낙향한 지역을 거점으로 학문을 연구하고 후진

양성에 힘 쏟으며 세력을 키워나갔다. 이런 성리학 근본주의자들에게 세조의 계유정난은 절대 용납할 수 없는 행위였다.

한편 조선의 중앙 정계는 그야말로 훈구파의 세상이었다. 세조는 당연히 자신이 왕이 되는 과정에서 힘을 실어준 공신 집단에 의존해 국정을 운영할 수밖에 없었고, 이는 곧 훈구파의 과다한 토지 겸병과 관직 독점으로 이어진다. 그렇게 세조와 예종을 거쳐 훈구파가 권력을 독점한 상태에서 국왕의 자리에 오른 인물이 성종, 즉 연산군의 아버지다.

성종의 아버지는 세조의 맏아들이었지만, 일찍 죽는 바람에 성종의 작은 아버지인 예종이 왕위에 앉았다. 그러나 예종이 왕이 되고 14개월 만에 죽으면서 다음 왕위를 둘러싼 잡음이 생긴다. 예종의 아들은 3세였고, 성종(당시 자을산군)은 13세였다. 하지만 성종은 세조의 최측근이자 당대 최고의 권신 한명회를 장인으로 뒀고, 덕분에 한명회를 중심으로 한 훈구파의 강력한 지지 아래 왕위에 오를 수 있었다.

13세에 왕위에 오른 성종은 집권 초기, 할머니이자 대왕대비였던 정희왕후의 수렴청정을 받는다. 그러나 사실상 성종 초반의 정권을 쥐고 흔든 건 당연히 한명회와 신숙주 등의 훈구파였다. 적어도 성종이 성년이 되는 재위 7년(1476년) 이전까지 왕권은 훈구파에 의해 억눌려 있었는데, 성종이 국왕으로서 제대로 된 역할을 하기 위해서는 특단의 조치가 필요했다.

성종은 만만한 인물이 아니었다. '성종'이란 왕조의 기틀을 잡고, 정치 시스템을 완성한 임금에게 주어지는 묘호가 아니던가. 그도 그랬다.

성종은 권력을 독점하던 훈구파를 일찍부터 견제했다. 출발은 언론 기관인 삼사의 기능을 활성화하는 것이었다. 왕의 정치 수업이라고 할 수 있는 경연 전담 기구인 홍문관, 왕에게 국정에 대한 의견을 전달하는 기관인 사간원, 마지막으로 관리들의 부정을 감찰하는 사헌부의 세 기관에 힘을 실어주기 시작한 것이다. 삼사를 통해 대신들을 견제하고 왕권까지 강화하려는 의도였다.

삼사의 기능이 강력해지면서 삼사의 비판은 대신 집단, 즉 훈구파를 넘어 국왕에게로 향했다. 그러나 유교적 도덕 군주를 지향한 성종에게 삼사의 비판은 건전한 정치 활동이었다. 그렇게 국왕-당상관(정3품 이상의 고위직 관료)-당하관(특히 삼사 중심의 청요직 관료) 사이의 견제와 균형이 완성됐다. 훈구파에만 집중되던 힘의 균형을 되찾아주었다는 것만으로도 삼사의 관료들은 성종에게 훌륭한 국정 운영의 동반자였다. 바로 이들이 조선 건국 이후 초야에 파묻혀 지내던 사림이었다. 김종직을 필두로 한 사림들은 성종 시기, 대거 중앙 정계로 진출하며 삼사를 장악하기에 이른다.

'사화'라는 고도의 정치 행위

돌이켜 생각해보면 연산군은 참 운이 없었다. 생각해보자. 그의 아버지는 조선의 성군으로 손꼽히는 성종이었다. 하급 관료들이 절대자인 자신을 비판해도 "그것이 조선의 정치"라며 받아주던 성군 말이다.

연산군은 왕이 되기 전부터 아버지 성종과 끊임없이 비교를 당한다. 그래서 그는 "아버지는 안 그랬다"라며 이건 이래서 안 되고 저건 저래서 안 된다는 젊은 관료들이 너무도 싫었다. 아버지라는 존재가 연산군에게 강력한 콤플렉스가 돼버린 것이다.

그래서인지 연산군은 세자 시절부터 아버지 성종의 통치 스타일을 극도로 꺼린다. 왕임에도 불구하고 아버지가 신하들에 끌려다닌다고 생각한 것이다. 이후 왕이 된 연산군은 신하들이 왕의 말에 꼬투리를 잡는 행위를 '능상'이라고 부르며 극도로 견제하는 모습을 보인다. 잘난 아버지와 비교해 변변치 못한 자신에 대한 콤플렉스는, 곧 권력의 최정점에 있음에도 하급 관료들에게 꾸중이나 들어야 하는 수치심과 교묘히 섞이며 한바탕 난리가 난다. 그것이 바로 무오사화였다.

무오사화는 조의제문(弔義帝文) 사건이 빌미가 됐다. 사림의 거두였던 김종직이 세조의 왕위 찬탈을 비난한 글이 《성종실록》의 '사초(史草)'에서 발견되면서 사건이 벌어진 것이다. "감히 우리 증조할아버지를 비난하다니!" 기회를 잡은 연산군은 무오사화를 일으켜 삼사 소속의 대간을 대폭 물갈이한다. 숙청의 과정은 잔인했다. 이미 죽은 김종직을 부관참시하고, 그의 제자이면서 사림이자 삼사의 관료였던 김일손 등을 능지처참한다. 이외에도 가산을 몰수당하거나 관노가 된 자들도 있었고, 귀양을 가거나 옥사를 치른 이들까지 그야말로 신진 관료들이 대거 희생됐다.

그런데 연산군은 한 치 앞을 내다보지 못했다. 꼴 보기 싫은 하급 관료를 쳐내고 한결 가벼워진 연산군 앞을 이제는 대신들이 가로막기 시작했다. 삼사 소속의 하급 관료가 사라진 순간 그들과 경쟁하던 대신들의 기세가 급격히 높아진 것이다. 연산군은 깨진 균형을 잡기 위해 다시 칼을 빼 든다. 연산군에게는 대신들이나 삼사의 대간들이나 똑같은 아랫사람에 불과했다. 이들이 왕의 말에 토를 달면 능상의 죄를 물어 살육했다. 이것이 바로 갑자사화다.

연산군의 폭정을 묘사할 때 주로 인용되는 사건이 바로 갑자사화다. 갑자사화가 더욱 잔인하게 전개됐던 이유는 연산군 어머니의 죽음과 관련돼 있었기 때문이다. 연산군은 생모의 죽음과 관련된 인물들을 추리고 피의 복수를 벌이는데, 어머니 폐비 윤씨의 원한을 푸는 동시에 대신들을 탄압하고자 하는 속셈이었다.

연산군은 왕권과 관련한 모든 문제에 히스테릭하게 반응했던 군주다. 그가 벌인 두 번의 사화는 원인이 전혀 달랐음에도 폭력을 수반한 정치적 변란이었다는 공통점이 있다. 결과적으로 무오사화가 집권 초기, 아니 세자 시절부터 눈엣가시였던 사림 세력에 대한 폭력이었다면, 갑자사화는 자신을 향해 비판적이었던 모든 관료에 대한 폭력이었다. 대표적인 세조의 공신이자 훈구파였던 한명회를 부관참시할 만큼 그의 칼끝은 훈구와 사림을 가리지 않았다. 아버지 성종이 완성한 상호 견제 시스템이 완전히 무너진 것이다.

간신 빼고는 입을 열 수 없는 분위기가 되자 연산군의 방탕함은

《연산군일기》

극에 달한다. 전국에 채홍사를 파견해 미녀를 선발하는데, 그렇게 뽑힌 여자 중 가장 예쁜 자를 '흥청'이라 불렀다. '흥청망청(興淸亡淸)'의 어원인 바로 그 흥청이다. 여색만이 문제는 아니었다. 사냥에 빠져 경기도 일대에 금산(禁山, 나라에서 나무를 베지 못하도록 금지하는 산) 조치를 취하고 산 주변에 살던 거주민들을 전부 쫓고 집과 땅을 빼앗았다. 더불어 경연을 없애고, 성균관을 폐쇄하고 학생들을 모두 쫓아버린 다음 그곳을 놀이터로 만든다. 신하들에게 "입은 몸을 베는 칼이다"라는 내용의 신언패(愼言牌)를 착용하게 하고 흥청들과 놀러 나갈 때 동원하기도 했다. 이때 관료들이 느꼈을 수치심은 상상을 초월했다.

건국 이래 최초의 반정, 조선의 정치를 바꾸다

연산군의 폭정이 관료 집단 전체를 향하는 순간, 한계는 예견된 것이었다. 일부 관료들은 비밀리에 회합을 거듭하며 연산군을 폐위하기 위한 계획을 짠다. 실로 역사적인 회합이었다. 그 결과가 조선 건국 최초로 신하가 왕을 인위적으로 교체하는 반정으로 이어졌기 때문이다. 이른바 중종반정이 그것이다. 연산군은 왕위에서 쫓겨났고, 성종의 둘째 아들이자 연산군의 12살 아래 이복동생 진성대군이 중종으로 즉위한다.

중종은 자신의 강력한 의지로 즉위한 것이 아니었다. 그야말로 반정 세력의 후원에 힘입어 즉위한 것이었다. 당연히 초기의 왕권은 취약했고, 중종을 왕위에 앉힌 이들은 공신이 돼 국정을 주도했다. 문제는 이때 공신이 된 이들은 대부분 훈구파였다는 점이다.

즉위 과정에서의 한계로 인해 왕권이 약했던 중종은 국정 운영의 주도권을 되찾기 위해 연산군이 없앤 사간원과 홍문관을 다시 세우면서 한쪽으로 치우친 세력 균형을 다시 성종 시절로 돌리려 노력한다. 성균관이 다시 섰고, 경연도 재개된다. 반정으로 즉위한 자신의 정치적 정당성을 바로 세우기 위해 유교적 도덕 군주로서의 소임을 다하고자 한 것이다. 동시에 훈구파에 쏠린 힘의 균형도 바로잡을 수 있었다. 조광조를 비롯한 '기묘사림'이라 불리는 이들의 등장은 이러한 정치적 상황에서 기인한 결과였다.

이 시기 정계에 진출한 조광조를 비롯한 사림들은 삼사를 장악하며 중종 시기 개혁 정책을 입안하는 주요 세력으로 성장한다. 중앙 정계에 안정적으로 진출한 사림들은 조선을 성리학 기반의 사회로 만들기 위해 노력한다. 이 과정에서 중종반정을 일으킨 공신들과의 정치적 대립이 벌어지는데, 이것이 바로 기묘사화다.

그렇다. 사화는 폭군들만이 사용한 정치술이 아니었다. 국왕 혹은 국왕과 의견을 같이하는 관료 집단이 자신의 정치적 의견을 반영하기 위해 벌이는 극단적인 정치 행위였다. 연산군을 폭군으로 기억하더라도, 그가 행한 정치 행위에 대해서는 그 나름대로 평가가 필요한 것이다. 그것이 비판적인 평가라고 해도 말이다. 미친 사람으로 연산군을 정의하기에는 당대의 정치 구조 변화가 가진 위상이 너무도 중요하기 때문이다.

중종 시기는 갓 정계에 진출한 사림 세력이 뜻을 완전히 펼치기 이른 시기였다. 하지만 선조가 즉위하고 조광조의 뜻을 이은 사림 세력은 다시 중앙 정계에 활발히 진출할 수 있게 됐고, 곧 훈구파를 몰아내고 정국의 주도권을 장악한다. 짧게는 사림의 패배였지만, 길게 보면 사림의 승리였다.

임진년에 일어난
동아시아 세계대전

임진왜란이라 불리는 '임진 전쟁' 혹은 '조일 전쟁'은
왜구가 어지럽힌 변란이라고 하기에는 거대한 전쟁이었다.
동아시아를 송두리째 변화시킬 정도였으니 말이다.
지금의 우리는 임진년에 일어난 거대한 전쟁을 어떻게 기억해야 할까?

우리가 흔히 '임진왜란'이라고 부르는 이 전쟁은 이름처럼 임진년에 일어난 왜구의 '난(亂)'이 아니었다. 이 전쟁은 한국(조선)과 일본(왜) 그리고 중국(명)이 참전한 엄청난 규모의, 오랜 시간 이어진 국제전이었다. 이 전쟁을 전후로 조선, 일본, 명은 저마다 커다란 사회적 변화를 겪으며 정치 체제가 요동쳤고, 동아시아 차원의 큰 지각 변동이 일어났다. 그래서인지 임진년에 시작된 동아시아의 대규모 전쟁은 한국과 중국 그리고 일본에서 각자의 역사적 흐름에 맞게 정리된다.

일본에서 이 전쟁은 긴 시간 신공황후(神功皇后) 이래 속국이 된 조

선을 손보기 위해 도요토미 히데요시가 나선 정벌 전쟁이라는 의미로 정리됐다. 이러한 인식이 바로 정한론으로 이어져 조선 침략의 근거가 된다. 즉, 일본 제국주의에 의한 식민 지배의 명분으로 임진년의 전쟁이 활용된 것이다.

이에 반해 중국에서는 이 전쟁이 조금 독특한 위상을 지니는데, 전쟁의 이름에서부터 대단히 중국 중심적임을 알 수 있다. 이른바 '항왜원조 전쟁'이다. 중국의 역사 인식 속에서 이 전쟁은 사실상 중국을 전쟁의 주축 세력으로 설정하고 일본으로부터 조선을 구해준 전쟁으로 기억하는 것이다. 중국의 이러한 기억 방식은 동아시아 역사에서 중국이 모든 역사적 과정을 주도하는 지위에 있었음을 부각하려는 의도가 깔려 있다.

두 나라의 역사 인식과는 다르게 한국에서는 오랜 시간 이 전쟁을 '임진왜란' 그리고 뒤이어 벌어진 두 번째 침략을 '정유재란'이라고 불러왔다. 이 전쟁으로 전 국가적 피해가 있었고 사회 체제가 송두리째 변화했지만, 일본에 대한 반감과 적대적 인식으로 인해 전쟁 그 자체에 대한 객관적 평가는 이루어질 수 없었다. 그저 이 시기의 전쟁은 왜구들에 의한 변란이나 왜구들의 명분 없는 싸움이어야 했다.

그렇다면 지금의 우리는 임진년에 일어난 거대한 전쟁을 어떻게 기억해야 할까? 구체적인 전쟁 과정이야 여느 역사책에서 보던 것과 크게 다르지 않겠지만, 적어도 용어 하나쯤은 달리 사용하면서 우리의 사고를 확장해볼 수 있지 않을까? 임진왜란이 아닌 '임진 전쟁' 혹은 '조일 전쟁'이라는 용어를 통해서 말이다.

전쟁은 보통 누군가의 욕심으로 시작된다

전쟁의 구조적인 원인이야 다양하게 존재할 테지만, 무엇보다 가장 결정적인 원인은 전쟁을 결정하는 의사 결정권자의 욕망이다.

임진년의 전쟁은 도요토미 히데요시의 정복욕이 무엇보다 결정적이었다. 전국 시대를 통일한 히데요시가 일본 사회 내부에서 다양하게 분출된 문제들, 이를테면 이제 막 하나의 세력으로 통일된 지방 무인 세력의 불만 등을 대외 전쟁으로 돌리기 위해 선택한 것일 수도 있다. 거기에 명나라를 비롯한 조선과도 교역이 단절돼 경제적으로 궁핍했던 히데요시가 전쟁을 통해 재화를 획득하고자 한 것 역시 전쟁의 주요 원인으로 지목된다. 일본 해적들이 명나라 남부 지역을 자주 침략하면서 명나라가 일본과의 무역을 금지한 것이 결정적이었다.

히데요시의 속내야 알 수 없는 일이지만, 그는 허황된 꿈에 사로잡힌 인물이었다. 그의 꿈은 다름 아닌 명나라 정벌이었다. 이 시기 명나라와 일본의 체급 차이는 상당했다. 명나라는 동아시아 세력 균형의 중심축이었고, 일본은 이제 막 하나의 내전이 정리돼 합쳐진 나라였다. 객관적으로 그의 담대한 도전은 사실 철없는 아집이었다는 의미다. 여기서 우리는 히데요시가 애초에 주요 타깃을 명나라로 잡았다는 사실에 주목해야 한다. 그러니까 이 전쟁은 처음부터 국제전이었다는 것이다.

히데요시에게 조선은 그저 명나라로 가는 길목이었다. 길목을 확보하기 위한 조치 중 하나로 히데요시는 조선에 일본과의 수교를 재개해달라고 요구한다. 서로 사신을 주고받는 논의 끝에 1590년 3월, 정사(正使) 황윤길과 부사(副使) 김성일 등의 사신단이 일본에 파견된다. 그런데 여기서부터 이상했다. 황윤길과 김성일은 일본에 도착하고도 히데요시를 만나지 못하다가 5개월 만에 국서를 전달한다. 대단히 이례적이고 무례한 일이었다. 바로 이때 히데요시가 "명나라를 정벌할 거야"라는 말을 한다.

그렇게 황윤길과 김성일은 히데요시를 만난 후 1591년 봄에 조선으로 귀국한다. 당연히 조선에서는 정말 전쟁이 일어날 것인가, 아니면 히데요시의 공수표인가를 두고 한바탕 논쟁이 벌어진다. 황윤길과 김성일의 정세 판단도 달랐다.

히데요시의 허무맹랑한 망발 그리고 이를 바라보는 황윤길과 김성일의 다른 시선을 통해 우리는 한 가지 사실을 확인할 수 있다. 조선과 일본 양측 모두 상대방 정세에 어두웠다는 사실이다. 조선과 일본, 더 넓게는 명나라까지 서로 간의 외교가 오래 단절돼 있었기에 어쩌면 당연한 결과였다. 서로에 대한 무지 속에 결국 동아시아는 격랑으로 빨려 들어갈 운명이었다.

일본은 병력을 집결시키기 시작했다. 20여만 명의 병력은 곧 부산을 통해 총공격을 감행했다. 1592년 4월 14일, 전쟁 시작과 동시에 부산진이 함락됐고, 다음 날 동래성이 함락된다. 그리고 이틀날(4월 17일) 조선 조정은 일본군이 침략했다는 사실을 보고받는다.

이후 일본군은 충주 탄금대까지 일격에 진격하고, 바로 이곳에서 신립의 육군이 대패하면서 그 유명한 선조의 몽진이 시작된다. 그리고 곧이어 한양이 함락됐고(5월 2일), 한 달 뒤 평양성이 함락(6월 15일)됐다. 그야말로 일본군은 파죽지세로 북진했다. 갑작스러운 전쟁에 조선인들은 당황했고, 결과적으로 연이은 패배를 당한다. 조선의 국왕 선조는 영변을 지나 의주까지 피난길에 올랐고, 명에 지원을 요청한다. 본격적으로 동아시아 3국이 군을 움직이기 시작한 것이다.

명나라의 참전, 확장되는 전쟁

한편 명나라가 전쟁에 참전하기 전, 그야말로 조선이 절망적인 전황에 놓여 있던 그때 역사상 가장 위대한 군인으로 평가받는 이순신이 출현한다. 임진년(1592년) 5월 4일 첫 출격을 감행한 이순신 함대는 사흘 뒤 옥포해전에서 첫 전투를 벌이고 일본 함대 30여 척을 격파하면서 첫 승리를 거둔다. 사실상 조선이 임진왜란 동안 거뒀던 유의미한 첫 승리였다. 이후 합포해전과 적진포해전을 통해 왜군을 격파하면서 이순신 함대는 연전연승을 거두고 제해권을 지켜낸다. 일본군의 수륙 병진 전략이 크게 흔들리는 계기였다.

이순신 함대의 승리를 통해 조선은 전라도와 충청도는 물론 황해도와 평안도 연안 지방까지 지켜 원활히 군량을 조달할 수 있었고, 통신 체계도 어느 정도 유지할 수 있었다. 이는 단순히 시간을 번 것 이상의 성과였다. 명나라 군대가 육로를 통해 조선으로 들어올 수 있는 길을 열어준 것이기도 했기 때문이다. 게다가 이순신의 활약을 바탕으로 육지에서도 조금씩 승전보가 들리기 시작했다. 전국에서 의병이 일어난 것이다. 그렇게 평양성 부근에서 전쟁 발발 후 첫 교착 상태가 이어진다.

바로 이때, 명나라 군대가 들어온다. 명분상 조선의 요청에 의한 구원군의 성격이었지만, 사실은 명나라 자신을 지키기 위한 참전이 었다. 만약 조선이 일본에 넘어가면 명나라는 육로와 해로를 통해 일본과 맞서야 했다. 요동 땅의 평지보다는 조선이 험지이니 전투에도 용이할 것 같다는 판단도 있었겠지만, 자기네 땅을 더럽히지 않으면서 생색도 낼 수 있는 기막힌 참전 방식이었다.

명나라는 참전 직후의 열세를 극복하고 평양성에서 이여송이 이끄는 4만 대군으로 조선군과 평양성을 공격해 승리를 거둔다. 이후 전황은 완전히 역전됐고, 때맞춰 조선군도 행주산성에서의 승리를 발판삼아 1593년 4월 20일 한양을 수복한다. 이미 일본군에 의해 한양이 불타버렸지만, 선조는 그해 10월 한양으로 돌아온다.

명군의 참전으로 전쟁의 크기는 더욱 확대됐고, 전쟁의 방향도 조금 달라진다. 전황이 불리해진 일본군이 해안가에 진을 치고 장기 항전에 돌입한 것이다. 명나라와 일본은 강화 협상을 진행하기 시작한다. 그럼 조선은? 그렇다. 조선의 입장은 패싱된 채로, 이 강화 협상은 4년여나 지속된다.

이 소모적인 대치 상태의 피해는 고스란히 조선 백성에게 돌아갔다. 심지어 일본은 여전히 해안 마을 곳곳에서 진을 치고 약탈을 이어가고 있었다. 명나라 군대 역시 일본군과 대치하는 가운데 조선에 엄청난 민폐를 끼쳤다. 이것만 봐도 임진년에 시작된 거대하고 잔인한 이 전쟁은 '왜군의 난'이라는 이름과는 어울리지 않는다.

대체 왜 이렇게까지 오랜 시간을 할애한 것일까? 그것도 조선의 입장이 패싱된 상태로 말이다. 황당하게도 일본의 어이없는 협상 요구를 명나라가 받을 수 없다고 버티며 협상 자체가 평행선을 달렸기 때문이다. 일본은 명나라와의 교역을 재개해달라는 요구 사이에 명나라 황제의 딸을 히데요시의 후궁으로 달라는 둥, 조선의 4도를 일본에 떼어 달라는 둥 허무맹랑한 요구를 했다. 명나라는 일본군의 철수 조건으로 히데요시의 일본 국왕 책봉 등의 미끼를 던지면서도 책봉을 빌미로 명에게 무역을 요청하지 말 것을 끊임없이 요구하며 진도를 나가지 못했다.

다시 전쟁을 준비해야 했던 조선

지루한 협상이 4년이나 이어지던 1597년, 서로 간의 의견 차이를 좁히지 못함을 확인한 일본은 큰 규모의 군대를 재차 조선 땅에 파견한다. 바로 정유재란이다. 강화 협상 당시 요구했던 조선의 4도(경상도, 충청도, 전라도, 경기도)를 전쟁을 통해 영역화하겠다는 목적이었다. 초기 전황은 일본의 압도적인 우세였다. 원균이 지휘하던 해군은 궤멸되고, 육지에서도 남원을 넘어 전주까지 밀고 들어온 일본군을 막을 방법이 없었다.

4년간의 대치 상태에서 국지전만 이어지던 전황은 다시 대규모 전쟁으로 번졌다. 상황이 불리해지자 명나라는 다시 대규모 병력을 조선에 파병한다. 하지만 명나라 군대는 여전히 강화를 원했다. 사실상 결사 항전은 조선의 몫이었다. 그리고 조선에는 이 결사 항전을 마무리할 캡틴이 남아 있었다. 바로 이순신이다. 백의종군 중이던 이순신은 선조의 부름을 받아 3도 수군통제사로 임명된다. 바로 이때 이순신은 "신에게는 아직 12척이 있습니다"라는 장계를 올린다. 명량해전의 시작이었다.

명량해전에서 이순신의 수군이 승리를 거두면서 조선은 초반의 열세를 극복했고, 전선은 교착 상태에 빠진다. 일본군은 전라도와 경상도로 물러나 성을 쌓거나 진을 치고 그곳에 계속 머물렀다. 그렇게 전쟁은 다시 장기전으로 이어지는 것 같았다. 명나라는 여전히 강화를 주장했고, 조선 백성은 양측 군대의 진상 짓에 몸서리를 치는 상황이 이어졌다.

하지만 전황은 곧 다시 반전을 맞는다. 1598년, 도요토미 히데요시가 죽은 것이다. 이 소식을 전해 들은 조선군과 명나라 군대는 대대적인 남하를 시작했고, 자연스럽게 왜군의 철수가 이어졌다. 그렇게 전쟁은 허무하게 마무리돼갔다. 욕심 많은 절대자의 죽음으로 전쟁도 끝난 것이다.

임진년에 시작된 7년간의 전쟁은 동아시아 전체를 크게 흔들었다. 전장이었던 조선의 손실은 이루 말할 수 없는 지경이었다. 경작지는 5분의 1토막이 나면서 농업 중심의 국가 경제는 엄청난 타격을 입었다. 건국 초의 혼란을 바로잡아 나라가 안정되던 차에 벌어진 전쟁이었기에 아쉬움이 더욱 컸다. 그렇게 조선의 정국은 다시 소용돌이쳤다.

일본이라고 다르지 않았다. 득보다는 실이 컸다. 책임은 전쟁을 시작한 도요토미 히데요시에게 있었다. 그가 죽자 일본에서는 전후 2년 만에 다시 내전이 시작됐고 파병을 회피하며 세력을 보존한 도쿠가

임진 전쟁 때 조선을 도와준 명나라 신종과 의종의 위패를 모신 사당 앞 비석

와 이에야스가 일본을 재통일한다. 그렇게 에도 막부의 시대가 시작됐다. 에도 막부는 전쟁 중에 입은 경제적 피해를 복구하기 위해 조선과의 외교 관계를 회복하려 노력했다. 그렇게 에도 막부는 1609년 화해의 손을 내밀어 조선과 기유약조를 체결했고 둘의 관계는 조금씩 회복된다.

명나라는 그야말로 대전환을 준비해야 했다. 각지에서 농민 반란이 일어났고, 명나라 조정은 이를 해결할 능력이 없었다. 물론 명나라는 전쟁 이전부터 위기 대처 능력을 상실한 상태였는데, 약소하게나마 남아 있던 능력이 전쟁으로 소멸 지경에 다다른 것이다. 하지만 결정적인 변화는 7년간의 전쟁으로 정신이 팔린 사이 방치된 여진족이 몰고 왔다. 분열돼 있던 여진족이 하나의 무리로 합쳐지면서 후금을 세우고 명나라와 자웅을 겨루겠다고 으르렁대기 시작한 것이다. 이후 동아시아는 이 변화를 주시하면서 자국의 안녕을 도모해야 하는 상황이 됐다. 그렇게 조선은 다시 전쟁을 준비해야 했다.

전쟁은 모든 것을
바꿔놓았다

문제의 전쟁, 병자호란에 대해 알아보기 위해서는 여진족의 이야기부터 출발해야 한다.
무엇보다 조선인에게 그들이 어떤 존재였는지부터 알아야 한다.
그래야 당대의 조선 지배 계층이
그들에게 무릎 꿇기를 왜 그토록 싫어했는지 이해할 수 있기 때문이다.
생각보다 골이 깊은 두 나라였다.

도요토미 히데요시가 죽고, 긴 전쟁은 끝이 났다. 일본에는 에도 막
부가 섰고, 여진족은 성장하기 시작했으며, 명나라는 나락으로 떨어
지고 있었다. 이와 더불어 동아시아에서의 국제 관계가 변화하고 있
었고, 조선도 변화하는 국제 정세에 맞게 동아시아 각 국가와의 관
계를 재설정해야 했다. 조선 내부의 정치적 역학 관계도 이러한 국
제 정세의 변화와 맞물려 분열되고, 다시 편을 이루는 소용돌이 속
에 빠져들었다. 그야말로 혼란의 시간이 찾아온 것이다.

병자년의 전쟁, 이른바 병자호란을 떠올리면 머릿속에 어떤 이미

지가 떠오르는가? 우리에게 병자호란은 조선의 외교 실용론자들과 성리학 명분론자들이 대립한 결과로 기억되는 측면이 강하다. 완전히 틀린 이야기는 아니지만, 이미 동아시아에는 임진년 전쟁 이후 거대한 변화의 바람이 불어닥치고 있었다.

안타깝게도 변화의 끝에는 병자호란이라는 또 다른 전쟁이 기다렸다. 격변의 동아시아 정세가 어느 정도 정리돼가는 와중에 벌어진 일이었다. 병자년의 전쟁은 동아시아의 거대한 변화에 종지부를 찍기 위한 격돌이었다. 한국인에게는 패배의 역사이지만, 동아시아의 관점에서 보면 거대한 세계관의 변화였다. 마치 몽골의 원나라가 중국이 됐던 것처럼 여진의 청나라가 중국이 된 것이다.

당시 조선인, 특히 지배층이 공유하던 존명사대(尊明事大) 의식은 임진년 전쟁 이후 혼란한 국가를 이끌어갈, 거의 유일한 이데올로기이자 희망의 끈이었다. 그 희망의 끈이 끊어졌던 병자년의 전쟁이 야기한 변화는 조선이 결코 감당할 만한 것이 아니었다. 특히 오랜 시간 오랑캐로만 여겨졌던 여진이 세상의 중심이 됐을 때, 이들과 어떤 관계를 맺을지를 두고 조선 정계는 서로 물고 뜯는 긴 시간을 이어간다. 이후 조선은 관성적으로 사대주의를 심화시켜나갔고, 극단적 형태의 성리학 근본주의가 조선의 정치판을 집어삼킨다. 그만큼 병자년의 전쟁, 더 길게는 임진년의 전쟁부터 시작된 수십 년의 장기전은 조선의 모든 것을 바꾸어놓았다.

조용히 성장한 여진

조선과 여진은 건국 군주였던 이성계가 왕위에 오르기 이전부터 관계를 맺었는데, 몇몇 여진족은 이성계 부대 휘하에 소속될 정도였다. 가장 대표적인 인물이 이지란이었다. 이후 조선과 여진은 이른바 교린 관계라 불리는 동아시아 특유의 외교 관계를 맺어왔다. 조선이 국왕의 이름으로 여진족의 몇몇 추장에게 관직(사실상의 명예 관직)을 주는 형식적인 종속 관계 형태였던 것이다. 조선과의 친연성이 높았던 일부 여진 부족들은 조선으로 귀화하기도 했다.

하지만 한편으로 여진족은 금나라 멸망 이후 부족 간의 분열이 심했고, 일부 부족은 조선 국경을 넘어와 약탈을 자행했으며, 이에 맞서 조선도 여진족 진영까지 군을 이끌고 들어가 일종의 정복 활동도 했다. 이러한 과정에서 조선인에게 여진족은 '야인', '오랑캐' 등으로 불리기 시작한다. 명나라와의 사대 관계가 고착화되면서 이러한 인식은 더욱 굳어졌고, 여진족을 바라보는 조선인의 편견은 더욱 커졌다. 속된 말로 조선인에게 여진족은 '두 발로 걷는 짐승'이었다.

그러던 여진족이 변화하기 시작한 것은 다름 아닌 임진년의 전쟁 때였다. 사실 명나라는 여진족의 통합을 극도로 경계하고 있었다. 송나라 시절 금나라를 건국한 여진족에게 크게 당했던 역사 때문이었다. "여진족이 모여 1만이 되면 감당할 수 없다"라는 말이 있을 정도로 명나라에 여진족은 주요 경계 대상이었다. 명나라는 오랜 시간

공을 들이며 여진족들에 대한 분열 정책을 추진했다. 그렇게 명나라 조정은 여진족을 건주여진과 해서여진 그리고 야인여진 등으로 구분하며 관리하고 있었다.

그러던 어느 날, 여진족의 영웅이 등장한다. 바로 누르하치다. 여진족의 작은 부족 추장이 된 그에게는 명나라와 얽힌 치욕의 기억이 있었다. 그의 할아버지와 아버지가 명나라 군대를 도와 전투를 치르던 중 명나라 군대의 실수로 죽은 것이다. 남다른 사연이 있었던 그는 명나라에 대한 복수를 다짐하며 여진족을 하나씩 통합한다.

그간 여진족을 분열시키는 방식으로 통치하던 명나라는 만력제라는 희대의 어리석은 임금을 만나 여진족에 대한 경계가 상대적으로 풀어진다. 누르하치는 때를 놓치지 않았고, 있는 힘껏 여진족을 통합해나간다. 통합의 배경에는 막대한 경제력이 있었다. 만주 지역에서 명나라와의 교역을 독점한 누르하치 세력은 이를 통해 군사적으로 엄청난 성장을 도모할 수 있었다. 1583년부터 건주여진의 여러 부족을 공격하더니, 1588년에는 건주 5부를 통합하고 야인여진 일부를 제외한 여진족 대부분을 하나로 묶어냈다.

분명 누르하치의 여진족은 더 큰 성장을 원했고, 16세기 말 동아시아의 국제 정세는 그의 운명을 완전히 뒤바꿨다. 1592년 임진 전쟁이 발발한 것이다. 전쟁이 끝난 후, 명나라는 본국의 사정을 챙기기에도 바빴다. 그 틈에 누르하치는 1605년 건주국을 세우더니, 1616년 드디어 금나라를 재건한다. 우리에게 후금으로 알려진 바로 그 나라다. 그러고는 명나라로부터의 완전한 독립을 선언하고 명나라를 향해 전쟁을 선포한다.

조선은 이제 여진을 마냥 무시할 수 없게 됐고, 당시 조선의 군주였던 광해군의 입장이 난처해졌다. 후금은 명에 선전 포고를 했고, 조선과 명나라와의 군사·경제적 교역의 중심지였던 무순이 후금에 점령돼버렸다. 이 와중에 조선의 지배층 사이에서는 재조지은(명나라에 대해 은혜를 갚아야 한다)의 분위기가 불같이 타올랐고, 후금에 대한 적대적인 인식은 커져만 갔다.

혼란의 조선, 광해군을 왕으로 맞다

광해군은 조선의 다른 군주들과 달랐다. 임진년의 전쟁이 한창이던 시기, 조선의 조정은 선조가 국정을 운영하는 기존의 조정과 세자 광해군이 맡아 운영하는 조정으로 나뉜다. 광해군의 분조는 전국을 돌며 민심을 수습하고 경상도와 전라도 등지로 내려가 군량을 모았다. 세자 시절 전쟁의 한가운데서 국정을 운영했던 경험은 그에게 큰 자양분이었다.

광해군은 전쟁이 끝난 뒤 선조와 인목대비 사이에서 뒤늦게 태어난 영창대군과 세자 자리를 두고 갈등을 빚었지만, 선조가 죽고 곧 왕위에 오른다. 하지만 그가 왕이 된 17세기 초 조선은 격변의 동아시아 한가운데 내던져진 상태였다. 게다가 7년의 전쟁을 이제 막 끝낸 터라 그 격변을 제대로 이겨낼 객관적, 물리적 조건을 갖추지 못했다. 광해군은 바로 그 시절에 왕이 된 인물이다.

때는 바야흐로 1618년 광해군이 즉위한 지 10년이 됐을 무렵, 명나라는 만주 지역에서 후금 정벌을 위해 조선에 파병을 요구한다. 주지하다시피 조선의 지배층은 재조지은을 내세우며 명나라의 파병 요구에 응할 것을 주장했고, 광해군은 이에 따라 강홍립을 총사령관으로 하여 1만 명 이상의 대병력을 전투에 파병한다.

결과는 조명 연합군의 패배였다. 패전 이후 명은 요동 지역을 상실했고, 조선과 육로를 통한 외교가 불가능해졌다. 명나라는 조선과 후금이 결탁할 것을 우려해 조선에 재정적 원조를 약속하면서 요동 수복을 위한 지원병을 거듭해서 요청한다. 광해군은 조선과 명나라 간의 우호 관계를 유지하기 위해 노력하면서도, 원병을 파견하라는 명나라의 요구는 거부한다. 이 와중에 광해군은 여진의 동향 파악에 주력하고 후금과 지속적으로 소통한다.

명나라는 스스로 고립됨을 느꼈고, 초조함은 조선에 재파병을 요구하는 방식으로 표현됐다. 하지만 조선은 여전히 임진 전쟁의 복구조차 제대로 이루어지지 않은 상태로, 파병은 무리였다. 광해군은 명의 끈질긴 요구에도 추가 파병을 끝내 거부한다. 그러나 조선의 지배층에게 광해군의 파병 거부는 명나라에 대한 패륜이었다. 광해군은 곧 정치적으로 고립되기에 이른다.

광해군은 이를 돌파하기 위해 왕권 강화를 위한 쓸데없는 행정을 벌이기 시작한다. 특히 그는 궁궐 증축에 강한 집착을 보였는데, 안 그래도 전후 복구로 정신없던 백성들에게 궁궐 중축이라는 거대한 토목 공사는 민심의 이반을 불러올 수 있는 문제였다. 게다가 국정을 운영하는 과정에서 세자 시절부터 왕 자리를 놓고 경쟁했던 영창대군과 그의 어머니 인목왕후를 유폐해버린다. 외교에서 꼬인 스텝을 내부적으로 풀려는 중에 벌어진 완벽한 헛발질이었다.

교체된 조선의 임금, 굴욕의 서사를 쓰다

운명의 1623년, 조선에서는 두 번째 반정이 벌어진다. 바로 인조반정이다. 신하들이 광해군을 끌어내리고 인조를 왕위에 앉힌 명분은 총 세 가지였다. 첫째, 영창대군을 죽이고 인목대비를 폐하고 경운궁에 유폐시킨 사실, 둘째, 경복궁 등 궁궐을 복구한다는 명목으로 벌인 대규모 토목 공사 그리고 셋째, 후금과 화친하고 명을 배반했다는 이유였다.

인조와 반정을 주도한 세력은 명나라에 사신을 보내 반정 사실을 통보한다. 왕위를 찬탈한 인조 정권에 우호적이지 않았던 명나라 조정은 인조의 책봉을 대가로 압록강 근방에 주둔하던 명나라 장군 모문룡에 대한 군사적 지원을 요구한다. 인조반정 주체들은 이를 거부할 수 없었다. 하지만 이러한 조선의 변화는 후금에게 있어서는 그야말로 '뒤통수'였다. 광해군의 폐위와 인조의 책봉 과정은 임진 전쟁 이후의 국제 관계 변화 그리고 명나라와 후금의 대립이라는 거대한 구도 안에서 자유로울 수 없었다. 정묘년의 전쟁은 그렇게 시작된다.

1627년 정묘년 1월, 후금은 3만 병력으로 조선을 침공한다. 후금군은 황해도 평산까지 내려온 뒤 조선과 화의를 맺고 철병한다. 하지만 철병의 대가는 가혹했다. 앞으로 명의 연호는 쓸 수 없었고, 후금의 군주였던 홍타이지와 인조 사이에 형제의 맹약을 해야 했다. 조선 초기 여진과의 관계를 생각하면 조선에는 치욕의 화친이었다.

그 후 10년의 세월 동안 조선, 명나라 그리고 후금의 관계에는 균열과 봉합이 반복됐다. 이러한 혼란은 명나라와 후금 중 어느 나라도 완벽히 한 나라를 압도하지 못했기 때문에 벌어졌다. 정묘년에 맺은 조선과 후금의 형제의 맹약은 그 자체로 조선과 명나라의 관계를 끊지 못했다. 여전히 조선과 명나라는 군신 관계였고, 조선의 지배층은 명나라에 대한 재조지은을 강조했다. 이 혼란함은 병자년의 전쟁이 시작될 징조였다.

전쟁은 끝났지만, 전쟁의 여파는 끝나지 않았다

1636년 병자년, 홍타이지는 만주족과 몽골 그리고 한인들에 의해 황제로 추대됐고, 나라 이름을 '청'으로 고친다. 그렇게 당시 군주였던 홍타이지는 청 태종이 된다. 그런데 즉위식에서 사건이 터진다. 조선에서 온 사신단이 홍타이지에게 삼궤구고두례(황제나 대신을 만났을 때 머리를 조아려 절하는 예법)를 거부한 것이다. 홍타이지는 곧 "조선의 왕자를 볼모로 보내고, 개선 의지를 표명해라. 그러지 않으면 침공하겠다"라는 내용의 국서를 보낸다.

하지만 조선의 관료층은 여전히 대명의리론에 사로잡혀 있었고, 그것이 그들의 국왕인 인조를 앉힌 이유이기도 했다. 지금의 관점으로는 답답하고 꽉 막힌 외교로 보이지만, 당시 조선 관료들에게 이보다 중요한 일은 있을 수 없었다.

병자년 12월 2일, 청 태종 홍타이지는 직접 청군 7만, 몽골군 3만, 한군(漢軍) 2만 등 총 12만의 대군을 동원해 조선을 침공한다. 청나라 군대는 파죽지세로 남하했다. 12월 12일 압록강을 건넌 청군은 13일 오후 평양을 넘어 14일 개성을 지났다. 인조는 그날 밤 숭례문으로 서울을 빠져나와 강화도로 향했지만 이미 청군이 홍제원(지금의 홍제동)에 도착해 강화도로 가는 길을 차단했다. 그렇게 인조는 남한산성으로 입성하고 항전에 들어갔다.

명나라에 원병을 요청했지만, 명나라는 원병을 보낼 처지가 안 됐다. 게다가 임금을 구하기 위해 남한산성으로 출병한 8도의 근왕병들이 제대로 된 통합도 이루지 못한 채 퇴각을 거듭하자 성 내부에서는 주화파와 주전파가 논쟁을 이어갔다. 긴 논쟁 끝에 결국 조선 조정은 청나라와의 강화를 결정한다. 하지만 홍타이지는 만만한 인물이 아니었다. 청 태종은 우선 조선이 청의 신하국임을 명확히 하고 조공을 바치라고 요구했다. 명나라와의 국교 단절은 물론 청나라가 명나라를 정벌할 때 원군을 파견할 것도 함께 요구했다. 더불어 조선의 세자와 차자, 대신의 아들들을 청에 볼모로 보내야 했다.

조선은 굴욕적인 강화 절차를 밟아나갔다. 인조는 세자와 함께 삼전도(三田渡)에서 '성하(城下)의 맹(盟)'이라고 불리는 강화 조약을 맺으며 청 태종 앞에서 삼배구고두례를 행하고 한강을 건너 서울로 돌아왔다. 오랑캐와 군신 관계를 맺은 것이다.

인조는 어떻게 해서든 땅에 떨어진 왕의 권위를 세워야 했다. 하지만 우습게도 청에 볼모로 보낸 소현세자가 청에 의해 잠재적인 왕위 경쟁자로 거듭나고 있었다. 비록 볼모로 청나라에 끌려갔지만, 소현세자는 청나라가 명을 제압하고 중원의 패자가 되는 과정을 직접 봤다. 그에게 청나라는 적대적이어야 할 나라가 아닌 배워야 할 나라였다. 그렇게 아버지와는 전혀 다른 생각을 품은 아들이 청나라를 등에 업고 조선으로 귀국한다.

그러나 귀국한 지 두

서울 송파의 삼전도비

달 뒤, 소현세자는 갑작스러운 죽음을 맞이한다. 소현세자가 죽자 세손 이석철을 대신해 소현세자의 동생 봉림대군(훗날 효종)이 세자가 된다. 그리고 얼마 뒤 소현세자의 세자빈 강씨는 역모 혐의로 사사됐고, 소현세자의 세 아들 모두 제주도로 유배를 간다. 그중 둘은 이듬해 제주도에서 죽었다.

그렇게 인조의 뒤를 이어 왕이 된 효종은 아버지의 뜻을 이어받아 척화와 대의명분을 강조하는 산림(향촌에서 후학을 양성하던 선비)들을 적극적으로 등용하고 왕위의 정당성을 북벌이라는 방식으로 구현하고자 한다. 송시열, 윤휴 등 조선 후기 붕당의 한 축을 형성하는 관료 집단이 조선 정계에 영향력을 행사하기 시작한 것이다. 그렇게 조선은 붕당의 시대를 준비해야 했다. 전쟁은 정리됐지만, 전쟁의 여파가 정쟁으로 이어진 것이다.

환국,
조선 정치의 판을 흔들다

붕당에 대해 대부분은 '조선을 망친 파벌 싸움' 정도로 인지할 것이다.
그런데 생각을 달리해보자.
거대한 국가를 운영하는데 관료 모두 같은 생각을 하는 것이 오히려 이상하지 않을까?
왕조 국가든 중앙 집권적 정치 시스템이 강력히 작동하는 사회든,
국가를 운영하는 방식에서는 서로 간에 이견이 있을 수밖에 없는 것이다.

식민사관의 영향이든 원래 싸움을 싫어하는 특유의 문화에서 기인한 것이든 한국인들에게 붕당이란 결코 좋은 인상은 아닐 것이다. 그런데 조금만 생각을 달리해보자. 거대한 국가를 운영하는데 관료 모두 같은 생각을 가지고 앞을 바라본다면 좀 이상하지 않은가? 왕조 국가든 중앙 집권적 정치 시스템이 강력히 작동하는 사회든, 국가를 운영하는 방식에 대해서는 의견이 다를 수 있다.

붕당도 그렇다. 선조가 즉위한 후 훈구파와 사림 세력의 대결은 사림의 승리로 끝났다. 하지만 어디 사림이라고 생각이 다 같을 수

있겠는가. 같은 학맥으로 묶여도 후배와 선배의 생각은 다를 수 있다. 그렇게 세대 갈등으로 시작된 것이 바로 붕당이다.

서인과 동인으로 나뉜 붕당은 동인이 다시 남인과 북인으로 갈라지면서 분파가 더 많아졌고, 이후 북인이 대북과 소북 등의 여러 분파로 갈라진다. 광해군이 즉위하면서 한때 대북이 정권을 잡았지만, 인조반정으로 서인이 정권을 잡고 북인은 완전히 소멸된다. 이후 서인과 남인의 경쟁이 본격적으로 시작됐다. 이때가 바로 인조, 효종, 현종 연간이다.

대체 왜 그렇게 싸웠을까? 사실 알고 보면 다 '나라를 위해' 싸웠다. 임진년과 병자년의 전쟁 이후 조선의 관료들은 명나라에 대한 의리를 강조해야 하는 명분과 전혀 다른 현실(청나라 중심의 국제 질서) 사이에서 괴리감을 느꼈다. 이 괴리감은 조선의 관료층이 외려 대명의리론을 강조하면서, 조선 스스로를 중화의 명맥을 이어가는 나라라고 인식하게 한다. 그리고 이러한 인식은 결국 조선이 더 극단적인 성리학적 사고에 갇히게 되는 결과로 이어졌다. 이상해 보이지만 당시에는 그것이 세상을 바라보는 눈이었다.

바로 이때, 붕당을 적절히 이용하면서 강력한 왕권으로 군신 관계를 재정립한 독특한 임금이 등장한다. 바로 숙종이다. 그리고 숙종 때의 붕당 정치에서 빠질 수 없는 인물이 바로 장희빈이다. 희빈과 붕당이라니, 잘 어울리지 않을 것 같은 이 둘 사이에는 어떤 관계가 있었을까?

숙종의 환국 뒤에는 항상 여성이 있었다

〜

양난 이후 붕당이 가장 치열하게 싸운 논쟁은 그 유명한 예송 논쟁이다. 논쟁은 임금이 죽은 뒤 상복을 입는 기간을 두고 시작된다. 효종의 승하로 당시 서모였던 자의대비가 상복을 입어야 했는데, 몇년을 입어야 하는가를 두고 논쟁이 벌어졌다. 이는 효종이 인조의차남이기 때문에 《주자가례(중국 명나라 구준이 가례에 관한 주자의 학설을수집하여 만든 책)》에 따라 1년을 입어야 한다는 서인 측과 왕실 예법과 사대부 예법이 다름을 주장하며 3년을 주장한 남인 간의 논쟁이었다. '기해예송'이라 불리는 이 논쟁은 결국 《경국대전》의 예를 들어 1년을 관철시키며 서인의 승리로 끝난다. 별것 아닌 것 같은 이 논쟁은 다음 왕 현종의 입장을 곤란하게 만들었다. 결과적으로 선왕이었던 효종이 차남으로 인정됐다는 사실, 게다가 사대부와 왕실의 예법이 같다는 게 공식적으로 관철됐다는 점은 엄청난 부담이었다. 현종은뒤이어 전개된 또 다른 예송 논쟁인 '갑인예송', 즉 모친 효숙왕대비의죽음과 이에 따른 상복 착용 기간에 대한 논쟁에서 서인을 견제하기위해 남인의 손을 들어준다. 이렇듯 예송 논쟁은 단순한 예법 논쟁이아니었다. 각 붕당이 상정한 예법이 무엇인지 따져보면 그들이 예법을통해 어떤 국가를 만들고 싶어 했는지 알 수 있기 때문이다.

이런 구도에서 태어난 인물이 바로 숙종인데, 이전의 왕들과 다른면이 있다면 숙종이 바로 현종의 적장자였다는 사실이다. 조선 초,

세종-문종-단종 이래 실로 오랜만에 왕실의 정통성을 갖춘 인물이 왕이 된 것이다. 게다가 조선에서 원자로 태어나 왕까지 오른 인물은 숙종 이전에 단 두 명뿐이었다. 그래서였을까? 숙종은 14세란 어린 나이에 왕이 됐음에도 수렴청정 없이 정치를 시작한다.

숙종은 강력한 왕권을 바탕으로 46년에 걸친 긴 치세 동안 다양한 정책을 실현한다. 대동법을 경상도와 황해도까지 확대했고, 강원도와 삼남 지방에서는 양전 사업(과세 대상 토지 전수 조사)을 실시했다. 더불어 상평통보를 전국적으로 유통해 상업 발달에 큰 역할을 했다. 이 외에도 금위영(국왕 호위와 수도 방어의 핵심 군영)을 신설하고, 오군영(수도 외곽을 방어하기 위해 설치됐던 다섯 군영) 체제를 확립시켜 임진 전쟁 이후 추진된 군제 개편을 완료하기도 했다. 이 모든 것은 숙종의 강력한 왕권에서 비롯된 공격적인 정책 실행력 덕분이었다.

하지만 무엇보다 숙종이 공격적으로 정책을 실행하기 위해서는 관료 집단을 완벽히 장악해야 했다. 숙종은 즉위 초부터 붕당을 제대로 관리해야겠다고 생각했다. 선친인 현종의 사례, 즉 남인을 통해 서인을 견제해온 것을 보고, 듣고, 배운 것이다.

숙종이 생각한 방법은 다름 아닌 '환국(換局, 정치적 국면의 전환)'이었다. 다시 말해 왕이 국정을 운영할 때 함께 손잡을 당파를 특정 국면에 따라 교체한다는 의미다. 그런데 숙종의 환국에는 조금 독특한 측면이 발견되는데, 숙종이 환국을 단행했던 특정 국면마다 여성이 등장한다는 점이다. 우리가 장희빈과 인현왕후의 사랑 이야기로만 알고 있는 사건도 바로 이 환국과 관련돼 있다.

거듭된 환국의 결과

숙종이 갓 즉위했을 때 조선 정계를 장악하던 세력은 남인이었다. 남인은 갑인예송에서 승리를 거두고 조정을 장악했다. 완벽한 정통성을 갖췄다 해도 아직 숙종의 나이는 14세였고, 부왕인 현종 때의 중심 관료들을 믿고 국정을 이끌어야 했다. 가장 핵심적인 인물이 바로 남인의 영수였던 영의정 허적이었다.

하지만 고인 물은 썩게 마련인 법, 숙종은 1680년, 즉위 후 6년간의 기다림 끝에 평온했던 정계에 강력한 긴장을 불어넣는다. 이른바 '삼복의 옥' 사건이 터진 것이다. 시작은 영의정 허적의 사소한 불경이었다. 신나게 잔치를 벌이던 허적이 갑자기 비가 오자 급히 궁궐의 유악(기름 먹인 천막)을 허락 없이 사용한 것이다. 하필 같은 시각, 숙종이 비가 내리자 "영의정이 잔치를 한다고 하지 않았나? 유악 좀 가져다주지 그래?"라며 은혜를 베풀려는 찰나, "이미 영의정이 가져 갔습니다만…"이라는 대답을 듣게 된 것이다. 숙종은 대노하며 즉각 병권을 비롯한 영의정, 좌의정, 삼사 등의 주요 관직을 서인에게 넘겨버린다. 여기서 끝이 아니었다. 이틀 뒤 이른바 삼복(복창군, 복선군, 복평군 등 인조의 셋째 아들인 인평대군의 세 아들)이 허적의 서자인 허견과 결탁해 역모를 꾸미고 있다는 소식이 전해졌고, 숙종은 즉각 허적과 윤휴를 사사하고, 왕족이던 삼복은 죽임을 당한다. 이것이 바로 경신환국이다.

그런데 흥미로운 것은 기사환국으로 교체된 게 관료만이 아니었다는 사실이다. 공교롭게도 같은 해 숙종의 첫 번째 비였던 인경왕후가 별세했고, 서인은 즉각 행동에 나섰다. 이듬해 5월, 명망 있는 서인 가문 중 하나인 민유중의 딸을 계비로 맞게 한 것이다. 그녀가 바로 인현왕후다. 15세의 어린 나이에 입궁한 인현왕후는 정치적 노선이 같았던 시어머니 왕대비 김씨와 가깝게 지내며 빠르게 궁궐 생활에 적응해나갔다. 더불어 숙종이 서인 가문과 국혼을 치르면서 주요 관직을 대부분 장악한 서인은 날개를 단 듯 보였다.

하지만 기쁨도 잠시, 3년이 지났을 무렵 숙종의 어머니이자 서인과 인현왕후의 정치적 파트너였던 명성왕후가 사망한다. 명성왕후의 3년 상이 끝나자 숙종은 한때 뜨겁게 사랑했던 한 여인을 궁으로 다시 불러들인다. 그녀가 바로 장옥정, 즉 장희빈이었다. 장옥정은 이미 한 번 입궁한 적이 있는 나인이었다. 장옥정의 숙부는 역관으로 큰돈을 만졌는데, 남인 세력의 돈줄이기도 했다. 그렇게 남인을 등에 업고 처음 나인으로 입궁한 그녀는 뛰어난 미모로 숙종의 마음을 사로잡았다. 하지만 숙종의 어머니 명성왕후가 남인과 연결된 그녀를 경계해 궁에서 내쫓았고, 어머니가 죽자 숙종은 거리낌 없이 장옥정을 다시 불러들인다. 그녀의 나이 25세였다.

장옥정을 향한 숙종의 총애는 매우 깊었다. 왕자 윤(훗날 경종)을 낳았고, 장옥정은 희빈(정1품)에 책봉된다. 그리고 정계에서는 남인이 승승장구하게 되는 사건이 터진다. 사건은 장옥정이 낳은 왕자 윤의 세자 책봉을 둘러싸고 터졌다. 숙종과 인현왕후 사이에는 아직 후사가 없었지만, 아직 숙종은 서른도 되지 않았고 얼마든지 인현왕후와의 사이에서도 아들을 얻을 수 있는 상황이었다.

당연히 서인은 윤의 세자 책봉을 강력히 반대했다. 장옥정과 남인의 관계 때문이었다. 서인의 영수이자 상징과도 같은 인물 송시열은 "중국에도 그런 전례는 없다"라며 숙종의 다급한 세자 책봉 시도에 정면으로 반대 의사를 전한다. 화가 난 숙종은 대대적인 숙청을 단행한다. 송시열의 관직을 삭탈하고 지방으로 쫓아낸 뒤 사약을 내린다. 뒤이어 서인의 주요 인물은 사사되거나 처벌받는다. 허적 등 남인 세력의 관작은 회복됐고 제사가 내려졌다. 뒤이어 주요 관직은 남인으로 교체된다. 이른바 기사환국이었다. 기사환국으로 가장 입지가 불안해진 인물은 궁궐 내 서인의 상징과도 같은 인현왕후였다. 인현왕후는 곧 폐비되고 궁에서 쫓겨나는 신세로 전락한다.

이처럼 거듭된 환국은 자연스럽게 왕권 강화로 이어졌다. 언제든 갈려 나갈 수 있다는 생각에 정권을 잡은 남인은 숙종의 뜻에 순종하는 자세를 갖는다. 하지만 숙종은 곧 또 다른 피바람을 준비하고 있었다. 이 피바람도 사랑과 관련이 깊다. 무수리 출신 숙원 최씨(훗날 숙빈 최씨)가 숙종의 총애를 받게 된 것이다. 숙종의 변덕스러운 사랑으로 입지가 좁아질까 걱정이 된 남인 세력은 숙원 최씨를 독살하려다 들통이 난다. 갑술환국의 시작이었다. 남인은 쫓겨나고 서인이 다시 관직을 독점한다. 중전의 교체도 즉각적으로 이루어졌다. 장옥정은 다시 희빈으로 강등됐고, 인현왕후가 중전으로 복귀한다. 이 과정에서 숙원 최씨가 왕자 금(훗날 영조)을 낳는다.

희빈 장옥정의 입지는 점점 더 좁아졌다. 그를 떠받쳐주던 남인 세력은 정계에서 쫓겨나다시피 했고, 사랑의 라이벌은 한 명 더 늘었다. 그녀의 비극은 7년 뒤 1701년, 인현왕후의 죽음과 함께 찾아온다. 장옥정이 신당을 설치하고 왕비가 죽기를 기도한 일이 발각된 것이다. 숙종은 대노했고 그녀의 오빠 장희재는 참형에 처해졌다. 장옥정은 곧 자진하라는 명령을 받고 스스로 목숨을 끊었다.

세 번의 환국은 단순히 사랑 때문만은 아니었다. 세자 책봉과 같은 서인과 남인의 국정 운영을 둘러싼 갈등이 자리 잡고 있었던 것이다. 그 뒤 숙종의 치세는 서인이 노론과 소론으로 갈라져 작은 갈등을 보이기는 했지만, 환국을 통해 절대적인 권력자로 자리 잡은 숙종이 주도하면서 정책을 추진했다. 그런 면에서 환국은 조선 중기부터 자리 잡은 조선의 전통적인 정치 시스템, 즉 국왕-(당상관 이상의) 고위 관료-(삼사 중심의) 하위 관료 간의 균형을 완전히 깨는 계기가 된다. 절대 왕권을 바탕으로 국정이 운영되지 않으면 어떤 파행적 정치가 이루어질지 알 수 없게 돼버린 것이다. 게다가 국왕의 국정 운영 능력이 떨어지면 시스템 자체가 붕괴되는 위험성까지 갖게 됐다. 그렇게 조선은 영조와 정조의 시대를 맞는다.

숙종 20년에 인현왕후가 복위하며 만든 금보

아버지의 욕망이 빚은
정신질환자 세자

영조와 사도세자는 왜 멀어진 것일까?
왜 아버지가 아들을 뒤주에 가둬 죽이는 지경에 이르렀을까?
이 문제는 정말 '가족의 일'에 불과했을까?
둘의 관계를 제대로 알기 위해서는 사도세자가 태어나기 전,
영조의 트라우마부터 이해해야 한다.

숙종은 환국이라는 극단적 형태의 국정 운영 방식을 택함으로써 결과적으로 붕당 정치의 변질을 가져왔다. 숙종 집권 이후 각 붕당이 생각한 공론, 즉 조선을 어떤 나라로 만들 것인가를 두고 서로 치열하게 토론하던 모습은 사라졌다. 그저 상대 붕당은 없애야 할 대상이었고, 심지어 상대 붕당의 인물을 죽음으로까지 몰아가는 비정상적 정치가 일상화된 것이다.

문제는 숙종 이후였다. 숙종이 자신감 있게 환국을 주도할 수 있었던 이유는 그의 완벽한 정통성 덕분이었다. 하지만 그에게는 정실

소생인 왕자가 없었다. 비참하게 최후를 맞은 장희빈의 아들이 세자 자리에 앉아 소론의 지지를 받고 있었고, 무수리 출신 숙빈 최씨의 아들 연잉군은 노론의 지지를 받으며 경쟁을 예고했다. 인현왕후는 죽은 뒤였고, 세 번째 왕비 인원왕후에게서도 왕자를 얻지 못했다.

장희빈의 아들 경종은 장희빈의 정적이라고도 할 수 있는 노론의 거친 압박 속에도 불안정한 세자 지위를 유지하고 있었다. 그러던 중 숙종이 건강 악화를 핑계로 경종에게 대리청정을 맡기는데, 이때 부터 경종을 지지하는 소론과 연잉군을 지지하는 노론 세력이 양분 되고, 이후 숙종이 죽고 경종이 즉위하자 노론과 연잉군은 정치적 위기에 빠진다.

문제는 소론의 위세였다. 경종은 국정 운영에 있어 소수파였던 소론과 힘을 모아 다수파였던 노론과 맞서야 했다. 노론은 수적 우위를 앞세워 연잉군이 다음 왕이 될 수 있도록 무리하게 움직이다가 소론의 반발로 핵심 세력이 유배형을 받기도 했다(신축옥사). 이후 소론은 기세를 몰아 반역 사건을 조작하고 노론을 박멸하기 위해 안간 힘을 쓴다(임인옥사).

연잉군의 입지는 점점 좁아졌지만, 경종은 유일한 혈족인 연잉군을 매몰차게 버릴 수 없었다. 소론은 끝없이 연잉군을 공격했고, 연잉군 스스로도 세제(왕위를 이어받을 왕의 아우) 자리를 그만하겠다며 경종에게 청했지만, 경종은 끝내 이를 받아들이지 않았다. 그리고 얼마 뒤 경종이 31세의 나이로 사망하고, 연잉군이 왕세제로서 국왕이 된다. 그가 바로 유명한 조선의 21대 왕 영조다.

어렵게, 어떤 면에서는 얼떨결에 왕이 된 영조는 즉위 직후부터 왕위를 보위하기 위한 외로움 싸움을 시작한다. 그런데 그 외로운 싸움 끝에 영조에게 늦둥이 아들이 찾아온다. 영조는 장차 왕이 될 아들에게 자신이 겪은 힘들고 외로운 삶을 직설적으로 가르치기 위해 엄한 아빠가 됐다. 그러나 아들은 영조와 달랐고, 둘의 관계는 파국을 맞는다. 바로 영조와 사도세자의 이야기다.

"사랑하는 아들아, 넌 꼭 전교 1등을 해야 한다"

무수리 출신의 어머니를 둔 연잉군이 왕위에 앉은 것은 노론의 강력한 지지 덕분이었다. 그래서 영조는 즉위 초, 자신의 정치적 파트너인 노론의 눈치를 봐야만 했다. 신축옥사와 임인옥사 때 피해 입은 노론을 복권시키고 소론 세력 중 양 옥사의 주동자를 처형한 것은 그런 연유였다. 하지만 하나 걸리는 문제가 있었다. 경종이 숙환 때문에 사망했지만 워낙 젊은 나이에 사망했기에 의혹이 있을 수밖에 없었는데, 영조가 형을 독살하고 왕위에 올랐다는 이야기가 도는 상황이었다. 이런 가운데 1728년, 소론 세력이던 이인좌와 정계에서 밀려난 남인들이 공모해 밀풍군(소현세자의 증손자)을 추대하고 반란을 일으킨다. 이른바 이인좌의 난은 곧 진압됐지만, 진압된 이후에도 이인좌는 신문을 당하는 와중에 영조를 똑바로 바라보며 "당신을 결코 왕으로 인정하지 않을 것"이라 말한다. 이 일은 영조에게 엄청난 트라우마를 남긴다. 영조는 강한 왕이었던 아버지를 떠올렸겠지만 아버지처럼 될 수는 없었다. 그럴 만한 힘도, 지지 세력도 없었기 때문이다.

그런 그가 생각해낸 방법이 탕평책이었다. 국왕이 중심에 있되, 노론과 소론의 영수를 설득해 화목을 권하는 방법이었다. 때로는 유하게 타일렀고, 호응하지 않는 신하들은 과감하게 내쳤다. 관직도 노론과 소론을 적절히 안배했다. 영조는 경종보다 건강했고, 아버지를 닮아 강단이 있었다. 초기의 혼란은 곧 안정돼갔다. 오랜만에 정계는 노론과 소론, 게다가 숙종 때 잘려나간 남인까지 고르게 등용되는 모습을 보였다. 하지만 영조의 왕권은 노론에서 비롯됐고, 영조도 이 사실을 누구보다 잘 알고 있었다. 그래서 영조의 탕평은 아무래도 노론에 치우친 측면이 강했다.

이런 정치적 안정과 혼란의 교묘한 이중주 속에서 태어난 아들이 바로 이선, 즉 사도세자다. 영조는 정실 왕비에게서 오랫동안 후사를 보지 못하고 후궁에게서만 2남 12녀를 두었는데, 첫째 아들 효장세자는 9세의 어린 나이에 요절한다. 이후 둘째이자 마지막 아들인 사도세자가 7년 뒤 태어난 것이다. 이때 영조 나이 41세였으니, 당시 기준으로는 노년에 아들을 얻은 셈이었다. 이제 아들이 당당히 자신의 뜻을 이어받아 국정을 이끌 재목으로 성장만 해주면 될 일이었다. 그래서인지 영조는 후속 작업을 서둘렀다. 곧바로 아들을 중전의 양자로 들여 원자로 삼았고, 이듬해 왕세자로 책봉한다.

어린 시절 사도세자는 총명한 모습으로 아버지를 기쁘게 했다. 만 2세 때부터 글자를 읽었고, '왕'이라는 글자를 보고는 아버지를 가리키는가 하면 '세자'라는 글자를 보고는 자기를 가리키기도 했다. 영조의 기대감은 하루가 다르게 커져만 갔다. 이때부터 영조는 전교 1등만을 바라는 아버지가 돼간다. 1등이 아니면 아무 의미도 없는 것처럼 말이다.

영조는 사도세자의 결혼도 서둘러 마무리 짓는다. 사도세자는 8세 때 세마(정9품)였던 홍봉한의 동갑내기 딸과 혼인했는데, 그가 바로 혜경궁 홍씨다. 둘은 혼인 후 7년 뒤 첫아들을 낳았지만, 아버지가 그랬듯 2년 만에 아들을 잃는다. 이후 같은 해 다시 둘째 아들을 낳는데, 그가 바로 조선의 22대 왕인 정조다.

한편 어느 날부터인가 사도세자는 군사 놀이를 즐겨 하기 시작했다. 그러다 보니 자연스럽게 병서에도 관심이 많았는데, 장수와 신하들이 무예에 익숙하지 않은 것을 걱정하여 《무기신식》이라는 책을 엮을 정도였다. 하지만 사도세자의 무예에 대한 관심은 아버지가 그토록 바라던 '군주로서의 덕목'과 멀어지는 계기가 됐다. 그리고 이때부터 자연스럽게 아버지와의 갈등이 시작된다.

부자 갈등에 정치적 이슈가 첨가된다면?

영조는 자신이 스스로 실천했던 엄격한 규율을 아들에게도 요구한다. 사실상 아동 학대였다. 영조에게 왕이라는 자리는 끝없이 자신과 학문을 갈고닦아 신하들 위에 군림해야 하는 자리였다. 여차하면 목숨까지 잃을 수도 있었다. 그런데 여기서 문제가 시작된다. 사도세자가 9세 무렵부터 아버지 만나기를 두려워한 것이다.

지속적인 아동 학대로 인해 사도세자는 아는 것도 제대로 답하지 못하는 지경에 이르렀다. 영조는 그런 아들의 모습이 마음에 들지 않았고, 아들을 다시 혼내는 상황이 반복된다. 사도세자가 정상적으로 아버지를 사랑하고 존경하기란 불가능했다. 심지어 영조는 신하들이 보는 자리에서 아들에게 화를 내며 "이게 다 너 때문"이라고 짜증도 냈다.

하지만 진정한 갈등은 사도세자가 대리청정으로 정무에 직접 관여하는 시점에 불거진다. 세자가 14세 때인 영조 25년(1749년)에 시작된 대리청정은 영조와 사도세자 관계에서 중요한 변곡점이었다. 대리청정은 훌륭한 군주가 되기 위한 훈련의 목적도 있었기에 영조와 사도세자 모두에게 기회일 수 있었다. 하지만 사도세자의 입장은 달랐다. 대리청정이 시작되기 전, 이미 이상한 낌새가 있었기 때문이다. 대리청정이 시작되기 전까지 영조는 다섯 차례나 "나 왕 안 할래"라고 외쳤다. 이른바 양위 파동으로, 그때 사도세자는 4세, 5세, 9세,

10세, 14세였다. 어린 세자는 양위 파동 때마다 두려움에 떨며 아버지에게 철회를 애원해야 했다. 심지어 대리청정이 시작된 뒤에도 세 번의 양위 파동이 있었으니, 세자의 스트레스가 극에 달했다. 마치 숙종의 환국처럼, 영조는 양위 선언을 통해 '누가 더 나에게 애원하는지'를 확인하면서 왕권을 강화하려 한 것이다. 실제 영조에게 양위 의사가 없다는 것은 왕도 신하도 사도세자도 알고 있었다. 이 과정을 사도세자는 네 살 때부터 주기적으로 겪어야 했고, 대리청정 이후로는 아버지께 질책당하는 자리가 많아졌다. 상황은 악화일로를 걷는다.

결정타는 아버지와 아들의 정치적 성향이었다. 사도세자의 정치적 성향을 딱 잘라 말하기 어렵지만, 영조가 강조했던 노론을 껴안은 탕평책과는 거리가 있었던 것으로 보인다. 심지어 사도세자 자신의 의도와 달리 아버지의 눈에 마치 소론과 가까워진 것처럼 보이기도 했다. 나를 왕으로 인정하지 않았던 소론 놈들과 친하게 지내는 아들이 밉기도 했을 것이다.

하지만 안타깝게도 아들은 아버지와 노론 사이의 정치적 이해관계를 제대로 파악하지 못했고, 부자 사이는 완전히 틀어진다. 거기에 노론 세력까지 사도세자에게 불만이 쌓이기 시작했다. 이 와중에 영조는 정순왕후 김씨를 새 왕비로 들이면서 후계 구도가 바뀔 수도 있음을 시사했고, 사도세자 본인이 낳은 세손이 영조의 총애를 받게 되자 그 불안함은 더욱 커졌다.

그렇게 아들은 죽고, 손자가 왕이 되다

그러던 어느 날 일이 터진다. 형조 판서였던 윤급의 청지기 나경언이 세자의 비리를 영조에게 고변했다가 무고 혐의로 참형에 처해진다. 문제는 이 고변으로 영조가 사도세자의 여러 이상 행실에 대해 알게 됐다는 점이다. 사도세자는 이미 정신병적 질환을 앓고 있었다. 내관과 나인들을 죽이거나, 우물에서 자살을 시도하기도 했다. 영조는 분노하는 동시에 고민했다. 어떻게 처리해야 할지 감이 잡히지 않았다.

하지만 정치는 냉정했다. 선을 넘은 사도세자를 가만히 지켜보고만 있을 수는 없는 노릇이었다. "이러고도 나라가 망하지 않겠는가?"라는 말과 함께 영조는 결국 사도세자를 서인으로 폐출하고, 뒤주에 가둔다. 그간 영조는 일상적인 국무를 처리했다. 마치 아들이 없다는 듯 말이다. 그렇게 사도세자는 뒤주에 갇힌 지 9일 만에 세상을 떠났다. 그리고 영조는 즉각적으로 세손을 동궁으로 책봉했다.

아버지와 아들은 죽어서도 화해하지 않았다. 그걸 지켜본 손자의 마음이 어땠을지 짐작조차 가지 않는다. 그의 나이 11세에 아버지가 죽었고, 그 뒤로 할아버지는 늘 엄한 목소리로 아비를 그리워하지 말라고 했다. 손자였던 정조는 그렇게 왕이 된다.

정치 갈등으로 촉발된 세자의 죽음 뒤, 그의 친아들이었던 정조가 아버지와 대립하던 붕당 세력과 상생하기란 여간 어려운 일이 아니었다. 정조가 종국에 택한 방법은 할아버지의 탕평책을 계승하는 것이었다. 아버지를 죽음으로까지 몰고 간 할아버지였지만, 자신을 왕으로 만든 것도 할아버지였다. 즉위와 동시에 사도세자의 아들임을 천명했지만, 한편으로는 할아버지의 유훈을 따라 정치를 이어간 것이다.

그렇게 12년이 흘러 정국이 어느 정도 안정되자 정조는 자신만의 정치를 시작한다. 아버지 사도세자의 정통성을 확보해나가면서 국왕 중심의 탕평책을 운영했다. 그가 무엇보다 심혈을 기울인 일은 강력한 정치 세력이었던 노론 세력을 분화하는 것이었다. 그러니까 아버지의 죽음을 새로운 정치 논쟁으로 만들고 자신이 논쟁을 쥐고 흔들면서 이를 중심으로 붕당을 다시 해체하고 왕의 권력을 강하게 만든 것이다.

강력한 왕권으로 쥐고 흔들던 조선의 정계 구도는 그의 갑작스러운 죽음으로 다시 한번 소용돌이친다. 정조가 구상한 시스템이 완성되기도 전에, 시스템을 만들던 강력한 왕권이 허무하게 무너지면서 조선은 세도 정치를 만나게 된다.

'레트로'를 꿈꾼 왕의 아버지, 대원군

썩어가는 조선을 바라보며 변화를 꿈꾼 인물이 있다. 바로 이하응, 흥선 대원군이다.
그는 조선을 정상화하기 위해 노력한 급진적 개혁가라고 평가되는 한편
복고를 지향하는 바람에 세계적 변화의 흐름에 발맞추지 못한
수구적 정치인으로 평가되기도 한다.
대체 어떤 인물이었기에 이렇게 평가가 극단적인 걸까?

조선도 19세기부터는 그 나름대로 글로벌한 나라가 돼간다. 여러 나라와 정식으로 국제 관계를 맺기까지는 꽤 오랜 시간이 걸리지만, 적어도 나라 밖 사정이 어떻게 돌아가는지는 알고 있었다. 흔히 하는 오해처럼 그저 한반도 안에 틀어박혀서 바깥세상이 어떻게 굴러가는지도 모르는 바보는 아니었다는 말이다.

이 시기를 다루기 위해서는 당시 바깥 사정을 수박 겉핥기식으로나마 알아야 한다. 먼저 유럽은 11세기 말부터 시작된 십자군 전쟁이 200년 넘게 이어지다 보니 유럽의 다양한 국가가 자연스럽게 동

쪽, 즉 아시아에 관심을 갖게 된다. 아시아로부터 향신료, 비단, 보석 등 돈 냄새 나는 물건들이 유럽으로 들어오고 있었기 때문이다. 그렇게 유럽의 각국은 본격적으로 아시아의 물건을 유럽에 떼다 팔았고, 돈이 돌기 시작했다.

이 지독한 돈 냄새는 심지어 과학의 발전을 이끌어낸다. 어떻게든 유통 단가를 아끼려는 유럽인들은 당시 지중해의 제해권을 장악하고 있던 오스만 제국을 거치지 않고 아시아 국가들과 직거래하고 싶었다. 유럽인들은 지구가 둥글다는 사실을 스스로 증명했고, 이른바 대항해 시대를 연다. 대항해 시대는 향신료가 가득한 인도와 직거래 정도를 할 수 있으리라 믿었던 유럽인들에게 아메리카 대륙을 선물한다. 자연스럽게 유럽은 너도 나도 바닷길을 개척하며 식민지를 만들어나간다. 포르투갈과 스페인이 주도한 초기 대항해 시대는 네덜란드, 영국, 프랑스, 독일 등의 나라가 참여하는 형태로 확장됐고, 이들은 곧 아메리카를 넘어 아프리카 각 지역을 손에 넣는다.

그런데 인간의 욕심은 끝이 없고, 땅은 한정적이라는 것이 문제였다. 18세기 후반, 유럽은 본격적으로 열강이란 이름으로 산업 혁명에 성공한 후 경제 성장을 이룬 상태였고, 식민지 전쟁에 열을 올리고 있었다. 끝 모를 성장을 위해 유럽 열강은 국내적으로 민족주의를 고양시켜나갔고, 외부적으로 열강 간의 식민지 쟁탈전을 벌였다. 그렇게 세상은 '근대'라는 괴물을 집어삼키며 제국주의를 맞이하고 있었다. 즉, 약육강식, 적자생존의 잔인하고 비정한 세계로 진입하고 있던 것이다.

병든 조선에서 왕의 아버지가 된 한 남자

먹느냐, 먹히느냐가 달린 치열한 생존권 싸움이 전개되던 세계사적 변화 속에서, 조선은 국내적으로 국가적 위기에 직면해 있었다. 정조 사후 강력한 왕권이 사라진 조선의 정치 시스템이 세도 정치라는 비정상적인 정치 제도를 낳게 된 것이다. 왕은 허수아비가 됐고, 권력을 장악한 극소수의 유력 가문은 매관매직을 일삼으며 극도로 부패했다. 콘트롤 타워가 사라진 조선에서 자연스럽게 평민들이 반발하기 시작한다.

관직을 사야 했던 지방 관리들은 본전을 뽑기 위한 수탈에 들어갔는데, 자연스럽게 모든 피해는 농민들에게 전가됐다. 특히 국가 재정의 뿌리인 삼정(전정, 군정, 환곡)의 운영 체계가 흔들렸고, 농민들의 부담은 더욱 늘어난다. 참지 못한 농민들에 의해 민란이라 불리는 봉기가 전국적으로 이어진다.

바로 이때, 썩어가는 조선을 바라보며 변화를 꿈꾼 인물이 있다. 바로 이하응, 홍선 대원군이다. 이하응은 참으로 흥미로운 인물이다. 조선을 정상화하기 위해 노력한 급진적 개혁가라고 평가되는 한편 복고를 지향하는 바람에 세계적 변화의 흐름에 발맞추지 못한 수구적 정치인으로 평가되기도 한다. 대체 어떤 인물이었기에 이렇게나 평가가 극단적으로 갈리는 걸까?

이하응은 왕족이었지만, 왕이 되기에는 왕권과 멀었다. 인조의 셋째 아들 인평대군의 후손이었으니 '나도 왕이 될 수 있다'라고 생각하기엔 무리였다. 그런데 조선에는 양자라는 문화가 있었다. 당시는 아들을 낳지 못하면 친족 중 항렬이 맞는 남자를 자식으로 맞아들여 가문의 대를 이었다. 바로 이런 문화를 통해 이하응도 왕권에 가까운, 더 정확히는 무려 영조로부터 이어지는 왕가의 가계에 편입된다. 아버지 남연군이 정조의 이복형제인 은신군의 양자가 된 것이다.

　조선 왕조는 후기로 갈수록 손이 귀했다. 정조 사후부터 이어지는 이른바 세도 정치 시기의 왕들은 대부분 아들이 없거나, 있어도 일찍 죽었다. 왕에게 직계 자손이 없는 상황은 세도가에게 끊임없는 기회를 줬다. 자신들이 앉힐 만한 왕을 고르기만 하면 그만이었다. 이런 상황에서 이하응은 꿈을 꾸기 시작한다. '내 아들이 왕이 될 수

흥선 대원군의 집이자 고종의 생가인 운현궁

있다면?' 하고 말이다.

이하응은 조금씩 자신의 꿈을 향해 달려갔다. 그는 당시 왕실의 최고 어르신 신정왕후 조씨, 이른바 조대비와 연줄을 대기 위해 심혈을 기울였다. 조대비는 헌종의 어머니로, 당시 대왕대비의 자리에서 철종 사후 옥새를 누구에게 넘길지 결정할 권한을 가진 사람이었다. 그런 조대비와 가까워진 이하응은 자신의 둘째 아들 명복을 철종의 왕위 계승자로 지명하도록 설득한다.

얼마 뒤 철종이 사망했고, 곧 이하응의 둘째 아들 명복이 조대비와 익종의 양자로 들어가 12세의 나이로 왕위에 앉는다. 그가 바로 조선의 26대 왕이자 대한 제국의 황제 고종이다. 나이도 어린 데다가 정통성마저 취약했던 고종은 당연히 조대비의 섭정을 받는다. 형식상 조대비의 섭정이었지만 이하응은 조대비의 중요한 정치적 파트너로 국정에 참여한다. 그렇게 이하응은 임금의 살아 있는 아버지, 흥선 대원군이 되어 무려 10년간 왕 위에 군림하며 조선의 정계를 장악해나갔다.

이렇게 된 이상, 조선은 레트로로 간다

흥선 대원군이 가장 먼저 뜯어고치고 싶었던 것은 세도 정치의 고리였다. 그는 조선이 망가진 원인을 왕이 왕 답지 못하고, 신하가 선을 넘게 만든 상황이라 생각했다. 칼끝은 당연히 당시 세도 가문의 대표 주자 안동 김씨 가문을 향했다. 물론 모든 안동 김씨 세력을 쳐낼 수는 없었지만, 적어도 그들에 의해 정계가 좌지우지되지 않도록 조치를 가했다.

흥선 대원군은 세도가와의 결별만큼 왕권의 정상화에도 노력을 다했다. 왕권이 튼튼해지기 위해서는 지역 사회까지 국왕의 입김이 닿아야 했는데, 이 과정에서 나온 조치가 그 유명한 서원 철폐다. 서원이라는 공간이 붕당 간의 갈등만을 조장하고 있으며, 각종 면세 조치를 이용해 국가 재정을 파괴하고 있다고 본 것이다. 이로써 47개의 핵심 서원을 제외한 전국의 모든 서원은 단칼에 철폐된다. 누군가에게는 밥줄이 끊긴 생존권의 박탈이었겠지만, 국가 입장에서는 지역 사회의 영향력을 중앙 정계로 돌리는 극약 처방이었다.

이하응 초상

이후 흥선 대원군은 세도 정치의 창구였던 비변사를 철폐하고, 의정부와 삼군부를 부활시켜 《경국대전》에서 규정한 통치 체제로 돌려놓는다. 그런데 문제는 흥선 대원군이 생각한 왕권의 정상화와

이에 따른 조치가 사실은 조선의 건국 초기 모습을 지향한다는 점이었다. 조선이 잘나가던 옛 시절, 군신 간의 의리가 살아 있고 왕권이 안정되던 바로 그때 말이다.

정치 방향성의 옳고 그름을 떠나, 뭐든 과하면 독이 되는 법이다. 흥선 대원군의 헛발질은 여기서 시작됐다. 레트로 정치로의 복귀는 곧 그 시절의 정궁, 경복궁을 중건하는 것으로 이어졌다. 이미 서원 철폐 과정에서 지배층의 반발에 부딪혔던 그는 무리한 경복궁 중건을 통해 일반 백성들의 불만까지 얻게 된다. 하지만 이런 민심의 이반도 흥선 대원군의 고집을 꺾을 수는 없었다. 그는 스스로 믿는 정치적 방향성을 향해 끝없이 달려갈 뿐이었다.

더 큰 문제는 흥선 대원군의 레트로에 대한 집착과는 전혀 상반되는 바깥 상황이었다. 유럽에서부터 비롯된 약육강식, 적자생존의 잔인하고 비정한 세계 말이다. 영국과의 아편 전쟁으로 청나라는 개항을 앞두고 있었고, 일본은 일찍이 메이지 유신을 단행하며 유럽을 닮기 위해 고군분투하던 상황이었다. 동아시아 정세가 근본적으로 변화하던 시기에 흥선 대원군의 정책은 대외 정책에까지 영향을 미쳐 외국과의 통상 수교 자체를 거부하는 이른바 쇄국 정책으로 이어진다.

"아버님, 이제부턴 제가 할게요"

Ꙭ

18세기 중엽부터 서구 열강은 아시아 침략을 본격화하고 있었다. 조선도 예외일 수 없었다. 그들은 조선 연안에 나타나 항로를 조사하거나 함포를 쏘며 개항을 요구했다. 1866년에는 미국의 제너럴셔먼호가 평양 앞바다에 등장해 난리를 부렸고, 같은 해 9월에는 병인양요가 발생했다. 1868년 미국의 함선 셰넌도어호가 대동강으로 진입을 시도했고, 같은 해 4월에는 독일인 오페르트가 흥선 대원군의 아버지 남연군의 묘를 도굴하는 사건까지 벌어졌다.

흥선 대원군의 눈에 이들은 야만 그 자체였다. 자신의 아버지 묘를 파헤친 천하의 원수였다. 반면 열강의 입장에서 조선은 이해되지 않는 나라였다. '보통 이 정도 하면 넘어오던데…' 싶었지만, 조선은 달랐다. 미국은 신미양요를 일으키면서 일본처럼 조선도 결국은 자신들의 요구를 수용하리라 생각했다. 하지만 돌아온 것은 척화비였다. 동아시아가 열강과 관계를 맺으며 요동치던 와중에 조선은 1870년대 중반까지도 자본주의 시장 질서에 편입되지 않으려 부단히 노력했다.

하지만 자본주의 시장 질서로의 진입이 늦어진 이유가 흥선 대원군 때문만은 아니다. 우선 중국이나 일본과 비교해 조선은 시장이 작았다. 당시 조선의 인구는 중국의 20분의 1, 일본의 2분의 1에 불과했다. 따라서 조선은 우선 접촉 대상이 아니었고, 찔끔찔끔 간만 보는 열강에 대해 흥선 대원군이 할 수 있는 판단은 많지 않았다. 급변하는 세계정세에서 변화를 주도할 것인가, 아니면 문을 걸어 잠글 것인가. 흥선 대원군은 과감히 후자를 선택한 것이다.

하지만 그 판단은 결국 흥선 대원군의 실각에 결정적 이유가 된다. 잠깐 잊고 있었지만 조선의 왕은 따로 있었다. 바로 고종이다. 고종도 성인이 됐고, 결혼도 했다. 특히나 바로 이 결혼으로, 명성황후로 알려진 민비가 등장한 게 결정적이었다. 조선에서 왕의 결혼이란 곧 외척 세력의 입궁을 의미한다. 심지어 바로 얼마 전까지 외척 세력에 의해 세도 가문이 형성돼 조선을 씹어 먹지 않았던가. 성년이 된 고종은 그의 아내 민비를 정치적 파트너로 삼아 조금씩 아버지와의 이별을 준비했다.

고종과 민비는 그간 흥선 대원군의 정치 방향성에 불만을 가진 세력을 품으며 권력을 확보해나갔다. 이 과정에서 흥선 대원군의 정책에 강하게 반발하다가 관직을 삭탈당한 최익현을 정계에 복귀시킨다. 복귀한 최익현은 흥선 대원군의 실정을 비판하는 상소를 올리며 강력히 퇴진을 주장했고, 결국 흥선 대원군은 실각한다. 1873년, 고종은 친정을 선포한다.

이후 조선의 정계에서는 왕의 아버지를 대신해 부인 민비가 새로운 세력으로 급부상한다. 고종과 민비는 흥선 대원군이 추진하던 정책 대부분을 뜯어고치며 조선을 새롭게 디자인하는데, 조선의 첫 개항도 이 과정에서 추진됐다. 새로운 조선이 선택한 정책의 핵심은 쇄국이 아닌 수교였다.

하지만 명확한 방향성이 없었다는 것이 문제였다. 열강과의 수교는 막무가내로 이어졌고, 내정은 오히려 세도 정치 시절의 부패로 이어졌다. 민씨 척족의 실정은 시아버지의 정계 복귀 시도로 이어졌고, 시아버지와 며느리가 권력을 두고 으르렁댔다.

하지만 세상은 안팎으로 변화하고 있었다. 흥선 대원군은 1882년 임오군란과 1894년 갑오 농민 전쟁 때까지도 측근 세력을 교체하며 재집권의 기회를 노렸지만 실패한다. 그렇게 조선의 중심은 흥선 대원군의 며느리, 민비와 그녀의 주변 세력에게로 완벽히 옮겨 간다.

1년이 100년 같던 그때 그 시절, 왕이 된 남자 고종

이 시기 조선의 왕으로 산다는 것은 어려운 일이었다.
역사적 평가가 무서운 건 그런 핑계를 용납하지 않는다는 것이다.
고종은 결과적으로 이 모든 어려움을 헤쳐 나가지 못한 실패한 왕이다.
하지만 적어도 그의 실패한 정책들을 평가할 때
고종이 직면한 대내외적인 환경을 이해해야 하지 않을까?

고종은 나라를 일본에 빼앗긴 군주라는 악평과 외교적 노력을 통해 끝까지 독립을 지키려 했던 군주라는 호평까지, 평가가 극에 달한다. 삶이 드라마틱했던 만큼 그를 향한 세간의 평가도 평범할 수 없는 것이다.

고종의 삶이 평탄할 수 없던 이유는 단순히 그가 아버지와 부인의 그늘에 가려 있었기 때문만은 아니다. 누군가는 고종의 하루가 고종 이전 국왕들의 1년과도 같다고 한다. 그만큼 세상의 변화가 빨랐다. 아버지는 변화하는 세상을 무시했지만, 고종은 적극적으로 그 변화의 파도에 몸을 맡겨야 했다. 근대적 조약을 통한 공식적인 관계 맺기가 시작됐기 때문이다.

시작은 1876년 강화도에서 조선과 일본이 맺은 조선 최초의 근대적 조약인 '조일수호조규', 이른바 '강화도 조약'이었다. 이 조약으로 동아시아 국제 관계는 급속도로 변화한다. 청나라는 물론 그간 조선에 관심을 덜 보였던 유럽 열강과 미국까지 조선으로의 진출을 노렸기 때문이다.

출발이 느렸던 만큼 고종이 세계의 변화와 발전 방향을 따라가기란 쉽지 않았다. 더불어 열강들의 이익 독점이 이미 극에 달한 상황에서 아무런 준비도 되지 않은 채 세계 체제로 편입된 조선은 사실상 아무런 결정 권한이 없었다. 조선은 어떤 면에서 일본과 중국의 동아시아 패권 다툼 중 하나의 도구로 혹은 러시아와 영국의 전 세계적인 이해 대립 관계 속에서 주변 세력으로 존재할 뿐이었다.

밖이 요동치자 조선의 내부도 덩달아 흔들렸다. 개화파와 척사파로 나뉜 조선 정계는 한 치의 양보도 없이 목숨을 걸고 싸웠고, 이러한 분위기는 백성들에게도 전가돼 혼란이 가중됐다.

이즈음 되면 이 시기 조선의 왕으로 살았다는 것 자체가 피곤한 인생이지 않았을까 싶다. 그게 누구든 중심을 잡고 국정을 운영하기가 쉽지 않았을 거라는 생각도 든다. 그러나 역사적 평가가 비정한 이유는 그런 여유나 핑계 댈 기회를 주지 않는다는 것이다. 고종은 결과적으로 이 모든 어려움을 헤쳐 나가지 못한, 실패한 왕이자 황제였다.

매일이 사건의 연속이었던 19세기 말 조선

～

아버지의 그늘을 벗어나 친정을 선포했지만, 고종은 홀로 정권을 장악하기 어려웠다. 그에게는 왕이 되는 과정부터 왕이 된 이후까지 스스로 정책을 수립하거나 세력을 만들지 못한 근본적인 한계가 있었다. 사실상 아버지의 퇴위는 흥선 대원군과의 권력 투쟁에서 승리한 민비와 척족 세력과 직접적인 관련이 있었다.

이 와중에 조선은 다양한 열강과 조약을 맺기 시작했고, 1880년대에 들어오면서 근대 문물을 적극적으로 수용하며 본격적인 근대화 정책을 추진한다. 특히 1880년, 일본에 2차 수신사로 파견된 김홍집이 일본에 있던 청나라 외교관에게서 《조선책략(조선이 친중국[親中國], 결일본[結日本], 연미국[聯美國] 하여 러시아를 방어해야 한다는 내용이 담긴 책)》을 입수한 후 조선 정부는 외교 정책의 일대 전환을 모색한다. 일본에 대규모 조사 시찰단을 파견해 근대화의 성과를 조사하고, 청나라에 영선사를 파견해 중국의 선진 군사 기술을 배워나갔다.

이러한 급격한 변화에 백성들은 불안감을 느꼈다. 조선 내부에 누적된 불만도 제대로 해결하지 못하면서 왕조의 안위만을 위해 밖만 바라보고 있다고 느낀 것이다. 신식 군인 양성에 따른 구식 군인들의 지위 불안이 임오군란이라는 일종의 국가 반란 행위로 나타난 것은 어쩌면 대단히 자연스러운 일이었다. 하지만 이 반란을 제압하는 과정에서 고종이 흥선 대원군을 다시 불러들이고, 이를 저지하기 위한 민비와 척족 세력이 청나라 군대의 개입을 요청하며 상황은 완전히 꼬인다.

안 그래도 중국 중심의 조공 질서가 새로운 국제 관계의 등장으로 동요하면서 그 변화에 불안감을 느낀 청나라가 조선에 끊임없이 내정 간섭을 하는 와중이었다. 임오군란을 계기로 청나라 군대가 조선 땅에 들어오자 조선에서의 영향력을 확대하던 일본이 초조함을 느끼며 분위기 반전을 준비한다. 조선과 청나라 그리고 일본의 변화된 관계는 조선 내부의 개화 세력에도 영향을 미친다. 개화 세력이 민씨 척족 주축의 온건 개화파와 김옥균 중심의 급진 개화파로 양분된 것이다.

'급진' 개화파는 이름처럼 성격이 급했다. 이들은 청불 전쟁으로 조선 내의 청군 수가 줄어든 틈을 노리고 일본을 등에 업어 정변을 일으킨다. 급진 개화파는 갑신정변을 통해 온건 개화파 인사를 정계에서 축출하고 조선을 빠르게 근대화하려 했다. 하지만 갑신정변은 청군의 개입으로 불과 3일 만에 진압된다. 정변의 실패로 김옥균을 비롯한 급진 개화파는 죽임을 당하거나 조선을 떠나야 했다. 3일간의 혼란은 정계를 장악하던 조선의 개화 세력 양 측에게 엄청난 피해였다. 척족 세력의 입지가 급격히 좁아지기 시작했던 것도 이 무렵이었다. 이제 고종에게는 믿고 정치를 맡길 인물이 몇 남지 않게 됐다. 이 난리의 여파는 당연히 국제 정세에도 영향을 미치는데, 청나라와 일본이 텐진 조약을 체결하면서 조선에 주둔하는 양국의 군대를 동시에 철수하자고 약속한 것이다.

한편 조선의 농민들은 정부의 부패 청산과 사회 개혁을 요구하며 대대적인 봉기, 갑오 농민 전쟁을 일으킨다. 농민들의 봉기는 동학이라는 종교와 맞물리며 세력을 키워나갔고, 개혁에 반외세의 목소리가 더해지면서 저항의 성격이 바뀐다. 일본은 이를 기회 삼아 폭도 진압이라는 명분을 내세워 군대를 동원하고 다시금 조선 땅을 밟는다. 이후 농민들의 저항을 진압한 일본은 조선의 내정 개혁에 깊숙이 관여하며 청나라와의 전쟁을 도모한다. 이른바 청일 전쟁이 발발한 것이다.

정말 많은 일이 발생했다. 그런데 미안하지만 아직 시작도 안 했다는 말을 할 수밖에 없겠다. 이제 조선이 개항된 지 18년 남짓한 시간이 지났을 뿐이며, 그나마 엄청나게 굵직한 사건만 흐름을 따라 설명했을 뿐이다.

다시 청일 전쟁으로 돌아가보자. 청일 전쟁의 주요 전장은 조선이었다. 조선에서 청나라와 일본이 전쟁을 벌인 것이다. 결과는 일본이 북양함대(北洋艦隊)를 궤멸시키며 승리하는 것으로 끝이 났다.

하지만 전쟁에서 승리한 일본은 국제 사회에서 제대로 대접받지 못했다. 중국에 꾸준한 관심을 보였던 영국과 러시아 그리고 미국이 중재에 나선 것이다. 일본은 결국 청나라와 1895년 4월 시모노세키 조약을 체결했지만, 동아시아에서의 영향력을 키우기 시작한 러시아가 딴지를 걸며 청나라로부터 할양받기로 했던 요동반도가 중국에 재반환된다. 청나라가 물러난 조선 땅에 본격적으로 러시아가 발을 얹기 시작한 것도 이때였다. 일본은 이제 조선을 가운데 두고 러시아와 대결해야 했다.

비슷한 시기 고종은 조선의 정치 시스템을 근대적으로 바꾸겠다는 각오로 갑오개혁을 단행한다. 1894년 7월 시작된 갑오개혁은 10년 전의 갑신정변이 지향한 근대 국가 수립을 목표로, 정치 제도를 바꾸기 위해 시도됐다. 실제 이 개혁으로 조선은 형식적으로나마 근대 사회로 진입할 수 있게 된다. 신분제가 폐지됐고, 양반 중심의 지배 질서는 조금씩 전복됐다. 사회적으로 근대적 변화의 바람이 느껴지기 시작한 것도 이때부터다. 하지만 안타깝게도 조선 내부의 변화보다 조선 밖의 변화가 더 빨랐다. 조선과 고종의 위기는 이제부터가 시작이었다.

아픔을 잊고 제국을 꿈꾼 '황제'

๛

청일 전쟁과 전후 처리 과정을 지켜본 고종과 민비는 러시아에 주목한다. 《조선책략》이 조선에 소개된 이후 러시아는 그저 조선을 위협하는 세력으로만 인식됐는데, 이제는 일본의 야욕을 견제할 세력으로 급부상한 것이다. 이후 고종은 러시아 공사 카를 베베르와 함께 양국의 공조에 대해 깊게 논의한다. 러시아와의 관계 개선에는 민비의 역할이 컸다. 그리고 그 논의의 결과는 개각이었다. 조선 정계에 친러 성향의 관료들이 중용되기 시작한 것이다.

이 과정에서 친일 성향의 관료를 대표하던 박영효가 실각하고, 일본으로 도망가 민비가 자신을 실각시켰다는 이야기를 전달한다. 일본은 민비의 주도로 조선에서의 영향력을 러시아에 빼앗길까 노심초사하며 조선의 상황에 촉각을 곤두세운다. 바로 이때 퇴역 육군 중장 미우라 고로가 새롭게 조선 공사로 부임하면서 극단적인 사건을 일으키는데, 이른바 을미사변이었다.

1895년 10월, 일본군과 일부 조선군 그리고 일본인 낭인 집단이 조선의 궁궐로 돌격해 조선의 왕후를 살해한다. 신변에 위협을 느낀 고종은 정동구락부라 불리는 배일 성향의 측근 관료들과 함께 러시아 공사관으로 피신하는 아관파천을 단행한다. 조선이 러시아의 보호 속에서 내정간섭을 받게 되는 한계를 자각하면서도 고종은 러시아 공사관에 몸을 숨기게 된 것이다. 이후 정권을 장악한 정동구락부 세력은 러시아와의 긴밀한 협력 속에서 점진적 근대화 정책을 추진한다.

수십 년간 이어진 불안한 정세에서 을미사변까지 벌어지자 극도의 불안감을 느낀 고종은 아관파천 이후에도 한동안 러시아 공사관과 궁을 오가며 생활했다. 바로 이 시기 정동구락부 세력이 중심이 돼 발족한 독립 협회가 고종과 함께 국정을 운영했다. 그리고 고종은 독립 협회 세력을 껴안으며 환궁을 결정하고, 1897년 10월 12일 대한 제국을 선포하기에 이른다. 고종이 느낀 불안감의 결과는 의외로 자주 독립국으로서의 위상을 드높이고, 스스로 황제의 자리에 앉는 것이었다.

그러나 고종의 시련은 여기서 끝나지 않았다. 활동의 방향을 둘러 싸고 독립 협회 내부에서 분화가 일어난 것이다. 그중 한 세력이 고종을 축출하고 망명자들과 결합해 권력을 장악하려는 움직임을 보이며 만민공동회를 개최해 민심을 장악하려 했다. 뒤이어 이들이 황제를 폐하고 공화제를 주장한다는 소문이 돌자 고종과 독립 협회는 완전히 갈라선다. 그리고 주요 인사들이 미국과 일본으로 망명하면서 추진력을 잃은 독립 협회는 결국 해산한다.

독립 협회 해산 이후 대한 제국은 고종의 주도 아래 황제권 중심의 근대 국민 국가를 향해 나아가기 위해 노력한다. 황제권의 위상은 전제 군주로 확고히 하고, 심지어 황제가 친히 국정을 실질적으로 움직일 수 있도록 제도를 개편한다. 그렇게 궁내부(황실 업무 수행 기관) 역할은 점점 더 강화돼나갔다. 특히 궁내부를 각종 근대화 사업을 주도적으로 추진하는 기관으로 이용하면서 황제 중심의 근대화를 이루려 했다. 더불어 육군을 증설하고 해군제를 도입하면서 군비를 강화했고, 무관 학교를 창설하기도 했다.

여기까지만 읽으면 고종이 여러 번의 위기에도 불구하고 나라를 바로 세우기 위해 끝까지 최선을 다한 사람인 것만 같다. 물론 완전히 틀린 이야기는 아니다. 하지만 국제 정세의 급격한 변화 속에서, 최측근을 제외하고는 자신이 믿고 의지할 관료 집단이 점점 사라지는 상황에서 고종이 선택한 방향성이 문제였다. 즉, 대한 제국을 어떤 나라로 만들 것인가에 관한 철학이 부재했던 것이다.

철학 없는 근대화 개혁은 당연히 치밀할 수 없었고, 시작 단계부터 끊임없이 위기와 실패가 반복된다. 이른바 광무 개혁이라고 불리는 근대 개혁은 사실상 황실의 재산을 불리기 위한 사업이 됐고, 이는 황실의 사치로 이어졌다. 고종은 대한 제국의 정궁이었던 덕수궁에 화려한 서양식 건물을 만들기 시작했고, 황제의 위상을 높이기 위해 값비싼 외제 사치품에 집착했다.

게다가 정치적 리더십은 부재했고, 근대 민주주의에 대한 이해는 제로에 가까웠다. 입헌 군주제조차 받아들일 수 없던 고종은 말년에 갈수록 권력에 집착했다. 대한 제국으로 변화를 꾀하고 중립국화를 목표로 외교적 독립에도 집착했지만, 딱히 성과가 없었다. 고종의 능력과는 별개로 일본을 제외한 열강들이 대한 제국에 딱히 매력을

덕수궁의 서양식 건물 석조전

느끼지 못했기 때문이다. 결국 고종의 승부수였던 광무개혁은 실패했고, 조선을 이은 대한 제국은 역사 속으로 사라진다.

고종 스스로 만든 실패의 서사를 어떻게 평가할 수 있을까? 그에게 연민을 느끼면서도 무능함에 몸서리가 쳐지지만, 딱 잘라 말하기 어렵다. 나쁜 사람과 착한 사람으로 양분하여 평가하는 것이 역사학의 역할이 아니기 때문에 더욱 그렇다. 조선의 마지막을 장식한 고종이라는 왕을 어떻게 기억할지를 두고 여전히 학계에서 논쟁 중인 이유다.

4장

근현대

1903년, 조선인이
하와이로 떠나야 했던 이유

하와이는 최초로 국가 차원에서 이민이 이루어진 곳이다.
'아니, 천국의 땅으로 가장 먼저 이민을 갔다고? 완전 행운이었겠군!'이라고 생각한다면
잠깐 생각을 멈추고 주목해야 한다.
한국 최초 이민의 이면에는 생각보다 아프고, 슬픈 역사가 있기 때문이다.

19세기 후반, 조선은 무너지고 있었다. 500년을 지속한 단단한 생명력은 희미해져갔고, (결과론적인 해석일지 모르겠으나) 당시 조선의 많은 백성도 조선의 운명에 회의적이었다. 그래서인지 조선인들은 인근의 다양한 지역으로 이주하기 시작했다.

1860년대부터 시작된 조선 밖으로의 이동은 북쪽 국경 지역에 집중되는 모양새였다. 특히 블라디보스토크 주변으로 이민하는 이들이 증가했는데, 조선에서의 삶이 더욱 팍팍해지자 5,000여 명의 이주민이 북쪽에 자리를 잡았다. 노동 인구가 대량으로 이탈하자 조선

은 부랴부랴 북쪽 국경을 통제하려 했지만, 이미 19세기 말 무렵 러시아 연해주 지역으로 이주한 조선인은 2만 3,000명에 달했다. 무려 2만여 명이 넘는 인구가 '헬조선'을 탈출한 것이다.

러시아 다음으로는 만주와 간도로 이주했다. 1905년 이전까지 간헐적으로 농사를 지으려 이주하던 분위기는 1905년 을사조약 이후 정치적인 이유로 인한 이주로 변화한다. 차마 일본의 통치하에서는 살 수 없다는 뜻을 이주로 표현한 것이다. 그렇게 1907년 무렵 만주 이주민은 7만 명을 넘어섰다. 바로 이때 등장한 새로운 이주 공간이 바로 하와이였다.

그런데 하와이로의 이주는 북쪽 국경으로의 탈출과는 조금 달랐다. 조선 정부가 나서서 이민을 알선했기 때문이다. 그런데 문제는 백성을 떠나보낸 고종의 생각과 조선인의 이민을 원한 하와이 농장주들의 생각 그리고 떠나는 조선인들의 생각이 모두 달랐다는 점이다.

조선인 노동자가 필요했던 하와이

1896년 하와이 사탕수수 농장주 협회가 조선인의 이민을 처음 제안했다. 당시 하와이는 아직 미국 땅이 아니었다. 미국은 이전부터 하와이를 병합하기 위해 애썼지만, 여러 문제로 합병이 늦어지던 중이었다. 무엇보다 미국의 하와이 합병은 하와이 노동 시장에 큰 문제를 만들 가능성이 있었다. 1882년 이후 시행된 미국의 중국인 이민 금지법 때문이었다.

19세기 중반부터 사탕수수가 핵심 농작물이 되면서 하와이에는 대규모 사탕수수 농장이 만들어졌다. 그런데 사탕수수 농사는 대단히 노동 집약적인 형태였기 때문에 사탕수수 농장주들은 노동력을 찾기 위해 다양한 국가에서 노동력을 유입하기 시작했다. 이때 주목받기 시작한 곳이 바로 아시아였다. 특히 중국인과 일본인의 하와이 이주가 증가해, 19세기 후반에 이르면 5만여 명에 달하는 노동력이 중국으로부터 충원됐고, 1890년이 되면 일본인 노동력은 이를 상회한다. 이런 상황에서 중국인 이민 금지법이 제정된 미국으로 하와이가 합병된다면, 하와이 노동 시장은 일본인에 의해 독점될 우려가 있었다. 그게 왜 문제냐고 생각할 수도 있지만, 당시 하와이 농장주들에게 가장 큰 골칫거리는 일본인 노동자들의 불법 파업과 작업 중단 행위였다. 미국이 하와이를 합병하면 중국인 노동자는 늘릴 수 없게 되고, 노동쟁의가 합법화되면 일본인 노동자를 관리할 수 없게 될지 모른다는 불안감에 휩싸인 것이다.

문제가 해결되지 않은 채로 1898년, 미국의 하와이 합병이 성공적으로 마무리된다. 하와이의 노동자 문제는 더 미룰 수 없는 과제였다. 1902년 주한 미국 공사 알렌이 고종을 찾아와 하와이 이민을 설득한 것은 이런 이유에서였다. 알렌의 중재로 하와이 사탕수수 농장주 협회와 대한 제국 정부가 이민 협정을 체결하면서 한국 최초의 하와이 이민이 시작된다.

가자, 나무에서 돈이 열리는 하와이로

그런데 뭔가가 조금 이상하다. 왜 이민 협정을 체결한 주체가 한쪽은 정부고, 한쪽은 민간 협회일까? 자존심 상하는 일이지만 사실 미국은 당시 대한 제국에 무관심했다. 딱히 매력적인 나라가 아니었기 때문이다. 이런 무관심 속에서 하와이 이민을 추진한 미국 쪽 주체는 조선 주재 미국 공사관에서 20년 동안 일한 호러스 알렌이었다. 고종과 가깝게 지내던 알렌은 공사관 직원이자 사업가였다. 철저히 미국의 이익을 위해 대한 제국과 미국의 관계를 사업적으로 이용했고, 하와이 이민도 마찬가지였다. 알렌은 하와이 노동 시장에 대해 전해 듣고는 괜찮은 사업 아이템임을 직감한다.

알렌은 사탕수수 농장의 관리인들에게 조선인의 근면함을 설명하기 시작했다. 조선인이야말로 중국인에 비해 교육하기가 쉬운 사람들이기 때문에 훌륭한 노동력이 될 수 있다는 식이었다. 안 그래도 중국과 일본이 아닌 새로운 나라에서 노동력을 찾던 농장주들에게는 희소식이었다. 고종도 마찬가지였다. 논의가 진행되던 1901년 조선은 만성적인 경제 위기에 극심한 기근까지 겹쳐 시급한 해결이 필요한 상황이었다. 알렌은 고종에게 경제 위기를 해결할 방안 중 하나로 백성들의 하와이 사탕수수 농장 이민을 제안한다.

알렌의 설득으로 양쪽 모두 이민의 필요성에는 공감했지만, 문제는 이민을 담당할 주체였다. 우선 미국이 국가 차원에서 요구한 이민이 아니었기에 중간에서 책임질 만한 회사를 만들어야 했다. 더불어 대한 제국이 가난한 나라였던 만큼 이민자들에게 돈을 마련하는 문제도 있었다. 곧 알렌의 주선으로 동서 개발 회사가 설립됐고, 이후 2만 5,000달러의 운영 자금으로 데슬러 은행을 설립한다.

이후의 이민 준비는 빠르게 진행됐다. 정인수, 현순이, 안정수 등의 통역사가 결정됐고, 실무를 전담할 몇 명의 조수를 더 모집한다. 하지만 이민자를 모집하는 단계에서 예상치 못한 난관에 부딪힌다. 신문 광고를 통해 "학업, 시찰, 상업, 산업, 농업 목적의 이민자를 모집한다"라는 광고를 냈지만 관심을 끌지 못한 것이다. 머나먼 미지의 나라인 하와이는 조선과 맞붙어 있는 만주와 연해주 땅과는 차원이 달랐다.

이민자 모집은 결국 기독교인을 상대로 진행된다. 선교의 일환으로 하와이행을 선택하도록 설득한 것이다. 그렇게 기독교인을 중심으로 구성된 50여 명의 남녀, 인천항에 있던 20명의 부두 노동자, 통역 2명을 포함한 총 102명이 3년간의 노동 계약을 체결하고 하와이로의 이민을 간다.

1902년 12월 22일, 한국인 최초의 이민자를 태운 하와이행 선박 겐카이호가 역사적인 출항을 시작했고, 일본 고베항을 거쳐 1903년 1월 12일 밤 12시 호놀룰루 외항에 입항한다. 긴 항해를 마쳤다는 기쁨도 잠시 신체검사에서 탈락한 8명 그리고 탈락한 이들의 배우자 5명과 3명의 아이까지 총 16명의 상륙이 거부된다. 나머지 이민자 86명은 기차를 타고 오아후섬 북단의 한 농장에서 일을 시작한다.

뭐든 처음이 어렵지, 일이 추진되기 시작하면 분위기는 바뀌게 마련이다. "하와이는 나무에서 돈이 열린다"라는 소문과 함께 6개월에 걸쳐 600여 명의 한인들이 하와이행을 선택한다. 정확한 이민자 숫자를 파악하기가 쉽지 않지만, 1905년까지 약 7,200명의 한인이 하와이 사탕수수 농장으로의 이민을 온다. 이는 전체 하와이 농장 노동력의 11%에 해당하는 수준으로, 당시 하와이 노동 인구 중 일본인 66%, 중국인 9%였으니 늦은 출발치고는 꽤 높은 비율이었다.

조선인들 사이에서 하와이로의 이민 바람이 불기 시작한 이유는 다양했지만, 만주와 간도, 러시아 지역으로의 이민과 다른 기대감도 섞여 있었다. 그래서인지 농장 노동자로의 이민이었음에도 막상 이민을 선택한 이들은 농부가 아닌 도시 사람들이었다. 게다가 그들의 출신 지역과 직업은 다양했다. 도시의 하층민이 대부분이었지만, 양반도 일부 있었다. 이들이 하와이행을 선택한 이유를 단순히 망국의 한으로 일반화하기는 어렵다. 그들은 그들 나름대로 하와이에서의 성공과 달콤한 삶을 원했던 것이다.

나라가 망했다는 소식

하와이에 도착하기 무섭게 이들은 모두 사탕수수 농장에서 일해야 했다. 그것이 계약이었다. 이민자들은 혼합 농장이라 불리는 곳에서 다양한 민족들과 함께 살며 고된 노동을 했다.

음식은 입에 맞지 않았고, 살인적인 물가는 가난한 농장 노동자의 임금으로 감당하기 어려웠다. 게다가 의료 사정도 좋지만은 않았다. 현지인 감독관들은 한국인 노동자들을 험하게 다뤘다. 가난한 나라의 노동자들이 일상적으로 겪어야 했던 차별 대우를 모두 감내한 것이다.

꿈과 희망을 안고 이민을 선택한 한국인들은 척박한 노동 환경에 점점 지쳐갔다. 이들은 곧 하와이를 떠날 결심을 한다. 하지만 이때 이들이 선택한 다음 이주지는 고국인 대한 제국이 아닌 미국 본토였다. 고국은 이미 망국의 길로 접어들고 있었다.

1905년 하와이의 노동 환경을 견디지 못한 400여 명의 한국인은 캘리포니아로 향한다. 시간이 갈수록 이주 행렬은 증가했고, 1907년까지 1,200여 명의 한국인이 미국 본토행 배에 몸을 실었다. 이에 반

사탕수수 농장에서 일하는 한인들의 모습

해 고국으로 귀국한 이민자들은 점점 줄었다. 1908년 105명, 1909년 134명, 1910년에는 55명만이 대한 제국행 배에 몸을 실었다.

하지만 미국 본토로 이동한 이들과 귀국한 이들을 합쳐봐야 전체 한국인 하와이 이민자의 5분의 1 수준이었다. 망국으로 돌아갈 수 없는 상황에서 나라 잃은 이민자가 선택할 수 있는 것은 거의 없었다. 더욱 낯선 미국 본토로의 이주를 포기한 대부분의 이민자들은 하와이에서 반드시 성공해야 한다는 의지를 불태우면서 살아남는다.

그렇게 자의 반 타의 반으로 하와이에 자리 잡은 한국인들은 1910년 국권 피탈 이후 단체를 조직해 서로 격려하며 조국의 독립 운동을 도우며 살아갔다. 누군가에게는 천국의 섬이었지만, 한국인들에게 하와이는 적어도 1945년 이전까지는 피난처이자 망국의 한을 달래줄 안식처였고, 조국을 되찾기 위한 독립 운동의 중요 거점이었다. 힘들어도 힘들다고 하소연조차 할 수 없었던 그때 그 시절 한국인 이민자들의 삶은 여전히 하와이 곳곳에 서려 있다.

목포는 왜 한국 도시의 역사를 응축한 곳일까?

식민지를 제대로 착취하기 위한 종합 선물 세트가 바로 도시다.
도시 하나를 선점해 투자에 성공하면 성과가 좋았다.
하지만 도시로의 투자는 큰돈이 오고 가는 만큼 신중해야 했다.
신중에 신중을 거듭한 끝에 일본은 목포에 과감히 투자했고, 그곳은 곧
식민 도시로 변모하면서 모든 것을 제국 일본에 뺏겨야만 하는 슬픈 역사를 썼다.

19세기 말부터 1945년까지, 일본은 한국(더 빠르게는 조선과 대한 제국) 에게서 많은 것을 빼앗아 갔다. 심지어 더 빼앗기 위한 과감한 투자 도 서슴지 않았다. '뭐? 일본이 조선에 투자했다고? 너 식민지 근대 화론자야?'라고 생각한다면 오산이다. 제국의 잔인한 식민지 통치는 다름 아닌 투자에서 시작된다. 그래야 일본에서 만든 상품을 제 가 격에 팔 수 있고, 조선에서 일본으로 염가에 식량과 각종 생산품을 뜯어 갈 수도 있었다.

특히 도시 하나를 통으로 선점해 투자에 성공하면 성과가 대단히

좋았다. 하지만 도시로의 투자는 큰돈이 오고 가는 만큼 신중해야 했다. 신중에 신중을 거듭한 끝에 일본은 한국의 일부 도시에 과감히 투자했고, 그곳은 곧 식민 도시로 변모하면서 모든 것을 제국 일본에 뺏겨야만 했다.

대표적인 도시가 바로 목포다. 목포는 개항이 진행되던 19세기 말부터 일본과 조선 모두에 향후 경제적으로 중요한 공간이 될 것이라는 확신 속에서 무역의 거점으로 성장했다. 하지만 조선과 일본은 서로 다른 목포를 꿈꿨다. 목포의 발전은 자국 조선의 발전에 이바지할 수도 있었고, 일본의 수탈 목적에 부합할 수도 있었다.

우리는 조선이 일본에 강제 병합됐다는 결과를 알고 있지만 목포가 어떤 변화를 겪었고, 어떤 수탈을 당했는지 잘 알지 못한다. 도시는 효율적이고 경제적 효과가 큰 곳에 투자해야 하는 자본주의 경제 시스템의 전형을 보여주는 공간이다. 일본에게 식민지 조선이 어떤 곳이었고, 어떤 모습으로 발전시키려 했는지 이해하기 위해서는 목포의 역사를 이해해야 한다.

한국과 일본 모두에게 중요했던 도시

일본은 개항 초기부터 목포에 관심을 가지고 주요 개항장으로 선점하려 했다. 일본이 전라도 지역의 항구, 즉 목포를 개항하고자 했던 이유는 조선 최대의 곡창 지대였다는 점이 강하게 작용했다. 즉, 전라도 지역에 대한 일본의 경제적 침탈을 강화하려는 의도였다.

하지만 일본의 목포 항구 선점 과정은 순탄치 않았다. 조선에서도 목포의 중요성을 충분히 인지하고 있었기 때문이다. 이미 기왕에 개항된 3개의 항구를 통해 개항이 가지고 올 효과를 확인한 조선 정부는 개항과 관세 등의 개념을 막연하게나마 배웠다. 목포를 개항할 거라면 자국에 최대한 이익이 되는 방향으로 개항장의 이권을 확보하고 싶었고, 이 과정에서 선택된 것이 바로 각국 공동 거류지로의 개항이었다. 외교적 압박으로 일본의 이권 침탈을 막겠다는 의지였다.

목포를 지키고자 했던 조선 정부의 노력으로 1897년 10월 16일 한국 외무대신과 미국, 일본, 러시아, 프랑스, 영국, 독일의 대표들에 의해 〈진남포·목포 각국조계장정〉이 발효된다. 하지만 실제 조계지가 설정된 이후 영사관을 지으려 노력한 나라는 몇 없었다. 목포에, 아니 더 넓게는 조선에 관심을 가지는 나라가 많지 않았다. 각국의 조계지는 곧 소수의 중국인 상인과 러시아인 그리고 일본인에 의해 매수된다.

일본은 명목상 각국 공동 거류지로 설정된 목포에서 당시 조선을 두고 주도권 싸움이 한창이던 러시아와의 경쟁에서 지배력을 강화할 필요를 느꼈다. 이후 일본은 목포에 각종 기관과 시설, 거주지와 상가를 신설하고 확장했고, 곧 러일 전쟁에서 일본이 승리하자 목포에서 일본의 영향력은 급격히 확대됐다.

조선이 생각하는 개발 방향에서 점점 멀어질 수밖에 없었던 목포에서 조선인들은 점점 살아갈 공간조차 찾기 어려운 지경에 이른다. 기본적으로 목포 도시 개발의 핵심이었던 조계지는 원칙적으로 조선인이 들어가 살 수 없었다. 그래서 땅이 없던 조선인들이 터를 잡은 곳은 결국 도시로부터 한참을 벗어난 공간이었다. 그나마 목포에 터를 잡은 조선인 마을의 관리 상태는 엉망이었고, 심지어 일본인들이 계속해서 자신들의 영역을 넓혀갔기 때문에 계속해서 밖으로 밀려났다.

하지만 목포에 자리를 잡은 조선인은 조선 정부로부터 철저히 무시당했다. 정부는 자국인의 거주 문제, 아니 생존 문제에 자금의 부실을 핑계로 눈감아버린 것이다. 그렇게 목포에서 조선인이 살아가야 했던 공간은 초기부터 일본인들이 살던 공간과 차별적으로 발전할 수밖에 없었다.

나라를 잃고, 차별된 성장을 이루다

1897년 개항 직후부터 일본으로의 주요 수탈 창구로 활발히 운영되던 목포항은 1920년대 들어 (1910년에 비해) 일본으로의 이출액이 20배 가까이 급성장한다. 특히 1910년 후반 제1차 세계대전으로 인한 일본의 경제 호황으로 일본으로의 이출이 급격히 늘었고, 항구의 수입액도 크게 늘어 1918년에는 이출입 총액이 1,000만 엔을 돌파한다. 이출로만 따졌을 때 쌀과 면화가 92.4%에 달할 만큼 압도적인 상품이었다. 반면에 목포항으로 들어오는 상품은 화학 비료, 석유, 고무신, 밀가루, 광목, 소창포 등으로 다양했다. 이를 바탕으로 목포 경제는 활성화됐다. 문제는 이러한 목포의 경제적 번영에 있어서 조선인 노동자들의 역할이 매우 중요했음에도 목포의 화려함을 전혀 공유하지 못했다는 사실이다.

일본 제국주의가 공고해질수록 목포로 밀려드는 일본인 인구는 해마다 증가했다. 번창을 거듭하자 1924년, 목포에도 체계적인 도시 계획이 들어선다. 당연히 그 체계에 조선인은 없었다. 막대한 자본력을 바탕으로 일본인 거주 지역은 거듭 확장됐고, 조선인 거주 지역은 파괴됐다. 조선인에 대한 강압적인 거주 이전 명령도 바로 이때부터 이루어진다.

1930년대에 이르러 목포의 행정 구역은 점점 확대돼 개항 초기의 모습과는 확연히 달라진다. 인구도 꾸준히 늘어 1935년에는 마침내 6만 명을 돌파한다. 인구가 계속 증가하자, 이에 맞춰 1936년 목포의 새로운 도시 계획안이 마련된다. 그렇게 목포의 도시 계획은 30년 후인 1965년까지 14만 명을 포용할 것을 목표로 전체 구역을 확장한다.

미미한 시골 어촌 마을에서 괄목할 만한 성장을 거듭하여 인구 6만 명을 돌파하기까지는 고작 30년 남짓의 시간이 걸렸다. 하지만 일본 자본의 세례를 받은 목포에는 어두운 이면이 있었다. 바로 일본 자본의 효율에 따른 선택적 발전이었다. 선택받은 지역과 그곳에 사는 사람은 근대의 화려한 도시 문화를 즐길 수 있었지만, 선택받지 못한 지역과 그곳의 사람들은 극심한 박탈감 속에서 열악한 생활을 영위해야만 했다. 그 선택의 결정적 기준은 다름 아닌 민족이었다. 이러한 이면은 근대 식민 도시의 전형적인 모습이기도 했다.

일자리를 찾으러 목포로 오는 조선인의 인구는 끝을 모르고 증가하고 있었다. 조선인 촌락은 확대돼 갔지만, 조선인 거주지는 개발 계획 자체에서 소외됐을 뿐 아니라 일본인 거주지의 확대에 따라 더욱 협소해진다. 일본인 주거지는 짜임새가 갖추어져갔고, 깨끗하고 편리해져갔다. 반면 조선인 거주지는 무질서하고 비위생적인 상태로 방치돼 있었다. 목포 인구의 3분의 1이 거주하는 구역임에도 하수도조차 갖추어지지 않아 오물이 쌓여만 갔다.

이런 차별적 구조는 목포의 화려한 발전과 대비된다. 화려한 근대

일제강점기 시절의 목포 상점가

도시 목포의 도시화의 이면에는 선택에서 제외된 조선인들의 상대적 박탈과 희생이 있던 것이다. 화려하게 탈바꿈한 근대 도시 목포는 철저히 유산층, 즉 일본인을 위한 것이었지 조선인을 위한 공간이 아니었다.

발전 속에 싹트는 민족 간 갈등

목포의 조선인 중에는 티끌만큼이었지만 유산층이 만들어지기 시작했다. 민족적 차별이 거대하게 자리 잡은 속에서도 개발의 단물은 일부 조선인에게도 떨어졌다. 지역에서 그 단물을 먹으며 성장한 이들이 바로 유지 집단이었다. 이들 중에는 식민지 이전에 각 지역 사회에서 영향력을 장악하던 전통적인 지역 유지도 있었다. 하지만 목포는 달랐다. 처음부터 식민 도시로 성장한 목포의 유지 집단이란 일본의 조선 식민화 과정에서 성장한 이들이었다.

하지만 이들도 결국 조선인이었다. 이들이 조선인들 사이에서 영향력을 행사하기 위해서는 조선인을 대표해 조선인의 요구를 전달해야 했다. 자신들의 명망과 명예를 위해 혹은 부의원이라는 출세의 길을 위해 무산 계층 조선인과 민족적 연대를 시도해야 했던 것이다. 이를 위해 그들은 교육 시설 차별에 항의하는 과정에서 여러 차례 부민 운동을 전개하거나 기성회를 조직해 목포부에 학교 설립을 적극적으로 주장하기도 했다.

하지만 거기까지였다. 조선인 유지와 일반 조선인들 사이의 간극은 민족 갈등만큼 심각한 수준이었다. 조선인 유지층은 조선인 거주 지역 안에서도 무산층 조선인들과 생활 구역을 경계 지어나갔다. 마치 일본인과 조선인의 경계처럼 생활 공간을 나눠 살아간 것이다. 민족에 따른 차별 구조 속에서도 싹트는 계급 갈등은 막을 수 없었다.

목포의 발전 과정은 여전히 그 역사를 간직한 채 목포 도심에 남아 있다. 이런 도시의 성장과 반목이 목포만의 것이었을까? 결코 그렇지 않다. 목포의 역사는 한국 근대의 아픈 역사를 응축하고 있을 뿐이다. 목포의 역사가 곧 한국 도시의 역사이기도 한 이유다. 식민지 시기 이난영이 노래한 〈목포의 눈물〉은 어쩌면 '조선의 눈물' 그 자체이지 않았을까?

한국인의 교육열은
일제 시대부터 시작됐다

조선이 식민지화되고 그에 따라 근대화의 물결이 요동치던 시절,
신분에 따라 지위와 계층이 결정되던 사회는 무너진다.
이제 근대 교육을 수료했다는 증거인 학력이 개인의 능력을 판단하는 기준이 되기 시작한다.
그리고 여기서부터 한국인의 교육열은 출발한다.

한국 사회의 교육열은 단순히 교육 자체에 대한 열의라고 하기에 부작용이 너무 크다. 심지어 '유치원 입시'라는 말까지 탄생시키며, 5세 이하의 유아들까지 학업의 세계로 인도했다. 대체 언제부터, 왜 우리는 이토록 교육에 목숨을 걸게 된 걸까?

한국사 책에서 갑자기 웬 교육 타령인가 싶겠지만, 교육에 대한 집착이 형성되는 과정이야말로 식민지 시기의 차별을 여과 없이 보여주는 바로미터다. 식민지 시기 교육 정책을 확인함으로써 일본 제국주의의 민낯, 즉 의도적인 민족 차별 정책을 전체적으로 이해할

수 있다.

조선이 일본에 의해 식민지화되고 이에 따라 근대화의 물결이 요동치던 바로 그 시절, 태어난 신분에 따라 지위와 계층이 결정되던 사회는 무너진다. 이제 능력만 있으면 경쟁을 거쳐 원하는 지위를 획득하는 일이 형식적으로는 가능해진 것이다. 바로 이때부터 중요해진 것이 바로 새로운 배움, 즉 근대 교육의 수료였다.

근대 교육 기관에 입학하는 것은 계층 이동의 필수 과정으로 굳어졌다. 그 과정은 점점 상급 교육 기관에 들어가야만 더 높은 계층으로 이동할 수 있도록 자연스럽게 진화한다. 그러니까 성공하고 싶을수록 더 공부해야 하는 구조가 만들어진 것이다. 이 자체를 나쁘다고 말하긴 어려울 것이다. 그런데 바로 여기서 식민지 교육 정책의 차별적 구조가 덧입혀졌다는 점이 중요하다. 대체 어떤 차별이 있었고, 어떤 과정을 겪었기에 이토록 비정상적인 교육 환경이 만들어진 것일까?

공부보다 입학 그 자체가 중요했던 시절

조선이 식민지로 전락하기 이전, 조선에서의 근대 교육은 개항 직후의 외국어 교육이었다. 이 시기 만들어진 국립 교육 기관인 육영 공원을 비롯해 선교사들에 의해 설립된 사립 학교인 배재학당, 경신학교, 이화학당 등의 메인 교육도 역시 외국어였다. 하지만 근대 교육 기관의 학습 분위기는 1894년 갑오개혁 때문에 급격히 바뀌었다. 과거 제도가 폐지되고 소학교와 사범 학교 등의 관·공립 교육 기관 설립이 본격적으로 계획됐기 때문이다.

한편 같은 시기 국가 차원이 아닌 민간 차원에서, 더 정확히는 당시 조선인 엘리트들을 중심으로 부국강병과 민족의 실력 양성을 위한 계몽 운동이 활발히 전개됐다. 전국적으로 민간이 주도하는 사립 학교의 설립이 크게 활성화된 것도 이때부터다. 이렇게 만들어지기 시작한 사립 학교는 기존의 서당을 빠르게 대체하면서 근대 교육을 향한 조선인들의 욕구를 충족해나갔다.

이런 분위기는 1905년 을사조약 이후 더욱 거세지는데, 현재의 위기가 근대 교육이 미흡하기 때문이라고 파악하고 향후 국권을 회복하기 위해 민족주의에 입각한 근대 교육이 이루어져야 한다고 믿었다. 대성학교, 오산학교, 보성학교, 진명여학교, 숙명여학교 등 유명 사립 학교가 바로 이때 설립된 학교들이다. 교육을 통해 독립을 이루고자 하는 열망의 발현이었다.

하지만 1910년 국권 피탈은 조선인들의 교육에 대한 열망을 한순간에 짓밟는다. 일제는 1911년 〈제1차 조선 교육령〉을 만들어 기존 조선의 지식인들이 생각했던 계몽 운동의 성격과는 전혀 다른 교육 정책을 입안한다. 충실한 제국의 신민을 양성한다는 커다란 명제 아래 조선인들에게 적당히 배울 것을 강조한 것이다. 여기서 '적당히' 라는 표현은 '보통 교육'이라는 말로 그럴싸하게 포장돼 학교 이름도 '보통학교'로 짓는다.

〈제1차 조선 교육령〉의 핵심은 식민 통치에 복종하고 최소한의 사회적 능력을 갖춘 조선인을 단시간에 가능한 한 많이 배출하는 것이었다. 이후 조선인은 보통학교(4년제)를 거쳐 고등 보통학교(4년제)에 다녔고, 교육 내용도 실업 교육 위주였다. 자연히 기존 조선의 지식인들에 의해 만들어졌던 교육 기관은 공립 학교로 전환돼 일제의 식민 교육 기관의 역할을 하도록 강제됐다. 사립 학교가 크게 탄압받자 사립 학교 설립자들은 야간 학교나 개량 서당 등으로 전환해 일제의 공립 학교와 대결하려 했지만, 역부족이었다.

이유는 간단했다. 각종 임용 시험이나 전문직이 되기 위한 시험에서 요구되는 학력 사항은 물론, 제대로 된 근대 직업을 얻기 위해서는 일제가 만든 정규 교육 과정을 이수해야 했다. 구조에 적응하기 시작한 조선인들은 점점 더 보통학교에 진학했고, 더 나아가 상급 학교로 진학하고 싶어 한다. 공부가 하고 싶었다기보다 학생이 돼야만 했던 것이다.

그런데 막상 일제가 만든 교육 과정은 조선인들의 계층 상승 욕구를 제대로 충족시킬 수 없었다. 관리 임용 조건에서부터 차별적이었다. 하급 공무원이었던 판임관의 자격에서조차 중등학교 이상의 학력을 요구했다. 그런데 조선인이 진학할 수 있는 보통학교와 상급 교육 기관인 고등 보통학교를 졸업해도 중등학교 졸업자로 인정받지 못했다는 것이다. 일본인이 다니던 6년제 소학교와 5년제 중학교에 비해 수업 연수가 짧았기 때문이다.

조선인의 비뚤어진 근대 교육을 향한 열망을 부추긴 것은 일본 제국주의였지만, 그들은 조선인에게 제대로 된 교육을 해줄 의지도, 교육받은 조선인을 제대로 대우할 의지도 없었다. 불만은 누적됐고, 이 와중에 3.1 운동이 일어났다. 일제는 조선인들의 누적된 불만을 해소해줘야 한다고 생각했고, 교육의 변화도 이때와 맞물린다. 식민지민이어도 어느 정도 계층 상승의 사다리에 올라갈 수 있어야 오히려 식민 지배를 유지할 수 있다고 믿었기 때문이다.

여전한 차별 속 좁아지는 입학의 기회

3.1 운동 이후 일제는 1922년 조선에 새로운 교육령을 공포한다. 바로 〈제2차 조선 교육령〉이다. 수정된 교육령은 가장 문제가 됐던 수업 연한부터 손봤다. 보통학교를 6년으로, 고등 보통학교를 5년으로 연장했다. 학제상으로나마 일본과 비슷하게 맞췄고, 교과 내용도 실업 위주의 교육에서 벗어났다. 그렇다고 바뀐 교육령이 일본과 조선 간의 제도적 평등을 실현했다고는 볼 수 없었다. 민족 간의 차별은 여전했다. 조선에 거주하는 일본인을 위한 학교는 따로 운영됐고, 민족별 입학 정원을 두어 공정한 경쟁은 애초에 이루어질 수 없는 구조였다.

변화되는 교육 환경과는 달리 일제의 조선 수탈은 더욱 심해졌다.

농촌부터 무너지기 시작한 식민지 조선의 경제는 인구의 대부분을 차지하던 소작농의 삶을 피폐하게 만들었다. 이러한 암담한 현실에서 교육을 통한 사회적 지위 향상은 조선인이 꿈꿀 수 있는 거의 유일한 해방구였다. 조선인들 사이에서는 '먹고살기 힘들어도 학교는 보내야 한다'라는 공감대가 형성되기 시작한다.

관공립 보통학교를 비롯해서 상급 학교의 졸업장은 성공의 필수 요소로 자리 잡아갔다. 안정된 삶을 염원한 많은 조선인은 교육을 통한 학력 자본 획득에 매진했다. 회사에서는 사원 간 등급을 나누고 학력을 구분 기준으로 삼았다. 등급마다 월급에도 차이를 뒀다. 이러한 환경은 사회적 지위를 얻고자 욕망했던 조선인을 유혹하기에 충분했다. 문제는 식민지 조선 사회에서 조선인이 차지할 수 있는 '성공한 자리'는 얼마 되지 않았고, 그렇기에 조선인들은 더욱 치열하게 경쟁하게 됐다는 사실이다.

경쟁은 상급 학교로의 진학에서부터 시작했다. 1920년대를 지나면서 조선인에게 보통학교 졸업은 당연한 것이 됐다. 이후 중등학교 입시는 '입시의 꽃'으로 불리며 불꽃 튀는 경쟁의 장이 됐다. 1937년을 기준으로 2만 8,172명의 중등학교 입학 지원자 중 합격자는 4,489명에 불과했다. 전국 평균 경쟁률이 6대 1을 넘었고, 서울 시내 학교 경쟁률은 대부분 10대 1을 상회할 정도였다. 이제 겨우 13~14세 무렵의 아이들이 평균 4대 1, 심하면 14~15대 1의 살인적인 입시 경쟁에 내몰린 것이다.

입시 경쟁을 뚫고 중등학교에 입학하면 그들 앞에는 고등 교육 기

일제강점기 때의
보통학교와 입학 시험장

관, 즉 대학 입학이라는 거대한 산이 기다리고 있었다. 심지어 그들
이 입학할 수 있는 조선 내의 고등 교육 기관은 단 한 곳, 경성 제국
대학뿐이었다. 이는 곧 중등 교육 기관을 대학 입학 준비 기관으로
전락시키는 계기가 됐다. 중등 교육 자체가 고등 교육으로 가는 과
도기적 성격으로 굳어진 것이다. 사립 학원이나 강습소, 가정 과외

가 생기기 시작한 것도 이때부터다. 그야말로 전 조선이 교육에, 아니 상급 학교 진학에 미쳐버린 것이다.

왜곡된 교육열이 남긴 과제들

조선에서의 심각한 입시 경쟁은 일본, 정확히는 조선 총독부 입장에서도 심각한 일이었다. 조선인에게 교육이 입시를 위한 수단으로 변질되면서 일제가 교육을 통해 강조하려던 황국 신민 교육이 제대로 이루어질 수 없게 된 것이다.

게다가 보통학교를 넘어 중등학교 이상의 상급 학교에 대한 욕망이 강해지는 것은 조선 총독부로서도 부담이었다. 조선인 고급 인력이 양산되는 것은 그 자체로 조선인 엘리트의 양산을 의미했다. 배움이 원래 그런 것이다. 배운 사람이 적당히 있으면 사회를 운영하는 데 도움이 되지만, 제대로 된 사회 체제도 갖추지 못한 환경에서 배운 사람만 많아지면 그들은 곧 사회의 적대 세력이 돼버린다. 사회에서 제 위치를 찾지 못하고 유휴 노동력이 돼버린 고학력자는 그 자체로 위협이었다.

하지만 그 위협은 곧 전쟁이라는 파도에 사라진다. 1931년 만주 사변을 시작으로 1937년 중일 전쟁을 거쳐 1941년 태평양 전쟁으로 이어지는 일본 제국주의의 팽창은 일제의 국가 총동원 체제를 완성시킨다. 이는 곧 교육 전반에 대한 전면적 통제로 이어졌다. 일제는 생산력 극대화를 위해 조선 학생들을 신속히 전쟁에 동원할 수 있도록 교육 정책을 바꾼다. 교육 내용이 실업 교육에 집중된 것이다. 고등 교육은 점점 더 억제되고 통제됐다.

그 상태로 해방을 맞았다. 미친 듯한 교육에 대한 열망은 전쟁이라는 폭력적 상황에 억눌려 있었다. 해방과 동시에 새로운 나라를 만드는 과정에서 교육 체계의 수립은 반드시 필요한 일이었다. 새 나라의 교육은 해방 이전의 식민 교육 시스템을, 우리나라를 이끌어 갈 근대적이고 주체적 인재를 만든다는 원대한 목표 속에서 다시 기획돼야 했다. 하지만 36년이란 시간 동안 이미 형성된 비뚤어진 교육열을 정상화하기란 쉽지 않았다. 여전히 한국은 교육, 아니 입시에 미쳐 있고 교육 정상화의 노력은 아직도 유효한 과제로 남아 있다.

강제 징용의 상징,
군함도에서 벌어진 일

일제에 의한 강제 징용 문제는
역사적 문제인 동시에 정치·외교적 문제가 복잡하게 얽혀 있다.
이 문제의 역사를 알아가는 과정은 곧 문제를 해결하는 과정이기도 하다.
군함도의 역사를 알아보려는 이유도 거기에 있다.

한국과 일본의 끝나지 않은 역사적 과제가 하나 있다. 바로 강제 징용 문제다. 실제로 법적 분쟁 중이기도 하다. 역사적으로는 일본군 위안부와 함께 전시 체제기 일본 제국주의가 식민지 조선인에게 벌인 용서받지 못할 전쟁 범죄 행위다. 엄밀히 따지면 둘 다 일본 제국주의 시스템 속에서 벌어진 강제 동원이었다. 그중 대중 매체를 통해 가장 많이 소개된 사례가 바로 군함도 강제 징용 사례일 것이다.

군함도의 공식 이름은 하시마섬이다. 일본 나가사키현 나가사키항에서 남서쪽으로 약 18km 떨어진 곳에 있으니 일본 본토에서 그리 멀리 떨어진 섬은 아니다. 남북으로 약 $480m$, 동서로 약 $160m$인 아담한 섬으로, 1810년 섬 근처에 살던 어부가 이곳에서 우연히 석탄을 발견한 것이 역사의 시작이었다.

돈 냄새를 맡은 일본의 군수업체 미쓰비시가 1890년대부터 바다 밑 석탄을 캐면서 개발이 시작됐다. 미쓰비시는 섬의 좁은 땅을 최대한 활용하기 위해 7층짜리 아파트를 건설한다. 노동자들을 완전히 섬에 눌러 앉혀 먹이고, 재우면서 일을 시키겠다는 강력한 의지였다. 하지만 섬은 좁았다. 학교, 병원, 절, 목욕탕, 파친코, 영화관 등이 고층 건물로 건설된 것도 그 때문이었다. 이 모습이 마치 군함처럼 보인다고 하여 하시마섬에는 군함도라는 별칭이 붙었다.

1945년 일본은 패전했다. 꾸역꾸역 견디던 1974년, 섬의 탄광이 문을 닫으며 군함도의 역사도 끝난다. 하지만 일본은 영광의 역사를 멈출 생각이 없었다. 2015년 일본은 이 섬을 메이지 산업 유산으로 지정하고 유네스코 세계 문화유산 등재를 시도한다. 이 이야기가 한국에도 전해졌지만, 처음 이야기를 전해 들은 한국인은 '그게 왜?'라는 반응이었다. 잘 몰랐으니 당연했다.

하지만 조선인 노동자들의 이야기가 전해지면서 상황은 역전된다. 그러나 안타깝게도 이 섬이 유네스코 세계 문화유산에 등재되면서 조선인에게는 지옥 섬, 일본인에게는 자랑스러운 근대 유산이 돼 버렸다.

일본 제국주의의 폭주, 전쟁을 전쟁으로 덮다

1930년대 후반, 일본은 대륙 침략이라는 그들만의 숙원 사업을 위해 1931년 만주사변을 일으키고, 중국의 동북 지방을 점령해 만주국이라는 괴뢰국을 만들었다. 만주 지역 침략의 목적은 뻔했다. 돈이었다.

1920년대 말부터 시작된 세계 경제 불황은 일본도 피해 갈 수 없었다. 불황을 극복하는 방법으로 일본의 극우 군부 세력이 선택한 방법은 쿠데타와 침략 전쟁이었다. 만주를 장악한 이들은 경제 대공황을 극복하기 위해 일(본)-(조)선-만(주) 블록 경제 체제를 구축하려 했지만, 뚜렷한 성과가 없었다. 여기서 그쳐야 했는데 일본은 성과 없는 전쟁을 덮기 위해 다시 새로운 전쟁을 벌인다. 바로 1937년에 발발한 중일 전쟁이다.

일본 제국주의는 중일 전쟁을 단기간에 끝내고자 했다. 하지만 중국은 만만하지 않았고, 전쟁은 장기전으로 이어졌다. 국민당과 공산당이 지구전에 돌입하면서 전쟁은 교착 상태에 빠진다. 전쟁을 치르기 위한 석유가 부족해진 일본에 결정타를 날린 것은 미국이었다. 자신들의 아시아 거점 지역인 동남아에까지 기웃거리는 꼴을 보기 싫었던 것이다. 미국은 결국 일본으로의 석유 수출을 막아버린다.

그때라도 멈춰야 했다. 하지만 일본은 중일 전쟁 승리와 대동아공영권 확보라는 망상에 사로잡혀 석유 부족을 해결하기 위해 태평양 전쟁을 도발한다. 미국을 공격하다니 이는 선을 넘은 행동이었다. 전쟁은 초기부터 무리하게 전개됐다. 이 무리함은 식민지였던 조선의 모든 것을 쥐어 짜내는 것으로 이어진다. 물자와 자금 수탈과 인력 동원이 강화된 것이다.

일제는 1938년 국가 총동원령에 따라 국민 징용령을 공포한다. "전시 국가 총동원상 필요한 경우, 칙령이 정하는 바에 따라 제국 신민을 징용해서 총동원 업무에 종사시킬 수 있다"라는 규정에 따른 것이었다. 놀랍게도 일제가 조선인을 징용하는 방법은 모집이었다. 자유의사를 빙자한 강제였다. 1939년 조선 총독부에서 〈조선인 노무자 내지 이주에 관한 건〉이 발표되고, 이를 기점으로 "일본의 석탄 금속 광산과 토건업 등에 모집"이라는 명목의 강제 동원이 본격적으로 시작된다.

군대로 끌고 가는 것도 아니고, 일본은 왜 이렇게 강제로 노동력을 징발하려고 했을까? 전쟁에는 엄청난 물자 동원이 필요하다. 일본은 망상에 빠져 일으킨 전쟁을 수행하기 위한 각종 군수 물품을 비롯해 군인들의 생활에 필요한 모든 것을 만들어내야 했다. 국가 총동원령이 1938년에 공포된 것도 중일 전쟁이 장기화되는 과정과 무관하지 않은 것이다.

미국과의 전쟁이 결정타였다. 부족한 노동력은 식민지민들에게 전가되기 시작했고, 엄청난 숫자의 조선인이 일본 본토와 동남아 등의 식민지로 동원됐다. 그 착취의 현장 중 하나가 바로 군함도였다.

조선인이 강제로 끌려갔던 까닭

1939년 공식적으로 시작된 일본의 노동자 모집은 "일본에서 일하면 쌀밥을 배불리 먹을 수 있고 돈도 많이 벌 수 있다"라는 거짓말과 함께 전국적으로 진행됐다. 하지만 거짓된 마케팅은 금방 들통이 났다. 가면 죽을 수도 있다는 소문이 돌기 시작한 것이다. 조선인은 망설였다. 지금도 죽을 것처럼 힘들었다. 농촌은 완전히 피폐화됐고, 도시로 간다고 해도 딱히 돈 벌 방법이 없었다. 조선인에게 징용이란 '탄광에 끌려가면 곧 죽음'이라는 공포감과 불안감 그리고 돈을 벌 수 있을 거라는 기대감이 공존하는 단어가 돼갔다. 그렇다고 해서 조선인이 자율적으로 지원했다고 볼 수 있을까? 어쩌면 강제 징용을 둘러싼 모든 문제의 근원이 여기에 있다. 꼼꼼하게 따져보면 대단히 악랄한 구조였다. 그리고 이 구조의 최상단에는 조선 총독부가 있었다. 조선 총독부는 강제 동원을 원활하게 수행하기 위해 말단의 행정기구 역할을 강화하도록 조치했다. 농촌에서는 동원 준비를 위한 조사 등록을 실시했고, 도시에서는 특정 직군 남성의 취업 금지, 여성 노동력의 적극적인 현장 투입을 강화해나갔다.

이러한 구조의 끝에는 할당제가 있었다. 조선 총독부는 도내 사업을 통해 동원 계획이나 노동자의 수용, 공출 등을 책정하게 했다. 그러면 도 아래의 각 부와 군에서는 노동력 동원을 그 아래 행정 단위인 읍, 면에 할당했다. 가장 최종적으로는 할당받은 각 면에서 면장을 중심으로 주민들을 동원했다. 실제 동원 단계에서는 군 경찰의 협력이 적극적으로 이루어졌다. 바로 이때 경찰과 면 직원의 위압적인 권유는 동원 과정에서 큰 몫을 한다. 사실상 권유가 아닌 강제였던 것이다.

실제로 각 지역의 면서기가 마을 사람들을 불러 모으고, 마치 죄인을 다루듯 몇 사람을 골라 잡아갔다. 반발이 심하면 제비뽑기로 대상자를 선정하기도 했다. 이것이 일본이 말하는 모집의 참모습이었다. 조선인들은 그렇게 뽑혀, 아니 끌려갔고 군함도도 마찬가지였다.

그곳은 지옥이었고, 지옥은 아직 끝나지 않았다

군함도의 전체 노동자 중 조선인은 3분의 1을 차지할 만큼 많았다. 1943~1945년 사이에 500~800명의 조선인이 군함도 탄광에서 강제 노동을 했을 것으로 추정된다. 군함도 바로 옆 섬인 다카시마 탄광까지 합하면 1945년 당시 1,299명의 조선인 노동자들이 있었다. 같은 섬에는 중국인 노동자와 일본인 노동자도 있었다. 작은 섬에 이토록 많은 사람이 모여 작업을 해야 했던 것이다. 노동 환경은 그야말로 지옥과 같았다.

"하루 10시간 이상 구부정한 자세로 석탄을 캐냈다"라는 증언이나 "한 사람당 0.5평도 안 되는 좁은 방에서 생활했다"라는 말, "밤새

군함도의 모습

벼룩한테 뜯기고 참 죽을 고생"했다는 표현만으로 당시 군함도의 삶을 상상이나 할 수 있을까? 이들은 하나같이 굶주림에 대해 이야기했다. 식사거리라고는 "작은 감자에 약간의 안남미를 섞어 지은 밥", "콩깻묵에 현미, 정어리 부스러기 조림, 된장국" 정도였다.

　50~60cm밖에 안 되는 비좁은 막장에서 곡괭이를 들고 누운 채로 석탄을 캐야 했다. 10분도 안 돼 하반신이 저려 오고, 나중에는 등뼈가 변형될 만큼의 중노동이었다. 조선인들은 주로 굴 파는 일을 했는데, 이 작업은 특히나 가스 폭발의 위험성이 높은 일이었다. 갱 안에는 가스 냄새가 심했고, 산소가 부족했다. 탄가루 문제로 인해 온갖 질병에 노출돼야 했고, 갱내에 화장실이 없어 지하수는 갱부들의 배설물로 오염될 수밖에 없었다. 거기에 2교대로 12시간 노동을 감내했으니 고강도의 노동 환경이었던 것이다. 1943년부터는 군함도에서 석탄 증산이 무리하게 이루어지면서 노동자들이 질식사, 압사

하는 일이 급격히 늘어났다. 생산량을 무리하게 채우려는 기업의 욕심 때문이었다. 그만큼 전선이 기울어졌다는 뜻이기도 했다.

이런 잔혹한 노동 환경을 견디지 못하고 배설물이나 물자를 운반하는 배에 올라타 몰래 탈출을 시도하는 경우도 생겼다. 하지만 탈출을 감행한 노동자들은 붙잡히거나 익사당했다. 드물게 육지로 탈출한 사람도 있었지만 대부분 다시 붙잡혀 군함도에 끌려갔다. 한번 들어가면 나올 수 없는 지옥의 섬이었다. 과연 이런 일이 군함도에서만 벌어졌을까? 결코 그렇지 않을 것이다. 군함도의 처참함은 강제 동원이 자행된 모든 공간을 상징적으로 보여줬을 뿐이다.

이렇듯 조선인 노동자의 강제 징용은 전쟁 수행을 위한 총동원 체제 속에서 합법과 불법을 넘나들며 벌어졌다. 그리고 이 합법이라는 명분 때문에 일본은 여전히 강제로 자행됐다는 점을 부정하고 있다. 하지만 조선인에게 주어졌던 그 최소한의 자발성이 정말 강제적 연행이 아니었다고 말할 수 있을 만한 수준의 것인지 따져 물어야 한다. 어쩌면 그것은 일본이라는 나라가 인권에 대해서 어떻게 생각하는지 확인할 수 있는 중요한 잣대일 것이다.

강제 동원은 쉽게 말할 수 없는 주제다. 아직 당시 피해자 분들이 생존해 있어 여전히 현재 진행형인 문제이기도 하다. 그렇기에 역사적 사실 관계를 충실히 복원하는 작업은 대단히 중요하고, 우리의 관심과 지원이 계속해서 필요하다. 자칫 쉽게 잊힐 수 있는 피해의 역사이기 때문이다.

사실 한국 전쟁은
1948년에 시작됐다

1948년 제주에서 벌어진 제주 도민들의 저항과 이를 폭력적으로 탄압한 잔인한 상황은
세계적 냉전의 흐름과 이와 맞물려 돌아갈 수밖에 없었던
한반도의 모든 정치 상황을 압축적으로 보여주는 사건이다.
누군가에게는 빨갱이 섬, 누군가에게는 해방의 섬이었던 제주도.
1948년의 제주도는 2년 뒤 한반도 전역에 불어닥칠 거대한 화마의 예고편이기도 했다.

1941년 12월 7일, 일본이 미국 하와이의 진주만을 기습 공격하면서 태평양 전쟁이 본격적으로 시작됐다. 그러나 미국은 진주만에서의 피해를 신속히 복구하고, 1942년 6월의 미드웨이 해전을 승리로 이끌며 전쟁의 승기를 잡았다. 일본은 가미카제(폭탄이 장착된 비행기를 몰고 자살 공격을 한 일본군 특공대) 공격까지 마다하지 않으며 마지막까지 발악했다. 그러나 1945년 8월 6일 히로시마, 8월 9일 나가사키에 원자 폭탄이 떨어지자 일본은 8월 10일 연합군 측에 무조건 항복 의사를 전달했고, 5일 후 항복을 선언하며 전쟁의 막을 내린다. 한국은

36년간의 기나긴 식민 통치를 마쳤지만, 곧바로 홀로서지는 못했다. 북위 38도선을 기준으로 북쪽에는 소련군이, 남쪽에는 미군이 주둔하게 된 것이다. 일본의 패전은 제2차 세계대전의 종전을 의미함과 동시에 승전국들 사이의 새로운 국제 질서가 탄생했음을 의미했다. 그렇게 전 세계와 한반도는 냉전의 시대로 빨려 들어갔다.

1945년 12월, 미국과 소련 그리고 영국 대표가 모스크바에 모여 한국의 독립 문제를 놓고 논의한 끝에 임시 정부 수립을 위한 '신탁 통치안'을 결정한다. 한반도는 신탁 통치를 두고 좌우로 갈라지며 극도의 혼란에 빠져든다. 냉전이라는 새로운 질서가 곧 한국의 분열을 극대화한 것이다. 혼란은 극단적인 결과로 이어졌다. 1946년 2월 북한은 북조선 임시 인민 위원회를 수립했고, 같은 해 6월 이승만은 제1차 미소 공동 위원회가 결렬된 뒤, 전라도 정읍에서 남한에서의 단독 정부 수립을 주장했다. 그리고 얼마 뒤 1947년 11월 유엔 총회에서는 한국의 선거 문제를 놓고 논의한 끝에, 인구에 비례해 선거가 가능한 지역에서 총선거를 실시하기로 결정한다. 이는 실질적으로 남한만의 단독 선거를 의미했고, 유엔이 분단을 공식적으로 받아들였음을 말해주는 것이었다.

이 혼란의 정중앙에는 한반도 최남단 제주도가 있었다. 1948년 제주에서 벌어진 제주 도민들의 저항 그리고 이를 폭력적으로 탄압한 잔인한 상황은 세계적 냉전의 흐름과 이와 맞물려 돌아갈 수밖에 없었던 한반도의 모든 정치 상황을 압축적으로 보여주는 사건이다. 누군가에게는 빨갱이 섬이었지만, 누군가에게는 해방의 섬이었던

1948년의 제주도. 심지어 그날의 제주도는 2년 뒤 한반도 전역에 불어닥칠 거대한 화마의 예고편이기도 했다.

해방은 제주를 '붉게' 한다

제주 4.3 사건을 다루기 위해서는 제주의 지역색을 이해할 필요가 있다. 식민지 시기 제주는 일제가 중국과의 전쟁을 수행하기 위한 전략적 요충지였다. 1930년대 중반, 제주도 서남부 모슬포 알뜨르에 비행장이 건설된 것도 그 이유였다. 태평양 전쟁 말기였던 1945년 3월, 패색이 짙어진 일본이 미국의 일본 본토 공격을 막기 위해 일본군 6만여 명을 배치하고 제주도 전역을 요새화했다. 당시 서울 주둔 일본군 5만 7,000명보다 많은 수였다. 1945년 초부터 제주도에는 해안가를 중심으로 진지 구축 작업이 시작됐고, 진지는 중산간 지역에서 옮겨져 유격전을 대비하기에 이르렀다.

게다가 당시 전체 제주 도민의 약 5분의 1에 달했던 일본군은 전쟁이 끝난 지 68일이 지난 1945년 10월 23일에서야 철수를 시작해 11월 12일에 완료한다. 이 과정에서 그간 제주도에서의 항일 투쟁으로 신망받던 인물을 중심으로 추대의 형식을 거쳐 건국 준비 위원회(이하 '건준')가 결성된다. 건준은 1945년 9월 22일 인민 위원회로 개편됐고, 1947년 2월에는 민주주의 민족 전선(이하 '민전')으로 새롭게 편성된다. 항일 운동을 직접 경험한 이들이 민전을 장악하고 제주의 치안과 행정을 담당하면서 제주 도민의 폭넓은 지지를 받았다. 이런 분위기는 좌우가 극도로 대립했던 육지와는 다른 모습이었다. 이후 민전을 중심으로 뭉쳤던 제주도 좌파 세력은 남조선노동당(이하 '남로당')을 구심점 삼아 조직 활동을 전개하기로 결의한다.

자, 어떤가? '뭐야, 빨갱이들이 제주도를 장악하고 있었던 거야?'라는 생각이 드는가? 제주도는 좌익 세력이 곧 항일 운동의 거점이었고, 이들의 역할과 영향력은 엄청났다. 일제의 가혹한 수탈에 저항한 이들이 한국의 자주 독립 국가 건설을 외쳤다. 게다가 제주 특유의 지역을 기반으로 한 문화적 연대감과 공동체 의식은 이들을 하나의 세력으로 규합하는 데 좋은 구실이 됐다. 미군정 당국에서도 건준을 제주도 내의 유일한 정당으로, 모든 면에서 정부나 다를 바 없는 유일한 조직체라고 평가할 정도였다.

그러나 미군정은 이내 인민 위원회의 도움을 받아 군정을 실시하던 관행을 깨고, 일제 강점기 때의 식민 관료 기구와 경찰 조직 재건에 나선다. 일제 경찰에 복무했던 조선인들은 미군정 아래서 우파 세력의 전위대로 변신하더니 곧이어 좌파 탄압 세력으로 화려하게 복귀한다.

더불어 제주도 내 세력 간 균형을 역전시키기 위해 미군정은 '제주도(島)'를 '제주도(道)'로 승격한다. 경찰 기구를 도(道) 수준에 맞게 개편해 경찰력을 증강하기 위해서였다. 행정 기구도 확대 개편되면서 많은 우익 인사가 발탁됐다. 당연히 제주 도민의 지향과는 다른 것이었고, 미군정과 행정 당국에 대한 반발심은 더욱 커졌다.

상황을 더 악화시킨 것은 경제 상황이었다. 해방 이후 제주도의 실업률은 치솟았다. 결정적으로 보리농사가 대흉작이었다. 6만여 명에 이르는 귀환 인구도 식량난을 더욱 악화시켰다. 이 와중에 1946년 1월부터 미군정은 식민지 시기의 공출·배급 제도를 부활시켰고, 우익 청년 단체와 경찰은 제주도를 돌며 시장 가격보다 낮은 가격에 무리한 공출을 일삼았다.

인민 위원회는 결국 미군정의 정책에 저항하기 시작했고, 도민들은 적극적으로 호응했다. 갈등이 본격화된 것이다. 미군정은 도제 실시 이후 강화된 물리력을 이용해 인민 위원회를 탄압했다. 인민 위원회를 중심으로 뭉친 좌익 세력은 대응을 준비해야 했다. 그 거대한 대응이 바로 1947년 3월 1일의 대규모 시위였다.

낙인찍힌 섬, 투쟁과 죽음 사이에 서다

1947년 3월 1일 당일 제주북국민학교 주변은 인파로 가득 찼다. 남로당을 비롯한 좌익 단체 사람들과 인민 위원회에서 동원한 제주 도민까지 총 3만 명(에서 10여만 명)의 군중이 모여들었다. 그뿐 아니라 사전에 시위를 예상하고 이를 진압하고자 제주 경찰 330명과 더불어 육지에서 파견된 경찰 100여 명이 주변을 삼엄하게 경비했다.

기념식을 마친 제주 도민들이 거리로 나아갈 때쯤이었다. 말을 타고 시위대 주변을 어슬렁거리던 기마 경관의 말에 한 어린아이가 치였다. 경관은 상황을 파악하지 못 한 채 자리를 벗어나려 했고, 이를 본 시위대는 격분했다. 경찰은 시위대의 격분을 공격으로 받아들인 후 시위대에 총을 쏘기 시작했다. 경찰이 자국의 국민에게 총을 쏜 것이다. 결국 6명이 사망했고, 사망자들은 초등학생이나 부녀자, 청장년이었다. 미군정과 경찰은 이를 정당 방위라고 주장했다. 경찰에게 이 시위는 그저 불법이었다. 이후 경찰은 3.1절 기념 행사를 기획한 이들을 연행하기 시작한다.

제주 도민들은 분노했다. 그들은 그저 3.1절 기념 행사를 마친 후 불만을 시위로 표현했을 뿐이었다. 심지어 이들은 미군정에 시위 사전 허가까지 요청한 상태였다. 제주 도민들은 경찰에 발포 책임자에 대한 처벌과 철저한 진상 규명을 요구했고, 미군정과 경찰은 진상 규명을 요구하는 이들을 연행하기에 이른다.

상황은 걷잡을 수 없이 번졌다. 3월 9일부터는 제주 도청을 시작으로 민관 총파업에 들어갔고, 파업에는 제주도의 직장인 95%에 달하는 4만여 명이 참여했다. 심지어 제주 경찰의 20%도 파업에 동참한다. 3월 19일 미군정은 제주도 주민 70%가 좌익 또는 그 동조자라고 인식한다. 미군에게 제주는 이제 빨갱이들의 섬이었고, 미군정과 경찰은 강경 대응을 이어갔다.

이후 육지 경찰들과 극우 청년 단체인 서북 청년단이 제주도로 대거 파견됐고, 관련자 색출이라는 명목으로 섬 전체를 뒤덮었다. 민간단체에 불과했던 서북 청년단원들의 테러는 선을 넘기 시작한다. 제주 도민을 좌익 세력으로 낙인찍고. 이들에 대한 각종 폭력 행위를 저지른다. 이제 제주 도민들은 당하느냐, 싸우느냐 사이에서 선택해야 했다.

그 기로에 서 있던 1948년 3월, 조천 지서에서 발생한 중학생 고문 치사 사건, 모슬포 지서에서 발생한 고문 치사 사건, 한림면에서 벌어진 서북 청년단원의 제주 도민 살인 사건이 연쇄적으로 이어진다. 이에 충격을 받은 제주 도민들은 이러다 다 죽을 수도 있다는 불안감을 느꼈다. 이런 제주 도민의 불안감을 하나로 모은 것은 좌익 세력이었다.

1948년 4월 3일, 남로당과 인민 위원회 중심의 좌익 세력은 제주도 인민 유격대를 조직하고, 우익 중심의 단독 선거 반대와 통일 국가 수립을 요구하는 호소문을 발표했다. 그리고 11개 지서와 우익 단체 간부의 사무실을 공격하면서 4.3 봉기를 시작했다. 즉각 토벌대가 구성됐고 둘 사이의 싸움은 게릴라전으로 이어졌다.

토벌대와 무장대 간의 힘의 차이는 명확했다. 무장대의 무기는 지서에서 탈취한 소총이나 무딘 일본도가 전부였다. 그것도 무장 병력 중 10% 미만의 소수 인원만이 소총으로 무장할 수 있었고, 나머지는 죽창 따위로 무장했다. 이에 반해 토벌대는 그야말로 군대였다. 처음부터 정규군과 오합지졸의 싸움이었다는 의미다.

냉전의 모든 것을 압축한 제주

𝄢

제주도가 무장대와 토벌대 간의 무력 충돌로 어수선해질 무렵, 남한 전역은 5.10 총선거를 실시했다. 무장대는 조직적으로 선거 방해 활동을 벌였고, 주민들은 선거 당일 무장대와 함께 산으로 피신했다가 선거가 끝난 뒤에 하산했다. '북제주군 갑구'와 '북제주군 을구'는 투표자가 모자라 선거 무효 처리가 된다. 제주도의 총 3개 지역구 중 남제주군을 제외한 2개의 지역구는 정부 수립 과정에 포함되지 못했다. 남한 단독 정부 수립 이후 이에 반대한 제주도는 곧 응징의 대상이 된다.

그렇게 제주에서는 1950년 6월 25일 이전에 이미 전쟁이 시작됐다. 토벌의 이유는 이념이었지만, 제주 도민의 투쟁 이유는 그저 생존이었다. 공식적으로 신고된 희생자 수는 1만 4,028명, 〈제주 4.3 사건 진상 조사 보고서〉에 기록된 인명 피해는 2만 5,000~3만 명 수준이다. 당시 제주도 인구의 10분의 1 이상이 목숨을 잃었고, 그중 80%에 가까운 희생자가 군경 토벌대에 의해 죽임을 당했다. 명확한 학살이었다.

특히 1948년 10월 17일 송요찬 경비 사령관이 발표한 "해안선으로부터 5km 이상 떨어진 중산간 지대를 통행하는 자는 폭도로 인정, 총살하겠다"라는 포고문이 학살의 결정적인 이유였다. 포고문이 발표되자 토벌은 학살로 번졌고, 이른바 초토화 작전이 시작됐다. 중

처형을 기다리는 제주 주민들

산간 주민들이 게릴라들에게 도움과 피난처를 제공하고 있다는 근거 없는 가정 속에서 마을은 불탔고, 마을 사람들은 폭도가 됐다.

토벌대는 관련 혐의자들을 부락별로 색출한다는 핑계로 공개 처형을 일상적으로 벌였다. 제주 도민들의 삶은 공포 그 자체였다. 서로를 믿지 못하는 분위기가 형성됐고, 제주 도민으로서의 공동체 의식은 파괴되기 시작했다. 그렇게 하루하루를 견디며 살던 어느 날 육지에서 전쟁이 터졌고, 제주도는 더욱 얼어붙었다. 예비 검속(혐의자를 미리 잡아놓는 일)이라는 과정을 통해 학살은 더욱 거세졌다. 살아남은 사람들은 연좌제에 고통받고, 손가락질당하며, '제주 도민=빨갱이=잔인하게 죽여야 하는 사회악'이라는 공식이 완성됐다.

이 잔인하고 폭력적인 구도는 사실 냉전 질서 그 자체였다. 이념을 기준으로 인간을 낙인찍고, 낙인찍힌 사람을 폭력을 통해 죽이는 과정으로 이어졌다. 그리고 보면 한반도와 제주도는 세계적인 냉전의 분위기 속 열전이 벌어졌던 특이한 공간이었다. 서로가 서로를 절멸하려 했던 '열전' 말이다.

권력을 향한 강한 집착, 이승만과 자유당

'우매한' 백성 위에 군림한 이승만의 욕망은 점점 집착으로 변했다.
그 집착의 끝에는 민주주의를 파괴하면서까지
자신과 충신들이 권력을 독점하고 말겠다는 아집이 남는다.
이승만과 자유당 사이의 반민주연합은 그렇게 탄생했고, 끈끈하게 결합될 수 있었다.

1948년 5월 10일, 38선 이남에서 총선거가 실시됐다. 만 21세 이상 모든 남녀에게 선거권이 부여된 최초의 보통 선거로, 대한민국 초대 국회의원이 국민에 의해 선출됐다. 1948년 7월 17일 제헌 국회는 국호를 '대한민국'으로 결정하고 대통령 중심제(간선제)를 명시한 제헌 헌법을 공포한다. 국회의원들에 의해 대통령에 이승만, 부통령에 이시영이 선출됐고, 1948년 8월 15일 대한민국 정부가 수립된다.

중도 세력과 좌익 세력이 포함되지 않은 선거였다는 점 그리고 무엇보다 38선 이남의 지역에서만 이루어졌다는 점에서 분명한 한계가 있는 선거였다. 그렇지만 적어도 대한민국 국민에게는 엄청난 상징성을 지닌 선거였다. 내 손으로 직접 뽑은 이들이 나를 대표하고, 나라를 대표하게 된 것이다. 그 가장 윗선에 선 인물이 바로 이승만이었다.

전주 이씨 양녕대군 16대손 이승만은 왕족이라는 프라이드가 가득 찬 사람이었다. "Prince Lee"라는 이승만의 자기소개에서 알 수 있듯이 그는 근대 교육을 받고 자란 근대인이었지만, 근대화되지 못한 국민을 계몽해야 한다는 엘리트 의식으로 가득 찬 인물이기도 했다. 그런 이승만은 임시 정부의 'President'라는 직책을 스스로 '대통령'이라고 번역하여 사용하기까지 했다. 크게 통치하며 거느린다니, 얼마나 권력 지향적 표현이란 말인가.

하와이를 중심으로 독립운동을 하다 해방 직후에 귀국한 이승만은 직접 보위 조직을 결성한다. 그는 보위 조직을 중심으로 자신의 세력을 키워나가다가 1948년 5월 31일 소집된 대한민국 첫 국회 회의에서 의장으로 선출됐고, 7월 20일 국회에서 진행된 간접 선거에서 대한민국 초대 대통령으로 선출된다. 이승만은 공식적으로 대한민국의 최고 권력자가 됐다. 최고 권력자 옆에는 항상 충실한 똘마니들이 함께한다. 이승만과 충신 집단은 한번 잡은 권력을 놓을 수 없었다. 그들의 머릿속에 권력을 독점하고자 하는 욕망이 강하게 자리 잡았고, 그 욕망은 결국 민주주의를 파괴하면서까지 권력을 독점하고야 말겠다는 아집으로 변했다. 이승만과 자유당 사이의 반민주 연합은 그렇게 탄생했고, 끈끈하게 결합됐다.

"뭉치면 살고 흩어지면 죽는다"라는 말로 유명한 일민주의(一民主義)도 같은 맥락에서 탄생했다. 이승만 보위 조직을 전국적으로 확산하기 위해 사회단체는 물론 전국 각 대학에 사상 교육을 담당하는 학도호국단이 설치됐고, 일민주의와 군사주의를 실천하는 반관·반민 단체가 증가하기 시작했다.

왕을 꿈꾼 대통령, 충신을 자처한 똘마니들

이승만과 자유당은 어느 순간부터인가 자신들이 생각하는 국가 운영의 방향성을 던지고, 그 방향성에 따라오지 않는 세력을 탄압했다. 어떻게 그런 일이 가능했을까? 가장 핵심적인 요인은 조직이었다. 민간 조직(각종 우익 단체와 청년 단체)뿐만 아니라 국가 조직(경찰과 군 내의 협력 세력)까지 적극적으로 활용했다. 각 조직 간의 활발한 협력은 이승만과 자유당이 권력을 유지하는 과정에서 초기부터 중요한 역할을 했다. 조직은 전국적이었고, 체계적이었다.

이승만과 자유당이 대한민국의 민주주의 체제를 심오하게 붕괴시킨 첫 사건은 심지어 전쟁 중에 터진다. 바로 1952년 제2대 대통령 선거를 앞두고 벌어진 부산 정치 파동이다. 사건은 대통령 선거를 간선제에서 직선제로 바꾸는 개헌안을 두고 벌어졌다. 당시 국회의 비율로는 재임에 성공할 수 없었던 이승만이 재선을 위해 개헌안을 제출했다. 그러나 1952년 1월 18일 표결에 부쳐진 대통령 직선제 개헌안은 찬성 19, 반대 143, 기권 1표로 부결된다. 바로 이때 기존에 만들어둔 국회 밖 조직이 빛을 발한다. 개헌안 부결에 반대하는 관제 데모를 시작으로 국회 외곽에서 전방위적인 압박을 시작한 것이다. 민족자결단, 백골단이라고 불리던 폭력 조직이 동원됐고, 국회의원들을 협박하기 시작했다.

거기에 더해 이승만은 경상북도, 전라남·북도 일대에 계엄령을 선포한다. 전시라는 점을 악용해 공비(공산당의 유격대)를 토벌한다는 명목이었지만, 노림수는 뻔했다. 경찰과 군을 마음대로 움직이기 위함이었다. 그렇게 5월 26일, 50여 명의 국회의원이 탄 통근버스가 통째로 헌병대에 강제 연행됐고, 그중 10명의 국회의원에게 국제 공산당과 관련됐다는 혐의를 덮어씌워 붙잡아 버린다.

이후 국회 내의 이승만 보위 세력은 대통령 직선제를 골자로 하는 발췌 개헌안을 다시 국회에 제출한다. 그리고 7월 4일 밤, 국회에서는 국회의원들에게 기립 표결을 통해 개헌의 찬반을 물었고, 결과적으로 찬성 163, 기권 3표로 발췌 개헌안이 통과된다. 이런 코미디 같은 일로 대한민국 최초의 대통령 직선제가 이루어진 것이다. 개헌부터 선거까지 1개월이라는 시간밖에 남지 않았던 야당 후보들은 전쟁 중 제대로 된 선거 운동조차 할 수 없었다. 기존 대통령이었던 이승만에게 압도적으로 유리한 싸움이었다. 그렇게 제2대 대통령 선거에서 이승만은 74.6%의 지지를 얻어 대통령에 당선된다.

이승만의 권력욕은 이제부터 시작이었다. 그는 이제 종신 대통령,

그러니까 사실상 공화국의 왕을 꿈꾼다. 이승만 보위 조직의 선봉에 섰던 자유당은 1954년 치러진 제3대 국회의원 선거에서 114명을 당선시키며 저력을 과시했고, 이들은 이승만의 꿈을 향해 돌진한다. 1954년 9월 6일, "현 대통령에 한해서는 중임 제한을 배제한다"라는 내용을 담은 개헌안을 국회에 제출한 것이다. 하지만 당시 개헌 정족수는 136명 이상이었다. 자유당은 야당 의원을 상대로 전방위적인 포섭 작전을 써야 했다. 폭력과 설득을 통해 12명만 설득하면 될 일이었다. 하지만 개표 결과는 재석 의원 수 203명에 찬성 135, 반대 60, 기권 7이었다. 개헌을 위해서는 재적 의원 3분의 2 이상, 즉 136명이 찬성해야 했는데 단 1석이 모자랐다. 국회는 개헌안 부결을 선포한다. 이승만과 자유당은 이를 받아들일 수 없었다. 이때 "203명의 3분의 2는 135.33명인데, 0.33은 자연인으로 존재할 수 없다. 절반도 안 되는 소수점 이하는 삭제해야 한다"라는 희대의 코미디가 탄생한다. 바로 사사오입 개헌이었다. 이승만과 자유당은 개헌안을 통과시키기 위해 인하공과대학장부터 서울대학교 현직 수학교수까지 동원하며 개헌 정족수를 135명이라고 새롭게 규정한다.

어렵게 얻은 3선의 기회였던 만큼 선거 과정도 막장이었다. 이승만의 외곽 조직은 돈을 뿌리며 선거 운동을 이어갔고, 선거 운동 기간 내내 깡패들을 동원해 공포 분위기를 조성했다. 바로 이때 "못 살겠다 갈아보자"라는 민주당의 선거 구호가 탄생한다. 민주당은 대통령 후보로 신익희, 부통령 후보로 장면을 지명하고 분위기를 끌어올렸다. 거기에 혁신 세력이 뭉쳐 만든 진보당이라는 새 정당에서는 조봉암을 대통령 후보로 내세우며 세를 확장하고 있었다. 신익희부터, 조봉암까지 이승만과 자유당은 거물급 대선 후보 둘을 상대해야 했다. 이승만과 자유당이 할 수 있는 일이란 "쟤들은 다 빨갱이야!"라고 외치는 것뿐이었다.

그러던 어느 날 강력한 대선 후보였던 신익희가 전남 지역 유세를 위해 이동하다가 기차에서 심장마비로 사망한다. 진보당은 민주당에게 야권 단일 후보로 조봉암을 지지해달라고 부탁했지만 민주당은 끝내 이를 거절한다. 사실상 야권 단일화에 실패한 것이다. 게다가 민주당은 신익희 후보를 위해 무효표를 던져달라고 호소했고, 실제 무효표가 180만 표나 나왔다. 선거 결과는 이승만 504만여 표, 조봉암 216만여 표로 이승만의 승리였다. 압도적인 이승만의 승리인 것처럼 보이지만, 이승만에게 조봉암의 216만 표는 위압적인 수치였다. 게다가 조봉암과 진보당이 선거 전략으로 활용한 "평화 통일"이라는 키워드가 국민을 움직였다는 사실이 이승만을 크게 흔들었다. 노골적인 색깔론에도 불구하고 '평화'와 '통일'이라니, 이승만은 이런 분위기를 받아들일 수 없었다.

부정한 선거와 정의로운 말로

◗

제3대 대통령 선거 과정에서 빠르게 당세를 확장한 진보당과 조봉암은 자연스럽게 이승만과 자유당의 표적이 된다. 조봉암에게는 약점이 하나 있었다. 식민지 시기 고려 공산 청년회의 창립 멤버로 독립운동을 시작한, 전직 사회주의자라는 것이다. 그는 이승만이 좋아하는 색깔론이 제대로 먹힐 만한 인물이었다. 이승만과 자유당은 바로 이 점을 공격하기 시작했다. 진보당 사건이 시작된 것이다.

제4대 국회의원 선거를 4개월 앞둔 1958년 1월 12일 진보당 간부들을 간첩죄 혐의로 체포한 뒤, 조봉암에게는 국가보안법 위반 혐의를 씌워 체포한다. 이후 진보당의 정당 등록까지 취소해버린다. 이승만과 자유당이 내세운 근거는 빈약했다. '평화 통일론'은 적화 통일을 위한 방법일 뿐이고, '평화 통일'은 대한민국의 존립을 부인한다는 주장이었다. 평화가 대한민국의 존재와 상충한다니, 그들이 꿈꾼 대한민국은 도대체 어떤 나라였던 것일까? 그들에게 진보당은 대한민국 헌법을 위반한 불법 단체였다. 1959년 2월 27일 대법원까지 갔던 진보당 사건은 조봉암에게 사형이 구형되고, 7월 31일 사형이 집행되면서 끝났다. 대한민국 사법 역사에 치욕으로 남을 사법 살인이었다. 조봉암의 죽음과 함께 진보당은 공중 분해된다.

이제 이승만과 자유당에게 거칠 것이 무엇이었으랴. 1958년 제4대 국회의원 선거는 부정 선거의 정점에 다다른 선거였다. 경찰과 공무원이 동원되는 등 관권이 개입됐고, 외곽 단체로 불리는 깡패들까지 총동원돼 치러졌다. 하지만 분위기는 좋지 않았다. 87.8%의 높은 투표율 속에서 자유당은 127석, 민주당은 79석의 지지를 얻고, 무소속은 26석을 얻었다. 온갖 부정을 다 저질렀음에도 자유당에 대한 압도적 지지가 나오지 않은 것이다.

1960년 5월 예정된 제4대 대통령 선거에서 이승만과 자유당은 비상이 걸렸다. 선거 운동이 본격적으로 시작되기도 전부터 부정 선거가 이미 시작됐다. 1959년 11월부터는 각종 공무원들이 자유당 관계자들과 이미 함께 선거 대책을 세우고 있었다. 어차피 답은 이승만이었고, 부통령은 이승만이 낙점한 이기붕이었다. 과정은 만들어 내면 그만이었다. 그렇게 만들어진 선거가 바로 3.15 부정 선거다.

그러던 중 민주당의 대선 후보 조병옥이 2월 15일 미육군병원에서 사망한다. 단독 후보가 된 이승만과 자유당에 남은 싸움은 부통령 자리였다. 이기붕을 당선시켜야 했던 1960년 3월 15일의 부정 선거는 이러한 분위기 속에서 이뤄졌다. 늘 그랬듯 경찰부터 공무원, 군대와 외곽 조직까지 모두 합세해 부정 선거를 직접 주관했다.

전체 유권자의 4할 정도를 금전으로 매수했고, 표는 미리 자유당

이승만 대통령의 이기붕 부통령 후보 지명에 관한 담화문(1956년)

지지표로 만들어 투표함에 넣어뒀다. 사전에 세 명 혹은 다섯 명으로 조를 구성하고 조장의 확인 아래 투표를 진행하기도 했다. 자유당 완장을 찬 사람들이 투표소를 돌아다니며 험악한 분위기를 만들었다. 동시에 야당 참관인은 투표장에서 축출됐다. 결국 이승만과 이기붕은 선거에서 승리하고, 이승만은 공화국의 왕이 됐다.

하지만 왕이 된 자의 말로는 참담했다. 시민들이 일어난 것이다. 대한민국 시민들은 이승만의 백성이 아니었다. 3월 15일 마산에서, 아니 더 빠르게는 선거가 시작되기 전 2월 28일 대구 지역 고등학생들로부터 4월 혁명이 시작됐다. 시민들이 이승만과 자유당을 민주주의의 이름으로 처단했다.

부정한 방법으로 대통령에 당선된 이승만은 4월 27일 대통령에서 사퇴했고, 다음 날인 28일 이기붕은 자살로 생을 마감했다. 그로부터 한 달 뒤 1960년 5월 29일, 이승만은 하와이로 출국하며 사실상 추방당했고 1965년 7월 19일 0시 35분, 지병으로 향년 90세의 파란만장한 삶을 마감한다.

서울 시내 곳곳에 기세등등하게 서 있던 이승만의 동상과 자유당은 순식간에 무너져 내렸다. 1960년 4월 혁명의 뜨거움은 1961년 5월 16일, 1972년 10월 17일, 1979년 12월 12일, 그러고도 몇 번의 더 큰 고비를 맞았음에도 여전히 그 온기를 이어오고 있다. 그리고 민주주의를 향한 대한민국 시민들의 항해는 지금도 진행 중이다.

혁명이 낳은 위기,
군인의 세상을 만들다

박정희와 공화당에 위기는 곧 기회였다.
스스로 위기가 극에 달했다고 믿던 어느 날,
박정희와 공화당은 마치 이승만이 그랬던 것처럼 종신 집권을 꿈꾼다.
대체 그들이 말한 대한민국 존립의 위기가 무엇이었을까?
그 위기는 정말 대한민국을 끝장낼 정도의 심각한 위기였을까?

4월 혁명으로 탄생한 제2공화국의 정권은 민주당이 잡는다. 하지만 민주당 정부는 4월 혁명으로 분출된 시민들의 요구를 모두 떠안지 못했다. 심지어 부정 선거 관련자조차 제대로 처벌하지 못했고, '집회와 시위 운동에 관한 법률안', '반공을 위한 특별법' 등을 구상하며 시민들의 요구에 역행하는 모습까지 보였다. 시민들은 다시 동요했고, 정국은 혼란 속으로 빠져들었다. 바로 이 혼란을 안보 위기로 인식한 사람들이 있었다. 박정희를 중심으로 한 군인 세력이었다. 이들은 1961년 5월 16일 쿠데타를 일으켜 정권을 장악한다.

총칼로 대한민국을 접수한 군부는 스스로 혁명 정부를 세우고 반공을 국시로 경제 개발과 사회 안정을 도모하겠다며 국민을 설득했다. 말이 설득이지, 사실상 협박이었다. 국회는 해산됐고, 행정·입법을 장악한 국가재건최고회의가 조직됐다. 군인들은 부정 축재자를 처벌하고 농어촌 부채를 탕감해주면서 국민의 신임을 얻었고, 이를 기반으로 1963년 10월 제5대 대통령 선거를 준비했다.

대통령으로 당선된 쿠데타 수장 박정희는 정권의 정당성을 위해 안보 위기를 강조하는 동시에 경제 개발에 총력을 기울였다. 경제 개발 계획을 실행에 옮기고 미국과의 동맹 체제를 공고히 했다. 거기에 더해 미국의 요구 중 하나였던 한·미·일 집단 안보 체제 실현을 위해 한일 회담을 추진했다. 박정희 정권은 회담의 결과로 강제 식민 지배당했던 치욕의 대가를 보상금과 차관으로 퉁치는 담대함을 보여준다. 더불어 베트남 전쟁의 참전으로 한미 동맹을 굳건히 하면서 경제 개발 계획을 더욱 자신감 있게 추진한다.

나라에 돈이 돌기 시작했고, 국민은 박정희 정권에 신뢰를 보내기 시작했다. 1967년 제6대 대통령 선거에서 박정희는 재선에 성공한다. 박정희와 공화당은 마치 이승만이 그랬던 것처럼 종신 집권을 꿈꾼다. "대한민국의 존립이 위태롭습니다. 여러분! 저만이 이 위기를 극복할 수 있습니다"라면서 말이다.

냉전의 화해가 10월 유신으로 이어진 진짜 이유

❧

"대한민국이 위기에 빠졌다"라고 주장되던 무렵, 전 세계는 데탕트 (적대 관계의 두 진영이나 국가 사이의 긴장이 풀려 화해의 분위기가 조성되거나 그것을 지향하는 정책) 분위기에 휩싸여 있었다.

이러한 분위기는 동아시아에서도 감지되기 시작했다. 미국의 베트남 침공에 대한 국제 여론이 계속해서 나빠지는 추세였고, 이에 따라 미국 내에서도 국론이 심각하게 분열되고 있었다. 1969년 1월 미국 대통령으로 취임한 닉슨은 6월 8일 베트남 티우 대통령과 회담을 열고 〈월남전의 비미국화〉를 선언하며, 7월 8일부터 미군을 철수하기 시작했다.

같은 해 7월 25일 미국 새 행정부는 괌에서의 비공식 기자 회견을 통해 아시아 기본 정책, 즉 닉슨 독트린을 발표한다. 닉슨 독트린의 핵심은 "아시아 각국이 스스로 자주적인 방위력을 강화"하라는 내용이었다. 이는 곧 국지적 분쟁에 미국이 개입하지 않겠다는 의사 표명이었다. "원조는 하지만 그들을 대신하여 싸우지는 않는다"라는 대원칙 아래 대결이 아닌 평화 정책을 추구하고 월남 평화 정책, 대소·대중국 협상 정책을 긴장 완화 방향으로 결정하기에 이른다.

가장 극적인 변화는 중국과의 관계 개선이었다. 베트남 전쟁에서의 사실상 패배가 미국의 동아시아 정책 전반에 대한 수정으로 이어진 것이다. 게다가 미국과의 관계 개선은 중국에도 나쁠 게 없었다.

소련과의 갈등으로 인한 안전의 위협에서 미국과의 새로운 관계 맺음은 든든한 방패막이로 활용될 수 있었다. 더불어 닉슨 독트린으로 인한 미군의 병력 감축이 대만 장악에 대한 구상과 맞아떨어지면서 미국과의 화해 무드가 조성됐다.

동아시아에서의 데탕트는 이렇게 각국의 이해관계가 맞아떨어지면서 급물살을 탔다. 미중 관계의 획기적 변화는 1969년 7월 9~11일 미 키신저 안보보좌관의 베이징 방문에서 시작돼 7월 15일 중국 측의 닉슨 대통령 초청, 10월 26일 중국의 유엔 가입 그리고 1972년 2월 21~28일 닉슨과 마오쩌둥이 베이징에서 정상 회담을 가지면서 점차 고조됐다.

이제 문제는 한미 관계였다. 이 시기 한미 관계도 동아시아의 데탕트 분위기에서 자유로울 수 없었다. 우선 베트남에 파병된 한국군의 처리 문제와 주한 미군의 변화가 한미 관계의 핵심 문제로 떠올랐다. 베트남에 파병된 군대야 철수하면 그만이지만, 주한 미군의 철수는 전혀 다른 문제였다. 한편 북한은 1966년 말부터 무장 병력을 침투시키는 등 공격적인 대남 전략을 추진했고, 1968년 1월 21일 청와대 습격 사건을 일으키며 도발을 이어갔다.

박정희는 여전히 실재하는 안보 위기를 강조했고, 미국은 위기를 감소시키기 위해 유화 정책의 필요성을 강조했다. 그러다 1970년 3월 20일 닉슨 행정부는 한국 내 주둔하는 주한 미군 2개 사단 중 하나를 철수한다고 통보하고, 6월 30일까지 병력 6만 3,000명의 약 3분의 1에 해당하는 2만 명을 철수하겠다고 결정한다. 박정희는 스텝이 꼬이기 시작했다.

　이제 박정희도 데탕트라는 국제 조류를 무시할 수 없었다. 미국이 결정한 방향에 무작정 딴지를 걸 수는 없는 노릇이었다. 박정희는 결국 남북한이 군비 경쟁을 지양하고, 선의의 체제 경쟁 관계로 나아가야 한다고 강조한다. 북한의 대남 전략도 이에 맞게 변화를 보였다. 하지만 남한과 북한의 관계 개선 움직임은 변화하는 대외적 환경 속에서 서로 대화의 주도권을 장악하고 미중 관계 개선에 대응하는 정도에 지나지 않았다.

　게다가 박정희의 불안감도 여전했다. 1968년까지 지속된 북한의 대남 무장 테러, 주한 미군의 부분적 철수 그리고 일본의 재무장까지 박정희의 안보 불안은 나름대로 이유 있는 불안이었다. 특히 키신저와 저우언라이의 회담은 충격적이었는데, 북한이 다시 쳐들어와도 미국이 한국을 도와주지 않겠다는 메시지로 받아들인 것이다. 그 불안감이 실상 심각한 것이 아니었어도, 박정희는 이를 심각하게 만들 필요가 있었다. 이제 곧 3선을 위한 개헌을 준비해야 할 시점이었기 때문이다.

불리한 상황을 역전시키기 위한 악수

1967년 6대 대통령 선거에서 116만 표의 큰 차이로 승리한 박정희는 뒤이은 국회의원 선거에서도 공화당이 전체의 74%(공화당 130석, 신민당 44석, 대중당 1석)를 장악하면서 3선 개헌에 필요한 의석수를 확보했다. 물론 그 배경에는 대통령, 국무총리, 국무위원, 정무위원 등 별정직 공무원이 선거 운동을 할 수 있도록 만든 덕분이었다. 게다가 정보 기관과 검찰을 동원해 야당의 손발을 묶어두기까지 했으니 지는 게 더 이상한 선거였다.

그렇게 3선 개헌까지 성공한 박정희였지만 분위기는 심상치 않았다. 세계적으로는 서로 싸우지 말자며 화해했고, 북한은 북한대로 도발을 이어갔다. 이 와중에 야당이던 신민당은 총선 자체를 부정 선거로 규정해 범국민 규탄 대회를 벌였고, 규탄 투쟁에 힘입은 대학생들은 반독재 투쟁을 전개해나갔다.

박정희는 이 상황을 빨리 이용할 필요가 있었다. 1969년 초반부터 공화당 인사들을 중심으로 '조국 근대화'라는 지상 명령을 수행하기 위해 강력한 리더십이 필요하니 대통령 연임 금지 조항을 철폐해야 한다는 주장이 스멀스멀 기어 나오기 시작했다. 그리고 그들은 대통령 연임 제한 철폐와 관련된 개헌을 국민 투표에 부치자는 초강수를 둔다.

국내 정치권의 분위기는 급속도로 냉각됐다. 신민당과 재야 인사들은 즉각 개헌 반대를 위한 3선 개헌 반대 범국민 투쟁 준비 위원회를 결성했다. 대학가도 마찬가지였다. 개헌 반대 투쟁은 전국적으로 과열되기 시작했다. 투쟁은 날치기로 통과된 국민 투표법(연설회가 아닌 옥외집회 전면 금지)으로 원천 봉쇄되는 상황을 맞는다. 결국 1969년 10월 17일 기울어진 운동장에서 벌어진 국민 투표에서 77.1%의 투표율과 65.1%의 찬성으로 개헌안이 통과된다.

신민당은 박정희의 연임을 넋 놓고 지켜볼 수 없었다. 신민당은 김대중을 대통령 후보로 내세우고 대선 준비에 박차를 가했다. 김대중은 영리했다. 데탕트를 대선에 적극 활용한 것이다. 그는 평화 통일을 대선에서의 가장 큰 의제로 던지고, 이를 위한 남북 교류 실시, 미·일·중·소 4대국의 한반도 평화 보장을 공약으로 내걸었다. 변화하는 국제 관계에 발 빠르게 대응한 참신한 공약들은 유권자들의 관심을 끌기 시작했다. '40대 기수론'으로 화제가 된 김대중은 대선 과정에서 큰 의제들을 선점하며 박정희 후보에 맞섰다.

김대중의 국제 정세 인식은 날카로웠다. 데탕트를 통일 정책과 연결해 통일을 "민족 자주적으로" 추진할 것을 주장했으니, 시대적 한계를 뛰어넘은 앞선 사고였다. 또 그는 박정희가 강조하는 북한의 군사적 위협이 과장된 것이라고 파악하고, 북한이 향후 10년 내에 남한을 침략하지 못할 것이라고 단언하기도 했다. 김대중의 선거 공약은 대중들에게 상당한 파장을 일으켰다.

박정희와 여당의 위기 가운데 치러진 선거의 결과는 의외였다. 53.2%의 득표율을 보인 박정희 후보가 45.3%의 득표율을 보인 김대중 후보에게 90여만 표의 근소한 차이로 승리한 것이다. 그러나 그들의 위기는 이제 시작이었다. 선거 결과가 발표된 직후 이에 불복하는 시위가 전국적으로 일어났다. 게다가 사실상의 관권 선거였음에도 근소한 격차로 승리했다는 점은 박정희에게 충격이었다.

그에게는 철없는 야당과 이에 동조하는 대학생들 그리고 공산주의자를 믿는 미국 행정부 모두 국가 안보에 치명적인 존재였다. 결국 1971년 12월 박정희는 안보상의 위기를 빌미로 국가 비상사태를 선언한다. 또 국민을 현혹하는 야당 세력과 대학생들이야말로 혼란을 부추기는 존재였기에 이들을 강력하게 통제할 필요가 있었다.

"나라를 위한 구국의 결단입니다! 여러분"

국가 비상사태 선언 직후 1971년 12월 27일 공화당은 〈국가 보위에 관한 특별 조치법〉을 야당의 반대 가운데 통과시킨다. 이른바 국가 보위법의 날치기 통과는 비상사태 선언을 법적으로 규정해 사회를 더욱 강력하게 통제하려 한 박정희와 공화당의 의도가 담긴 것이었다. 이로써 정부는 대외적인 국가 안보에 대응해 합법적으로 국민을 통제하고 동원할 수 있게 됐다. 이에 언론 및 출판의 자유는 물론 단체 교섭까지 제한된다.

그러나 이것은 시작에 불과했다. 비상사태를 선언하고 약 10개월 뒤인 1972년 10월 17일, 박정희는 국회를 해산하고 비상계엄령을 발동했으며, 대통령 특별 선언을 통해 유신 체제를 확립한다. 곧 비상계엄이 선포되고 의회가 해산됐다. 외향적으로나마 남아 있던 민주주의는 크게 후퇴했고, 박정희의 1인 독재는 더욱 굳건해졌다.

박정희 정권이 내세운 유신의 정당성은 새로운 체제로의 변화였다. 즉, 외부적 환경 변화에 주체적 근대화로 대응하고, 내부적 위기는 사회 통제를 강화해 조국 근대화를 앞당기는 국가를 건설하겠다는 것이었다. 어렵게 생각할 필요 없다. 통제를 통한 권력 유지가 핵심이었다는 의미다.

유신을 뒷받침하기 위해서는 강력한 사회 통제가 필요했다. 이미 이를 위한 사전 준비로 1968년 향토예비군이 결성됐고, 주민등록증 개정안이 통과됐으며, 〈국민 교육 헌장〉이 선포돼 사상 교육이 진행됐다. 입시에서는 반공 문제의 출제 비중을 대폭 높여나갔고, 1969년 3월부터는 고등학교 이상의 학교 학생들에게 군사 교육이 부과되기도 했다. 이렇듯 유신 체제는 갑작스럽게 등장한 체제 개편이 아니었다.

박정희는 국가를 위해서 국민이 희생해야 한다고 생각했다. 국가의 강력한 사회 통제는 안보 위기와 내부적 혼란을 잠재울 가장 좋은 방법이었다. 그러나 현실은 달랐다. 사회는 박정희의 생각보다 이미 성숙해 있었다. 국제 관계를 바라보는 수준도 예전과는 달라졌다. 경제가 발전하면서 사회도 성장했던 것이다. 아무리 강력한 안보 위기로도 막을 수 없는 것이 자유였다. 박정희의 선택은 위험 부담이 큰 것이었다. 결국 그 반작용은 7년 뒤, 생각보다 훨씬 크게 박정희의 폐부를 찌르며 유신 체제를 붕괴시켰다.

세상에
공짜 민주주의란 없다

냉전의 완화를 위기로 이해한 박정희 정부는 반공·반북 의식을 강조했고,
위기 극복을 위한 전 국민의 총화 단결을 주장하며 10월 유신을 단행한다.
다시 국회가 해산됐고, 박정희 대통령은 유신 헌법이라는 초법적 통치 도구를 갖게 된다.
'겨울 공화국'의 시작이었다.

추위는 혹독했다. 1975년 5월 13일에 발표된 대통령 긴급조치 9호
는 "헌법을 부정·반대·왜곡·비방하거나 그 개정 또는 폐지를 주
장·청원·선동·선전하는 행위"를 모두 금지했다. 곧 학생과 재야의
민주화 운동가는 물론 노동자와 농민의 목소리도 '헌법 부정'이라는
대의명분 아래 불법으로 간주됐다. 언론사들의 군사 독재 비판은 강
력한 공권력에 의해 탄압받으며, 사실상 관제 언론으로 전락했다.

정보 기관인 중앙정보부, 집행 기관이었던 검찰과 경찰은 유신 정
권 내내 각종 조작 사건을 만들어 내며 정권 수호를 위해 온몸을 바

쳐 충성했다. 혹독한 겨울의 칼바람은 평범한 사람들의 삶까지 송두리째 앗아갔다. 유신 정권하의 대한민국 국민은 그저 국가를 위해 한 몸 바쳐 충성을 결의해야 하는 동원 대상이 되어버렸다.

하지만 유난히 추웠던 1970년대 대한민국의 겨울은 자연의 섭리까지 거스를 수 없었다. 출발은 1979년 제2차 석유 파동으로, 먹고사는 문제가 위기를 맞으면서다. 당시 유신 정권이 추진한 중화학공업화와 수출 중심의 경제 체제는 유가 변동에 취약할 수밖에 없었다. 무엇보다 유신 정권이 석유 파동을 극복하는 과정에서 다시금 국민의 기본권을 제약하고, 노동자들의 임금을 삭감하면서도, 정권에 기대 성장한 기업인들에게는 위기 탈출의 기회를 부여한 것이 문제였다. 경제 위기는 곧 정권의 위기로 돌변한다.

1979년 8월 가발제조업체였던 YH무역주식회사에서 사건이 터진다. 회사와 유신 정권의 무관심에 노동자들은 당시 야당이었던 신민당사로 들어가 농성을 시작한다. 이 과정에서 공권력은 노동자뿐 아니라 유신 정권에 강력히 대항하던 신민당 의원들마저 탄압한다. 얼마 뒤 유신 정권은 당시 신민당 총재였던 김영삼을 국회의원에서 제명하며 무리수를 둔다.

이 사건은 부산과 마산 지역의 학생들과 시민들의 공분을 샀고, 곧 부마 항쟁의 막이 오른다. 숨죽이며 때를 기다리던 시민들이 거리에서 "유신 정권 물러가라"라며 목소리를 내기 시작한 것이다.

문제는 유신 정권이 혹한의 겨울을 끝낼 생각이 없었다는 것이다. 결국 유신 정권은 부산과 마산 지역에 계엄군을 투입해 시위를 진압하기 시작하면서 안으로부터 무너지기 시작한다.

1979년 10월 26일 중앙정보부장 김재규가 박정희 대통령을 살해
했던 그 순간에도 부산과 마산은 한국 사회의 민주주의를 위한 목소
리를 내고 있었다. 길고 길었던 겨울을 견뎌낸 시민들은 영원할 것
처럼 군림한 최고 권력자의 죽음을 전해 들으며 '봄'을 상상하기 시
작했다.

이제라도 봄이 오려나?

유신의 심장이 총탄으로 멎자, 많은 이가 유신 독재가 끝나고 한국
에서도 민주주의가 실현될 수 있을 것이라 기대했다. 가장 선두에
선 것은 야당 정치인들이었다. 정치권에서는 유신 헌법의 비민주성
을 빠르게 개정해야 한다고 주장했고, 대통령 권한 대행이었던 최규
화와 정승화 계엄사령관을 비롯한 공화당 등의 집권 세력도 유신 헌
법의 폐지와 민주 헌법으로의 개헌을 공언하며 변화를 예고한다.

문제는 최고 권력자의 부재 이후 유신 체제를 지탱하던 지배 세력
이 교체되지 않는다는 점이었다. 1979년 12.12 쿠데타는 결과적으로
유신 정권 내부의 권력 투쟁이었다. 계엄사령관 정승화를 대신해 보
안사령관이자 합동수사본부장이었던 전두환이 권력을 손에 쥐었을
뿐이었다. 유신 헌법이라는 폭력적인 시스템이 변화하지 않는 한,

한국은 여전히 겨울의 혹한을 견뎌야 했다. 이제 한겨울 거센 눈발의 진원지는 전두환을 중심으로 뭉친 신군부였다.

대통령 권한 대행에서 유신 헌법으로 대통령 자리에까지 오른 최규하도 마찬가지였다. 긴급조치 9호 해제, 김대중의 연금 해금, 제적 학생과 해직 교수의 복교와 복직 등은 마치 민주화를 위한 변화를 예고하는 듯했지만, 정작 중요한 시스템의 변화에는 소극적이었다. 헌법 개정 문제는 착수하지도 않았으며, 언론·출판·집회·시위는 여전히 금지됐다. 게다가 언론에 대한 통제와 검열은 더욱 강화되는 모양새였다. 12.12 쿠데타로 권력을 장악한 신군부나 어부지리로 대통령이 된 최규하 모두에게 민주화를 향한 의지는 없었다.

한편 변하지 않는 시스템 속에서도 민주화에 앞장섰던 이들이 있었다. 바로 대학생들이다. 1980년 3월, 각 대학의 개학과 더불어 학생 운동권은 학원 민주화 투쟁에 나섰다. 바야흐로 '서울의 봄'의 시작이었다.

그러나 여전했던 시스템은 유신 때와 마찬가지로, 대학생들의 조직적 학생 운동을 타계하기 위해 만들었던 학도호국단을 그대로 운영하며 대학 내의 민주화 분위기를 무력화시키려 했다. 거기에 신입생들에게 가중됐던 '병영집체훈련'은 대학생들의 분노를 자극했다.

1980년 5월로 접어들면서 대학생들은 병영집체훈련 반대 투쟁을 넘어 '계엄 해제'와 '유신 잔당 퇴진' 등의 슬로건을 내걸며 본격적으로 민주화 투쟁을 시작했다. 생각지도 못했던 대학생들의 조직적인 움직임에 신군부가 선택한 것은 '군부가 또 움직일 것'이라는, 무시무시한 소문을 내는 것이었다.

하지만 민주화를 향한 희망을 쉽게 가라앉지 않았다. 대학생들은 5월 14일 오전부터 전면적인 가두 시위를 계획하고, 전국 주요 도시에서 신군부 반대 투쟁을 시작한다. 그야말로 대한민국의 거리가 민주화를 향한 염원으로 가득 채워진 것이다. 이 과정에서 국회도 대학생들의 요구에 호응하며, 헌법개정특별심의위원회를 통해 대통령 직선제 개헌안을 합의하기로 결정한다.

하지만 운명의 5월 15일 서울역 인근, 대학생과 시민 약 10만여 명이 모여 "계엄 철폐"를 외치던 중 '곧 공수부대가 투입된다'는 소문이 돌기 시작했다. 시위를 주도했던 대학생들은 대규모의 유혈 사태가 생길 수 있다는 두려움에 해산과 진군을 놓고 갈등한다. 결국 당시 심재철 서울대 총학생회장은 해산을 결정한다. 이른바 '서울역 회군'이었다.

시위를 위해 서울역 앞에 군집한 학생들

'유신'이 낳은 '5공'이라는 괴물

유신 정권 시절 군 내 정보를 장악하며 호시탐탐 권력의 중심으로 나아갔던 신군부는, 박정희라는 최고 권력자가 사라짐과 동시에 정국을 장악하기 위한 움직임을 숨기지 않았다.

12.12 쿠데타 이후 서울의 봄 정국 속에서 중앙정보부장 서리 자리까지 차지한 전두환은 1980년 5월 초부터 '비상계엄 전국 확대', '국회 해산', '국가 보위 비상기구 설치'를 골자로 하는 시국 수습 방안을 추진해 나갔다. 그리고 대학생과 시민들이 서울역에서 한발 물러서자 신군부 세력은 최규하가 대통령인, 허울뿐인 행정부 몰아붙여 5월 17일 비상계엄 전국 확대를 국무회의에 상정한다.

5월 17일 23시 40분, 신군부의 꼭두각시로 전락한 최규하 대통령은 24시를 기해 비상계엄을 전국으로 확대하겠다고 발표한다. 이후 지역 계엄이 전국 계엄으로 바뀌며 계엄 지휘 체계가 허수아비 대통령과 계엄사령관의 직통으로 변화하는데, 사실상 계엄사령부를 점령한 신군부에게 모든 전권이 넘어간 조치였다.

5월 18일 새벽부터 모든 정치 활동이 전면 중단됐고, 옥내외 집회 및 시위도 금지됐다. 이어 모든 대학에 휴교령이 선포됐고, 각 대학에는 군부대가 진주하기 시작했다. 서울역 회군을 주도했던 전국 학생회장단은 전원 체포됐고, 민주화를 요구해 온 재야 민주화운동 인사는 지명 수배 후 일제히 검거됐다. 게다가 완전 무장한 군인들이 국회의사당을 점령하고 봉쇄하면서 사실상 헌정 중단 사태가 발생하기도 했다.

이 과정에서 광주 항쟁이 벌어졌다. 계엄군은 마지막까지 민주주의를 외친 광주 시민들을 향해 학살을 자행한다. 광주 시민들은 시민군을 결성해 저항했지만, 결과적으로 다수의 사망자가 발생하며 항쟁은 막을 내린다. 그렇게 광주를 핏빛으로 물들인 신군부는 대한민국을 완벽히 접수한다.

이후 신군부는 5월 31일 국가보위비상대책위원회(이른바 '국보위')라는 초법적인 기구를 설치하고, 대한민국의 행정, 입법, 사법 삼권을 모두 장악한다. 자연스럽게 권력의 무력함을 느낀 최규하 대통령은 8월 16일 자로 사임한다. 그리고 얼마 뒤 9월, 전두환은 여전했던 유신 헌법에 따라 통일주체국민회의를 통해 99.9%의 득표율로 대통령에 당선되어 제11대 대통령에 취임한다. 흥미롭게도 시민사회가 그토록 염원하던 유신 헌법을 개정하고, 새 헌법을 만들어 낸 주체가 다름 아닌 총과 탱크로 권력을 장악한 신군부였던 것이다.

하지만 신군부가 만든 새로운 헌법은 유신 헌법과 근본적으로 큰차이가 없었다. 새 헌법은 외향적으론 민주주의 체제를 유지하는 척했지만, 사실상 국회마저 중앙정보부의 후신인 안전기획부가 만든 관제 정당들로 채워지며 유신에 뒤지지 않는 혹한의 추위를 만들었다. 이후 새로운 헌법, 즉 제5공화국 헌법에 따라 1981년 선거인단에 의한 간접 선거에서 전두환이 90.1%의 득표율로 당선되어 제12대대통령에 취임하면서 새로운 국면으로 접어든다.

하지만 제5공화국은 스스로 집권 정당성이 없음을 누구보다 잘 알고 있었다. 그렇기에 따스한 봄을 기대했던 이들에게 어떤 방식으로든 '위로'의 메시지를 전달해야 했다. 신군부가 추진한 '위로'이자 '당근'은 부분적인 통제 완화 조치였다. 이후 야간통행금지 폐지(1982년), 교복·두발자유화(1983년)가 시행됐고, 대중의 관심을 정치에서 대중문화로 돌리기 위한 조치, 즉 영화와 프로 스포츠, 성문화 산업 육성이 시작됐다. 게다가 1980년대 중반부터 시작된 3저(저유가, 저환율, 저금리) 호황은 국민으로 하여금 신군부의 겨울을 이겨낼 패딩점퍼 역할을 톡톡히 해줬다.

하지만 이러한 신군부의 유화적 조치는 정권에 반대하는 야당 정치인들과 재야 민주화 운동 세력, 학생 운동 세력을 강도 높게 탄압하는 과정에서의 기만적 행위에 불과했다. 결과적으로 신군부의 유화적인 움직임 이후 1985년 총선에서 야당은 외려 약진했고, 전두환의 도덕성과 정통성 결여, 무엇보다 비민주성을 비판하면서 대통령 직선제 개헌을 주장하기 시작했다.

봄은 결코 자연히 오지 않는다

안타깝게도 신군부는 야당의 직선제 제안을 거절한다. 1986년 전두환이 서울올림픽의 성공적 개최를 위해 개헌을 유보한다고 발표한 것이다. 야당은 곧장 1,000만 개헌 서명 운동에 나서며 맞불을 놨고, 전국적으로 개헌 논의가 본격화되기 시작했다. 이 와중에도 신군부는 개헌 논의를 막기 위해 민주화 운동 세력을 탄압하고, 용공 조작 사건을 만들며 마지막 발악을 한다.

얼마 뒤, 1987년 1월 대한민국을 뒤바꿀 엄청난 사건이 벌어진다. 서울대생 박종철이 남영동 대공분실에서 고문과 폭행으로 사망한 것이다. 박종철의 사망을 계기로 민주화를 요구하는 움직임은 전국적으로 확산됐다. 아직 정신을 못 차린 신군부는 1987년 4월 시국 혼란을 구실로 모든 개헌 논의를 금지하는 조치와 함께 현행 헌법을 유지하며, 1988년 3월에 정부를 이양하겠다는 이른바 4.13 호헌 조치를 발표한다. 시민사회의 분노는 걷잡을 수 없이 번져나갔다.

이후 얼마 뒤 1980년 5월 무렵 '민주헌법쟁취국민운동본부(이른바 국민운동본부)'가 발족됐고, 이와 함께 천주교정의구현전국사제단이 공식적으로 박종철 고문 치사 사건의 조작·은폐 사실을 세상에 공개한다. 국민운동본부는 6월 10일 '박종철 군 고문 살인·은폐 조작 규탄 및 민주 헌법 쟁취 범국민 대회'를 전국 각지에서 개최하기로 결의하며, 마지막 투쟁의 불꽃을 불태우기로 다짐했다.

그런데 이때 시위 중이던 연세대생 이한열이 경찰의 최루탄에 맞아 피 흘리며 쓰러지는 사건이 발생한다. 무기력하게 피를 흘리며 동료의 부축을 받는 이한열의 사진이 언론을 통해 공개되자, 한국 사회는 다시 한번 충격에 빠진다.

다음 날 1987년 6월 10일 아침은 그 어느 6월의 햇살보다 뜨거웠

박종철 고문 치사 항의 집회

다. 전국은 '직선제 쟁취'라는 하나의 투쟁 구호로 뭉쳐졌다. 본격적인 국민대회가 시작된 것이었다. 6월 10일 이후로도 야간 시위와 철야 농성이 이어졌고, 특히 서울 명동 성당 점거 농성은 6월 15일까지 이어지며 항쟁의 지속과 전국적 확산에 크게 기여했다. 이후로도 국민운동본부는 6월 18일을 '최루탄 추방의 날'로 지정하고 16개 도시 247곳에서 전국 150만 명의 시민들이 일제히 시위를 이어갔고, 6월 26일에는 '국민평화대행진'이 강행됐다. 결국 신군부는 민주화를 염원하는 시민들의 목소리에 무릎을 꿇는다. 1987년 6월 29일, 직선제 개헌과 민주화 조치를 약속하는 이른바 '6.29 선언'을 발표하면서 말이다.

1980년 서울의 봄과 광주에서의 외로운 투쟁은 지역에서 고립됐지만, 1987년 6월 항쟁은 전국적인 시위로 이어질 수 있었다. 심지어 야당 정치인을 비롯해 대학생과 재야 민주화 운동 세력뿐만 아니라 3저 호황 속에 급성장한 중산층까지도 참여했다는 사실이 중요했다. 대한민국 국민 사이에서 먹고사는 문제를 넘어 민주주의라는 공통된 가치가 공유됐음을 의미하기 때문이다.

1987년 10월 대통령 직선제를 비롯해 대통령 권한 통제와 국민 기본권이 강화된 현행 헌법, 이른바 제6공화국 헌법이 공포된다. 현재 우리가 당연한 듯 누리는 민주주의는 이토록 피비린내 나는 투쟁을 통해 어렵게 얻은 과실인 것이다. 그리고 지금도 여전히 한국의 봄날은 중간중간 따스함을 시기하는 꽃샘추위를 투쟁으로 이겨내며 유지하는 중이다. 세상에 공짜는 없기 때문이다.

한국 경제 성장의 상징이
무너져 내린 날

삼풍백화점의 붕괴는 2년 뒤 불어닥칠 IMF 사태의 예고편이었다.
아무도 대한민국이 쌓아온 부유함의 끝이 이럴 것이라고는 예상하지 못했다.
급작스럽고 압축적인 성장은 조금 불안했지만 괜찮아 보였다.
하지만 현실은 그렇지 않았다.
삼풍백화점이 만들어진 과정처럼 한국의 경제 성장 과정은 안에서부터 곪아가고 있었다.

한국의 경제 성장을 압축적으로 설명하는 표현이 있다. 바로 "한강의 기적"이다. 1960년대 중반, 경제 개발 계획의 성과가 가시화되면서 한국인들에게도 성장에 대한 희망이 싹트기 시작했다. 그 희망은 1970년대 중반부터 시작된 급격한 성장에 힘입어 '기적'이라는 표현으로 업그레이드된다. 그러나 물론 그 기적은 시민의 기본권인 언론·집회·결사의 자유와 함께 노동권을 제약하며 이룬 성과였다.

1976년부터 2년간 매년 10%가 넘는 경제 성장률을 보이더니, 1977년에는 10월 유신의 구호였던 "수출 100억 달러"와 "국민 소득

1,000달러"를 돌파하기에 이른다. 성장은 더 큰 성장을 꿈꾸게 했고, 1980년대가 되면 박정희 정권은 한국도 복지 사회로 나아갈 수 있다는 공수표를 남발하며 강도 높은 노동을 더욱 강요했다. 이런 억압적인 사회 분위기 속에서도 급격한 경제 성장은 국민에게 희망이자, 억압을 참게 해주는 빛이었다.

하지만 학력과 성별 그리고 직종별 임금 차이가 증가하면서 양극화가 심각해졌다. 한강의 기적은 도시 빈민과 저임금 노동자의 희생위에 만들어진 것이나 다름없었다. 양극화는 박정희의 유신 정권을 위협하는 가장 강력한 위험 요소였다. 10월 26일의 총탄이 아니었다면, 유신 정권은 부산과 마산의 노동자들에 의해 무너질 모양새였다. 하지만 안타깝게도 유신의 마지막은 내부 세력 간의 알력 싸움으로 막을 내렸고, 새롭게 기회를 잡은 신군부의 쿠데타로 인해 제5공화국이 탄생한다.

신군부의 반민주적 억압 정책과는 상관없이 나라의 경제 상황은 한강의 기적을 뛰어넘는다. 저유가, 저금리, 저달러라는 이른바 '삼저 호황'이 시작된 것이다. 그렇게 1986년부터 3년간 매년 11~12%의 경제 성장률을 보이며 성장했고, 기업들은 빚을 늘려서라도 사업에 투자하며 경제 호황에 올라탔다. 동시에 국민의 60% 이상이 자신을 중산층이라 인식할 정도로 중산층이 두꺼워지기 시작했다. 사회 전반의 소비 수준은 향상됐고 동시에 부동산을 소유하고자 하는 욕망이 맞물리면서 계층 상승 욕구가 일반화됐다.

바로 이 성장과 계층 상승 욕망이 총집결된 땅이 다름 아닌 강남이었다. 그리고 한때 강남에서 그 성장을 상징하는 공간이 하나 있었으니, 그곳이 바로 삼풍백화점이다. 삼풍백화점은 1995년 6월, 단 20초 만에 완벽히 무너져 내렸다. 사망 501명, 실종 6명, 부상 937명, 재산 피해액만 2,700여억 원. 한국 전쟁을 제외하고 해방 후 대한민국에서 벌어진 가장 큰 인적 사고이자 최악의 참사였다. 서울의 알짜배기 땅, 강남의 한가운데서 이런 전대미문의 대형 사건이 벌어진 것은 우연이었을까?

한국 경제 개발의 상징, 강남

1970년 와우아파트가 무너지면서 서울시가 주도하던 서민용 시민 아파트 사업은 전면 중단된다. 이는 대한민국의 수도 서울이 중산층을 위한 도시가 되겠다고 공식적으로 선언한 것이나 다름없었다. 이때의 도시 구조 변화와 맥을 같이하는 공간이 바로 강남이다. 시민 아파트가 백지화된 그 순간, 강남 개발은 본격적으로 막이 오른다.

그런데 중산층이 1980년대 3저 호황 때 두꺼워졌다고 하지 않았나? 그렇다. 그런데 1980년대 이전에는 중산층이 소수였고, 이들을 양적·질적으로 성장시킬 방법이 필요했다. 그때 선택된 방법이 바로 부동산 자산을 통한 성장이었다. 그리고 이를 위해 만들어진 기관이 주택은행이다. 토목업체에 불과했던 당시의 건설사들은 주택

와우아파트 붕괴 참사

은행에서 돈을 빌려 강남을 중심으로 아파트를 짓기 시작했고, 서울
시민들은 주택은행에서 돈을 빌려 아파트에 입주한다. 입주한 아파
트 가격은 매년 수십 배 가까이 올랐고, 강남 입주에 성공한 이들은
부동산 자산 상승과 함께 중산층으로 올라설 수 있었다.

　대한민국의 양적 경제 성장의 이면에 노동자들의 희생이 있었듯,
강남의 성장에는 강북의 희생이 있었다. 강남 개발을 활성화하고 이
에 따라 땅값을 상승시키는 과정에서 강력한 강북 억제 정책이 전개
된 것이다. 1972년부터는 강북의 유흥 시설과 백화점, 시장 등이 신
설은 물론 증설까지 금지됐고, 1975년에는 강북 택지 개발이 원천
적으로 금지됐다. 강북에 대한 강력한 개발 억제는 건설 기업들이
강남에 집중적으로 투자하게 만든다. 게다가 사법부를 중심으로 공
공 기관을 강남으로 이전하면서 본격적인 '강남 붐'이 일었다. 강남
개발의 화룡점정은 명문고 이전이었다. 1976년 종로의 경기고가 강

남구 삼성동으로 옮겨 갔고, 뒤이어 1978년 휘문고가 강남구 대치동으로 옮겨 가자 강북의 명문 고등학교들이 강남으로 이전하기 시작했다. 8학군이 탄생한 것이다.

대한민국이 압축적으로 고도성장하게 된 배경은 수도 없이 많다. 하지만 그중 하나로 건설업을 뺄 사람은 없다. 무엇보다 건설업은 가시적 효과가 엄청나 국민에게 "우리도 성장하고 있습니다"라고 선전하기 가장 좋은 산업이다. 박정희 정권은 이 점을 누구보다 잘 알고 있었다. 강남은 이를 선전하기 위해 선택된 공간이었다.

박정희 정권은 노골적으로 강남 개발을 촉진하려 했다. 국가에서 개발할 땅을 지정하고, 기업은 막대한 혜택을 받으며 그곳에 건물을 지었으며, 사람들은 은행에서 돈을 빌려 집을 샀고, 덕분에 강남 땅값은 걷잡을 수 없을 정도로 치솟았다. 바로 이것이 지금의 강남을 만든 개발의 메커니즘이었다.

강남 개발의 상징, 삼풍백화점

삼풍백화점의 창업주 이준도 강남 개발 열풍 때 건설업으로 돈을 번 사람이었다. 그 시절에는 건설업만큼 돈 벌기 좋은 사업도 없었다. 전직 중앙정보부 창설 요원이라고 소문이 날 정도로 정권에 닿는 인맥이 엄청났던 이준은 인맥을 통해 1963년 미군 군납 건설을 담당하는 동경산업을 설립한다. 이후 을지로 삼풍상가, 여의도 순복음교회, 청계천 평화시장을 건설하며 돈을 벌었고, 1970년대에 강남 개발이 시작되자 강남을 통해 건설업은 물론 부동산 투자까지 겸하면서 더 큰 부를 쌓는다.

삼풍건설에게 강남 개발은 성장을 향한 잭팟이었다. 삼풍건설은 1974년 서초동 부지 5만 7,000평을 사들여 주한 미군 주택 단지를 조성하면서 본격적으로 강남 개발에 발을 들였다. 바로 이 땅이 1987년 삼풍백화점과 삼풍아파트가 건설되는 땅이다. 강남이 성장하면서 회사도 커졌다. 강남에 빌딩이 올라갈수록 삼풍이 지을 건물도 많아졌고, 강남 땅값이 오를수록 삼풍의 자산도 늘어났다. 그렇게 성장한 삼풍은 1980년 후반 기업의 성장을 상징하는, 아니 어쩌면 강남의 성장을 상징했을 그 백화점, 삼풍백화점을 건설한다.

삼풍백화점이 들어선 1980년대 후반, 이미 강남과 강북의 계층 분화 현상은 뚜렷했다. 명확히 상위 계층이 주로 거주하는 지역은 다름 아닌 강남이었다. 현재 한국 사회의 부자를 판단하는 중요한 기준으로 '강남 아파트'가 꼽히게 된 것도 이즈음의 일이다.

한편 부동산을 바탕으로 한 초기 강남인들은 1980년대 초반부터 자신들의 문화를 만들어나갔다. 주부들은 문화센터나 미술관(화랑), 예술극장 등에서 만나 이야기를 나눴다. 주부들이 화랑에서 미술을 논하는 동안 남성들은 점심 한 끼에 1만 원이 훌쩍 넘는 호텔 식당에서 모임을 즐겼다. 이른바 강남 문화가 만들어지면서, 강남에 거주하는 사람들은 서서히 공동체 의식을 느끼기 시작했다.

1980년대 중반 3저 호황까지 겹치며 강남은 그야말로 전무후무한 경제 성장을 경험한다. 이때부터 강남은 단순히 부유층들이 사는 주거 중심의 공간을 넘어 대량 소비의 공간으로 확장된다. 대형 백화점과 쇼핑센터가 줄지어 지어졌고, 고급 외식업체와 부유층을 상대로 한 접객 업소가 성황을 이뤘다. 이런 분위기에 편승해 만들어진 곳이 바로 삼풍백화점이었다.

강남의 한가운데였던 삼풍백화점은 초호화 쇼핑몰이었다. 디올, 샤넬 등 명품 화장품 브랜드부터 에스티로더, 겔랑, 랑콤, 시슬리, 구찌, 버버리, 페라가모, 베르사체, 겐조, 막스마라 등의 수입 명품 브랜드가 대거 입점하면서 '사치 1번지'라는 별명이 붙기도 했다. 거기에 대형 수영장을 비롯해 다양한 문화 행사가 열리는 갤러리까지 마련돼 있었다. 식품 매장에서는 프랑스산 고급 버터, 블루베리 치즈케이크를 팔았고, 흔치 않던 고급 커피 매장이 입점했다. 건물 중앙에는 고급 스포츠카 부가티가 전시돼 있을 정도였으니 그 사치의 규모가 실로 대단했다. 삼풍백화점은 중산층을 넘어 부유층이 된 강남 문화 그 자체를 상징하는 곳이었다.

닥쳐올 국가 위기의 예고편

)

그러나 삼풍백화점은 1995년 6월 29일 오후 5시 55분, A동 전체가 붕괴되는 최악의 참사를 맞았다. 설계부터 시공, 유지, 관리까지 모든 것이 부실했던 예고된 참사였다. 붕괴에는 여러 원인이 있었지만 5층을 식당으로 증축해서 사용하면서 무게가 가중된 점 그리고 옥상에 설치한 냉각수 가득한 냉각탑 세 대에 롤러를 장착해 옮겼던 점 등이 가장 큰 문제점으로 거론됐다. 붕괴의 조짐은 수일 전부터 나타났다. 벽에 금이 가거나 천장에서 시멘트 가루가 떨어졌지만 경영진은 영업을 강행했다. 누가 상상이나 했겠는가? 강남의 상징이 무너질 것이라고 말이다.

어쩌면 이 붕괴는 2년 뒤 불어닥칠 IMF 사태의 예고편이었다. IMF 사태도 마찬가지였다. 누구도 대한민국이 쌓아온 부유함이 파산으로 이어지리라 예상하지 못했다. 급작스럽고 압축적이었던 성장은 조금 불안했지만, 그뿐이었다. 게다가 IMF 사태가 터지던 1997년은 한국 자본주의 역사의 황금기라고 불리던 시절이었다. 경기 호황으로 일자리는 매년 50만 개씩 늘었고 고용 증가 덕분에 노동자들의 임금도 함께 상승했다. 자연스럽게 가계 소득도 안정적으로 상승했다. 소득이 상승하자 가계 저축률도 동반 상승했고, '마이 홈(My Home)'을 넘어 '마이 카(My Car)' 시대로 접어들었다. 1995년 김영삼 정부 시절, 1인당 국민 소득 1만 달러를 달성하며 세계를 놀라게 했다. 한국의 급격한 경제 성장은 세계사적으로도 놀라운 현상이었고, 곧 한국은 OECD에 가입하며 스스로 선진국 대열에 올라선 것으로 느꼈다.

이런 한국인들에게 삼풍백화점의 붕괴는 욕심 많은 기업주가 돈

삼풍백화점 붕괴 현장

을 아끼려다가 만든 예외적 참사였다. 그래야만 했다. 하지만 현실
은 그렇지 않았다. 삼풍백화점이 만들어진 과정처럼 한국의 경제 성
장 과정은 안에서부터 곪아가고 있었다. IMF 사태 직전 노동부에 신
고된 체불 임금만 6,480억 원이었던 사실에서 알 수 있듯이 기업은
도산 위기였지만, 은행이 억지로 도산을 막아주는 모양새였다. '설
마' 하면서 말이다. 수많은 도산 위기의 기업 중 상당수는 건설 기업
이었다. IMF 사태의 출발이 강남 은마아파트를 건설한 한보 그룹인
것은 결코 우연이 아닌 것이다.

　1997년 태국에서 시작된 아시아 금융 위기는 곧 한국으로 불어닥
쳤다. 두 달 만에 한국의 외환 보유고는 305억 달러에서 204억 달러
로 줄었지만 1,700억 달러의 외채는 줄지 않았다. 해외 자본이 단기
외채까지 회수하면서 분위기가 얼어붙었지만, 그때조차 대기업 중

심의 한국 재계는 큰 변화를 주도하지 않았다. 정부의 끊임없는 금융 지원과 보호 그리고 노동자들의 엄청난 희생 속에서만 성장할 수 있었던 대기업들은 위기를 극복하는 데에 서툴렀다. 그들은 현실의 위기를 외면했다.

IMF 사태는 그렇게 시작돼 재벌 그룹 30개 중 17개가 순식간에 사라졌다. 삼풍백화점이 무너지듯이 말이다. 1998년 한 해 동안 127만 명이 일자리를 잃었고 실업자가 폭증했다. 국가 부도의 위기였고, 이를 극복하기 위한 전 국가적인 변화가 시작됐다. IMF 사태로 대한민국의 경제 성장 신화가 무너졌지만 이는 새로운 대한민국의 시작이기도 했다. 삼풍백화점도 그렇다. 삼풍백화점의 붕괴로 강남 개발의 신기루가 무너졌지만, 이는 새로운 강남을 만들 기회이기도 했다.

그 후 강남과 대한민국은 어떤 모습이 됐을까? 현재 삼풍백화점이 붕괴된 자리에는 아크로비스타라는 고급 주상 복합 아파트 단지가 들어섰다. 그 화려한 빌딩은 새로운 대한민국과 새로운 강남을 상징하게 되었을까? 곱씹어 생각해볼 일이다.

참고 자료

1. 참고 도서

- 고려대학교 한국사연구소,《한국사: 선사시대부터 현대사까지 한 권으로 읽는 한국사》, 새문사, 2017
- 고려대학교 한국사연구실,《한국사의 재조명》, 고려대학교출판부, 2002
- 김지형,《데탕트와 남북관계》, 선인, 2008
- 만인만색연구자네트워크 미디어팀,《만인만색 역사공작단: '역알못'부터 '역덕'까지, 만인을 위한 고퀄리티 한국사》, 서해문집, 2021
- 서울시립대학교 서울학연구소,《서울 20세기 생활 문화변천사》, 서울시정개발연구원, 2001
- 윤인석 외,《쉽게 읽는 서울사: 현대편 2》, 서울역사편찬원, 2021
- 정연태,《식민지 민족차별의 일상사: 중등학교 입학부터 취업 이후까지》, 푸른역사, 2021
- 한국사연구회,《새로운 한국사 길잡이 상》, 지식산업사, 2008
- 한국사연구회,《새로운 한국사 길잡이 하》, 지식산업사, 2008

2. 참고 논문

- 강제훈,〈세조, 비범한 임금? 평범한 임금!〉,《내일을 여는 역사》, 25, 2006
- 고명수,〈즉위 초 쿠빌라이의 고려정책 - 그의 漢法 수용 문제와 관련하여〉,《동양사학연구》, 141, 2017
- 고석규,〈근대도시 목포의 대중문화를 통해 본 식민지 근대성〉,《지방사와 지방문화》, 9, 2006
- 권순형,〈고려 목종대 헌애왕태후의 섭정에 대한 고찰〉,《사학연구》, 89, 2008
- 김갑동,〈고려의 건국 및 후삼국통일의 민족사적 의미〉,《한국사연구》, 143, 2008
- 김경록,〈공민왕대 국제정세와 대외관계의 전개양상〉,《역사와 현실》, 64, 2007
- 김경록,〈임진전쟁 초기 선조의 전쟁인식과 播遷논쟁〉,《민족문화연구》, 92, 2021
- 김경리,〈메이지산업유산의 세계유산 등록과 문화콘텐츠화 - 군함도의 '강제'와 '차별'의 대중적 소비〉,《일본문화연구》, 80, 2021
- 김경수,〈세조의 집권과 권력 변동〉,《백산학보》, 99, 2014
- 김경태,〈임진전쟁기 도요토미 히데요시(豊臣秀吉)의 강화조건 연구〉,《조선시대사학보》, 68, 2014
- 김기섭,〈4~5세기 동아시아 국제정세와 백제의 외교정책〉,《백제문화》, 56, 2017
- 김낙진,〈高麗 光宗의 侍衛軍 증강과 軍制改編〉,《대구사학》, 127, 2017

- 김명진, 〈고려 혜종의 생애와 박술희〉, 《영남학》, 65, 2018
- 김범, 〈朝鮮 燕山君代의 王權과 政局運營〉, 《대동문화연구》, 53, 2006
- 김병인, 〈고려시대 '過去'에 대한 인식과 활용〉, 《역사학연구》, 52, 2013
- 김보광, 〈고려 목종대 정치세력과 정국동향〉, 《역사와현실》, 91, 2014
- 김선숙, 《『양직공도梁職貢圖』· 『양서梁書』의 신라 국호 이칭異稱에 대한 검토〉, 《국학연구》, 32, 2017
- 김성우, 〈조선 숙종대 사회경제정책: 17세기의 위기와 숙종대 사회상〉, 《역사와현실》, 25, 1997
- 김성혜, 〈고종시대 군주권 위협 사건에 대한 일고찰〉, 《한국문화연구》, 18, 2010
- 김순자, 〈고려중기 국제질서의 변화와 고려-여진 전쟁〉, 《한국중세사연구》, 32, 2012
- 김아네스, 〈장희빈, 악녀의 누명을 쓴 정치의 희생양〉, 《내일을 여는 역사》, 23, 2006
- 김영민, 〈사도세자(思悼世子)의 생애와 '임오화변(壬吾禍變)'의 정치적 의의〉, 《역사문화논총》, 4, 2008
- 김영하, 〈신라의 '삼국통일론'은 타당한가〉, 《역사비평》, 129, 2019
- 김윤주, 〈조선 초기 '조선 건국'에 대한 역사 인식의 형성과 추이〉, 《사학연구》, 142, 2021
- 김자중, 〈일제 식민지기 예비학교의 설립과 운영에 관한 시론 - 고등교육기관 입학시험 준비교육을 중심으로〉, 《교육문제연구》, 33, 2020
- 김정자, 〈영조말(英祖末)~정조(正祖) 초(初)의 정국(政局)과 정치세력(政治勢力)의 동향(動向) : 영조(英祖) 46년(1770)경~정조(正祖) 원년(元年)(1777)을 중심으로〉, 《조선시대사학보》, 44, 2008
- 김주관, 〈개항장 공간의 조직과 근대성의 표상〉, 《지방사와 지방문화》, 9, 2006
- 김주성, 〈의자왕과 부여융 · 부여효〉, 《한국고대사탐구》, 25, 2017
- 김창수, 〈18~19세기 병자호란 관련 현창과 기억의 유지〉, 《조선시대사학보》, 81, 2017
- 김창현, 〈고려시대 천추태후와 인예태후의 생애와 신앙〉, 《한국인물사연구》, 5, 2006
- 김창현, 〈왜 고려 무인집권자는 새 왕조를 개창하지 않았는가?〉, 《내일을 여는 역사》, 28, 2007
- 김현라, 〈고려 忠烈王代의 麗 · 元關係의 형성과 그 특징〉, 《지역과 역사》, 24, 2009
- 김효섭, 〈최충헌 정권의 전개 과정에서 나타난 무신집권기 정치세력의 특징〉, 《한국학논총》, 55, 2021
- 나동욱, 〈광개토대왕대 고구려의 군사발전과 성장〉, 《군사》, 77, 2010
- 나하나, 〈부여의 변천과 동부여 문제〉, 《인문과학연구》, 23, 2009
- 남정호, 〈의자왕 후기 지배층의 분열과 백제의 멸망〉, 《백제학보》, 4, 2010
- 남지대, 〈조선 태종의 즉위과정과 내세운 명분〉, 《역사와 담론》, 69, 2014
- 남혜민, 〈三韓 소국 네트워크의 위계 구조와 斯盧國〉, 《한국고대사연구》, 92, 2018
- 노중국, 〈무령왕대 백제의 동아시아 상에서의 위상〉, 《백제문화》, 46, 2012

- 노태돈, 〈광개토왕대의 정복활동과 고구려 세력권의 구성〉, 《한국고대사연구》, 67, 2012
- 마상윤, 〈데탕트의 위험과 기회 -1970년대초 박정희와 김대중의 안보인식과 논리〉, 《세계정치》, 14, 2011
- 마상윤, 〈안보와 민주주의, 그리고 박정희의 길: 유신체제 수립원인 재고〉, 《국제정치논총》, 43, 2003
- 문창로, 〈동예의 읍락과 사회상- '不耐濊國'을 중심으로〉, 《한국고대사연구》, 81, 2016
- 민현구, 〈묘청 일파 서경천도론의 허와 실〉, 《한국사 시민강좌》, 36, 2005
- 박대재, 〈夫餘의 왕권과 왕위계승- 2~3세기를 중심으로〉, 《한국사학보》, 33, 2008
- 박대재, 〈삼한시기 논쟁의 맥락과 접점〉, 《한국고대사연구》, 87, 2017
- 박수경, 〈조선조 토지개혁사상과 토지제도에 대한 연구〉, 《한국행정사학지》, 33, 2013
- 박승범, 〈淵蓋蘇文 가문의 家系 기록 검토〉, 《한국고대사탐구》, 22, 2016
- 박종진, 〈고려 건국의 기반과 개경 천도의 배경〉, 《한국중세사연구》, 59, 2019
- 박철희, 〈식민지학력경쟁과 입학시험준비교육의 등장〉, 《아시아교육연구》, 4, 2003
- 방용철, 〈백제 의자왕대의 대신라 공세와 阿非知〉, 《역사와 경계》, 111, 2019
- 방용철, 〈연개소문의 집권과 고구려의 대외정책 변동〉, 《한국고대사연구》, 80, 2015
- 배재영, 〈백제의 부여 인식〉, 《백제문화》, 41, 2009
- 변은숙, 〈고려 충렬왕대 정치세력의 형성배경〉, 《명지사론》, 11, 2000
- 서금석, 〈고려 인종대 '年號' 제정을 둘러싼 갈등〉 《한국사학보》, 68, 2017
- 서중석, 〈이승만과 3.15 부정선거〉, 《역사비평》, 96, 2011
- 손균익, 〈연산군 대 亂言 사건을 통해 본 사회 기층의 정치의식〉, 《민족문화연구》, 73, 2016
- 신가영, 〈가야사 연구와 '연맹'이라는 용어〉, 《학림》, 40, 2017
- 신가영, 〈대가야 멸망 과정에 대한 새로운 이해 - '加耶叛' 기사를 중심으로〉, 《한국고대사연구》, 72, 2013
- 신은제, 〈공민왕의 신돈 등용의 배경〉, 《역사와경계》, 91, 2014
- 안자코 유카, 〈총동원체제하 조선인 노동력 '강제동원' 정책의 전개〉, 《한국사학보》, 14, 2003
- 안정준, 〈高句麗의 樂浪·帶方 故地 영역화 과정과 지배방식〉, 《한국고대사연구》, 69, 2013
- 양기호, 〈강제징용 쟁점과 한일관계의 구조적 변용: 국내변수가 양국관계에 미치는 영향을 중심으로〉, 《일본연구논총》, 51, 2020
- 양종국, 〈7세기 중엽 의자왕의 정치와 동아시아 국제관계의 변화 - 의자왕에 대한 재평가〉, 《백제문화》, 31, 2002
- 연갑수, 〈사실, 이렇게 본다: 대원군 집권기의 역사적 위치 - 홍선대원군에 대한 오해와 진실〉, 《내일을 여는 역사》, 23, 2006
- 염미경, 〈호남 근대 도시의 형성과 목포 개항; 개항장의 형성과 목포의 식민도시화, 그리

고 일상생활의 재편〉,《호남문화연구》, 42, 2008
- 오수창, 〈병자호란에 대한 기억의 왜곡과 그 현재적 의미〉,《역사와 현실》, 104, 2017
- 오수창, 〈오해 속 병자호란, 시대적 한계 앞의 인조〉,《내일을 여는 역사》, 26, 2006
- 오종록, 〈왜? 연산군은 왜 폭군이 되었을까〉,《내일을 여는 역사》, 4, 2001
- 왕현종, 〈대한제국기 고종의 황제권 강화와 개혁 논리〉,《역사학보》, 208, 2010
- 유은식, 〈고고학자료로 본 沃沮와 挹婁〉,《한국상고사학보》, 100, 2018
- 육정임, 〈고려 · 거란 '30년 전쟁'과 동아시아 국제질서〉,《동북아역사논총》, 34, 2011
- 윤은숙, 〈14세기말 동아시아 정세(나가추의 활동과 14세기말 동아시아 政勢)〉,《명청사연구》, 28, 2007
- 이명화, 〈일제 강제합병 이데올로기와 식민지교육정책〉,《한국독립운동사연구》, 39, 2011
- 이민우, 〈고려 말 조선 초 토지제도 개혁과 사회 변화〉,《역사비평》, 120, 2017
- 이상식, 〈숙종대 保社功臣의 錄勳 과정과 사회적 關係網 분석〉,《한국사연구》, 155, 2011
- 이선주, 〈하와이 이민 초창기 한인들의 감정 구조〉,《한국학연구》, 31, 2013
- 이영식, 〈가야제국의 발전단계와 초기고대국가론〉,《한국고대사연구》, 89, 2018
- 이익주, 〈1356년 공민왕 反元政治 再論〉,《역사학보》, 225, 2015
- 이인재, 〈나말여초 사회변동과 후삼국〉,《한국중세사연구》, 29, 2010
- 이정빈, 〈고구려-당 관계의 성립과 변경지대(618~624)〉,《고구려발해연구》, 54, 2016
- 이정신, 〈고려 태조의 건국이념의 형성과 국내외 정세〉,《한국사연구》, 118, 2002
- 이정신, 〈고려 · 몽골관계의 새로운 접근을 위한 시론〉,《한국사학보》, 61, 2015
- 이종록, 〈高句麗의 東沃沮 정벌과 樂浪郡〉,《선사와 고대》, 49, 2016
- 이천우, 〈고려 의종 대 정국의 추이와 무신난의 배경〉,《인문사회 21》, 8, 2017
- 이현혜, 〈沃沮의 기원과 문화 성격에 관한 고찰〉,《한국상고사학보》, 70, 2010
- 이형기, 〈문헌으로 본 가야의 국가적 성격〉,《한국상고사학보》, 107, 2020
- 임기환, 〈김춘추, 당 태종의 협약과 '일통삼한'〉,《역사비평》, 131, 2020
- 임영희, 〈고려 혜종의 죽음과 정종의 왕위계승〉,《역사학연구》, 75, 2019
- 임평섭, 〈진흥왕대 신라의 영토 확장과 외교 전략〉,《한국사학보》, 74, 2019
- 장영숙, 〈『한성신보』의 흥선대원군에 대한 인식과 평가〉,《한국사학보》, 81, 2020
- 장영숙, 〈고종의 정권운영과 閔氏戚族의 정치적 역할〉,《한국학》, 31, 2008
- 장원섭, 〈신라삼국통일론 논의의 연구사적 검토〉,《신라사학보》, 43, 2018
- 장창은, 〈7세기 전반~중반 백제 · 신라의 각축과 국경 변천〉,《한국고대사탐구》, 33, 2019
- 장창은, 〈삼국시대 전쟁의 발발과 시대적 의미〉,《신라사학보》, 45, 2019
- 전덕재, 〈신라 말 농민봉기의 원인과 통치체제의 와해〉,《역사와 담론》, 98, 2021
- 전재성, 〈1960년대와 1970년대 세계적 데땅뜨의 내부 구조: 지역적 주도권의 변화과정 분석〉,《국제정치논총》, 45, 2005

- 정동민, 〈612년 高句麗-隋 전쟁의 전개 양상〉,《한국고대사탐구》, 34, 2020
- 정동준, 〈6세기 중국왕조의 정세 변동과 백제의 외교 변화〉,《역사학연구》, 79, 2020
- 정동훈, 〈동방왕가의 사업에서 쿠빌라이의 사업으로 - 쿠빌라이의 즉위와 고려-몽골 관계의 큰 전환〉,《한국사연구》, 191, 2020
- 정병설, 〈사도세자의 죽음을 둘러싼 논란〉,《동아문화》, 58, 2020
- 정성권, 〈高麗 光宗을 보는 또 다른 시각: 미술사와 고고학을 통하여〉,《한국인물사연구》, 19, 2013
- 정원주, 〈645년 당 태종의 고구려 원정 목적과 의미〉,《고구려발해연구》, 67, 2020
- 정한웅, 〈이승만의 권력 장악 과정에 관한 연구: 대중동원 및 반공 이데올로기의 역할을 중심으로〉,《한국과 국제사회》, 5, 2021
- 조경만, 〈개항 이후 목포의 공간 변화와 문화과정〉,《인천학연구》, 10, 2009
- 조은정·송병건, 〈20세기 초 하와이 한국인 이민의 요인과 이민자의 특성〉,《경제사학》, 51, 2011
- 채웅석, 〈고려 인종대 '惟新'정국과 정치갈등〉,《한국사연구》, 161, 2013
- 최덕환, 〈993년 고려-거란 간 갈등 및 여진 문제〉,《역사와 현실》, 85, 2012
- 최봉준, 〈고려시대 사회 성격론과 다원사회의 구조적 이해〉,《역사와 실학》, 67, 2018
- 최희준, 〈7세기 후반 신라의 백제·고구려 유이민 정책〉,《신라사학보》, 50, 2020
- 하우봉, 〈동아시아 국제전쟁으로서의 임진전쟁〉,《한일관계사연구》, 39, 2011
- 한정수, 〈고려 역사 다시 읽기와 건국 1100주년〉,《역사학보》, 235, 2017
- 한정수, 〈고려 초 왕규의 난에 대한 재검토〉,《역사와 실학》, 62, 2017
- 한춘순, 〈단종 대 癸酉靖難과 그 성격〉,《한국사연구》, 174, 2016
- 한혜인, 〈전시기(戰時期) 조선인 강제연행의 경로-강제연행 정책수립의 과정을 중심으로〉,《한일군사문화연구》, 5, 2007
- 허인욱, 〈高麗·後周 관계와 光宗의 영토 확장〉,《전북사학》, 43, 2013
- 홍석률, 〈1971년 대통령선거의 양상-근대화 정치의 가능성과 위험성〉,《역사비평》, 87, 2009
- 홍석률, 〈4월혁명과 이승만 정권의 붕괴 과정-민주항쟁과 민주당, 미국, 한국군의 대응〉,《역사문화연구》, 36, 2010

3. 본문에 사용된 이미지 출처
- 삼한의 민간 신앙을 보여주는 농경문 청동기 ⓒ국립중앙박물관
- 광개토왕릉비 ⓒ국립중앙박물관
- 무령왕릉 내부 ⓒ문화재청 국가문화유산포털 정보
- 진흥왕의 활발한 정복 활동을 보여주는 단양 신라 적성비 ⓒ문화재청 국가문화유산포털 정보
- 가야의 철제 유물인 투구 ⓒ국립김해박물관

- 익산 미륵사지 석탑 ⓒ문화재청 국가문화유산포털 정보
- 중국 근대 시기 민속무에 사용된 연개소문 가면 ⓒ국립민속박물관
- 고려 시대 대표 문벌 이자연의 묘지명 ⓒ국립중앙박물관
- 몽골의 영향을 받아 고려에 자리 잡은 족두리 ⓒ국립중앙박물관
- 공민왕이 그렸다고 전해지는 〈천산대렵도〉 ⓒ국립중앙박물관
- 태조 이성계 어진 ⓒ국립중앙박물관
- 정도전의 시가와 산문, 철학, 제도 개혁안 등을 엮어 간행한 문집 ⓒ국립중앙박물관
- 연산군일기 ⓒ국사편찬위원회, 조선왕조실록(sillok.history.go.kr/intro/haejae.do)
- 임진전쟁 때 조선을 도와준 명나라 신종과 의종의 위패를 모신 사당 앞 비석 ⓒ문화재청 국가문화유산포털 정보
- 서울 송파의 삼전도비 ⓒ국립중앙박물관
- 숙종 20년에 인현왕후가 복위하며 만든 금보 ⓒ국립고궁박물관
- 흥선 대원군의 집이자 고종의 생가인 운현궁 ⓒ문화재청 국가문화유산포털 정보
- 이하응 초상 ⓒ국립중앙박물관
- 덕수궁의 서양식 건물 석조전 ⓒ문화재청 국가문화유산포털 정보
- 하와이 사탕수수밭 ⓒ인천시 역사자료관
- 일제강점기 시절의 목포 상점가 ⓒ国書刊行会,《望郷 朝鮮》
- 일제강점기 때의 보통학교와 입학 시험장 ⓒ위키피디아
- 처형을 기다리는 제주 주민들 ⓒ위키피디아
- 이승만 대통령의 이기붕 부통령 후보 지명에 관한 담화문(1956년) ⓒ국립민속박물관
- 와우아파트 붕괴 참사ⓒ한국정책방송원
- 삼풍백화점 붕괴 현장 ⓒ최광모

읽는 것만으로 역사의 흐름이 머릿속에 들어온다

세상에서 가장 짧은 한국사

초판 1쇄 발행 2022년 6월 15일
개정증보판 1쇄 인쇄 2024년 8월 15일
개정증보판 1쇄 발행 2024년 8월 28일

지은이 김재원
펴낸이 이경희

펴낸곳 빅피시
출판등록 2021년 4월 6일 제2021-000115호
주소 서울시 마포구 월드컵북로 402, KGIT 19층 1906호

ⓒ 김재원, 2024
ISBN 979-11-94033-25-7 03910